A STUDY ON SALLUST'S HISTORICAL THOUGHT

撒路斯特史学思想研究

梁洁 著

中国社会科学出版社

图书在版编目(CIP)数据

撒路斯特史学思想研究/梁洁著.—北京：中国社会科学出版社，
2009.10
ISBN 978-7-5004-8132-4

Ⅰ.①撒… Ⅱ.①梁… Ⅲ.①历史事件—研究—古罗马 Ⅳ.①
K545.305

中国版本图书馆CIP数据核字（2009）第158230号

责任编辑 门小薇（xv_men@126.com）
责任校对 李小冰
封面设计 李尘工作室
技术编辑 戴 宽

出版发行 中国社会科学出版社
社　　址 北京鼓楼西大街甲158号　　　邮　编 100720
电　　话 010-84029450（邮购）
网　　址 http://www.csspw.cn
经　　销 新华书店
印　　刷 三河君旺印装厂
版　　次 2009年10月第1版　　　印　次 2009年10月第1次印刷
开　　本 880×1230 1/32
印　　张 8.625　　　插　页 2
字　　数 230千字
定　　价 25.00元

序

　　梁洁博士的这本专著是一本小众的读物。不要说这个世界上的绝大多数人不知撒路斯特，就是史学领域的多数人也对此人一无所知。因为这本书的研究对象是古罗马史学史上的一位不算很大也不算太小的人物，他只留给今人两本小书《喀提林阴谋》、《朱古达战争》，内容并非普遍性的知识，因此只有研究史学史或古罗马史的极少数专业工作者才会注意到他。

　　但在拉丁史学当中，撒路斯特却可以看做是杰出的历史家。在他之前和他所处的时代，拉丁史学虽然已经产生了一些史作，但历史味儿不浓，史学写作技巧与希腊史家相比显得粗陋和幼稚。只有死于非命的政治家兼军事家凯撒的回忆录体著作《高卢战记》堪称佳作，但那是一部大事的实录，文句虽好，却比不上内涵丰富的修昔底德、波里比乌斯的叙述史作。

　　撒路斯特是第一个可与古希腊史家相比美的拉丁史家。他有比较深刻的史学思想，有娴熟的叙述才能，有明确的治史目的和客观中立的史家品质，不仅把罗马共和末期那个风雷激荡年代的两个典型事件——贵族政治家喀提林的造反阴谋与异族国王朱古达发动的反罗马战争，极其生动地记录下来，为后人留下了透视该时代的珍贵具体事证；而且难能可贵的是他还由小见大，见微知著，力求探讨罗马共和制解体和社会转型的原因。

　　由于作者是所述事件和人物的同代人，又是罗马社会经济、政治和文化大变局的目击者与实践者，所以他在两部专著中对罗马社会风气变迁的刻画可谓精确无误。他认为，罗马共和制末期内战频仍、贵族腐败乃至整个社会腐败的根源在于内因与外因的交互作用。内因即人性恶的一面是变化的依据，外因即外部制约人性恶的因素的削弱是变化的条件。他在《喀提林阴谋》的前言中论道：

> 最初使人们的灵魂受到触动的与其说是贪欲毋宁说是野心——野心确实是一种缺点，但是它还不算太违背道德。因为光荣、荣誉和权力，这些是高尚的人和卑劣的人同样热烈期望的，只是前者通过正当的途径获得它们，而没有高贵品质的后者通过狡诈和欺骗取得它们罢了。贪欲意味着想得到金钱，而智者是决不会追求金钱的。这种恶习就好像沾上了危险的毒药一样……没有任何东西能使这种无限的、永无满足的贪欲缓和下来。①

贪欲是人们腐败的内驱力，但它的膨胀是有条件的。当法治昌明的时候，当对外部威胁感到恐惧的时候，人性善的一面会大放异彩：

> 不论是在家里还是在战场上，都培养美德；到处表现出最大的和谐，人们几乎不知道贪欲为何物。②

但是，当外部敌人被彻底击败的时候，特别是迦太基灭亡是个关节点，人性恶的魔鬼便从瓶里被放了出来。随着迦太基的毁灭，罗马不再有可资一提的外部威胁，罗马人的心理发生了微妙的变化：

---

① 撒路斯特：《喀提林阴谋》，第11页。
② 同上书，第9页。

当罗马由于辛劳和主持公道而变得强大起来的时候，当那些强大的国王在战争中被制服的时候，当野蛮的不足和强大的民族被武力征服的时候，当罗马统治的对手迦太基已被彻底摧毁而罗马人在所有的海洋和陆地都畅行无阻的时候，命运却开始变得残酷起来，把我们的全部事务搅得天翻地覆。那些能够泰然自若地忍受劳苦和危险、焦虑和灾难的人们却发现在别的情况下本来是值得羡慕的闲暇与财富对他们来说却成了一种负担和一种不幸。因此，在他们身上，首先是对金钱，然后是对权力的渴望加强了。应当说，这些正是一切罪恶的根源。因为贪欲消灭了诚实、正直和所有其他的高贵品质，却使横傲、残忍取代了它们……①

外部威胁的消失是内部道德变化的关键条件，但罗马某些政治家、军事家个人的政策取向则是这种内部变化的催化剂。在撒路斯特看来，苏拉就是这样一个释放贪欲魔鬼的独裁官。他纵容军队抢劫，放任军人享乐。起初这种罪恶和丑行是缓慢地、不知不觉地发展和蔓延的，有时还受到抑制和惩罚。后来这些疾病由小到大，像瘟疫一样传播开来，罗马的整个社会面貌也因此发生了变化，② 直到不可收拾。在如此状态下，出现喀提林这样的人物也就不足为怪。在这里，撒路斯特实际上把罗马社会的巨大变革看作是一个存在和意识交互作用的历史过程，这就使他对历史的解读具有较深刻的认识意义。

那么，罗马人应该怎样应对积重难返的衰败呢？撒路斯特没有提出任何社会经济、政治改革的方案，他把希望寄托于每个公民自身的选择。他认为每个罗马人都有摆脱病症的机会，自己可以做到不追逐金钱和权力，放弃对自己肉体和精神快感的追求，

① 撒路斯特：《喀提林阴谋》，第10页。
② 撒路斯特：《喀提林阴谋》，第9—11页，《朱古达战争》，第41页。

注意个人精神和才能的修养。也就是说从自己做起。在浊流遍地的情况下，这当然是很难实行的理想。读完撒路斯特的著作，给读者最深印象的是我们人类的最大敌人是我们自己，战胜自己是最困难的事。从这个意义上说，只要根本的人性不变，撒路斯特的书就具有永恒的参照意义，他的著作也因此值得一而再、再而三地加以研究。

　　梁洁博士的这部专著建立在充分阅读撒路斯特作品的基础之上，在分析作者的作品内容、思想方面下了很大功夫。它无疑是目前我国在研究撒路斯特问题上做功最勤最多的一部。我为梁洁博士的成果能够面世而感到高兴。愿她再接再厉，在世界古代史领域取得新的成绩。是为序。

郭小凌

2009年3月23日于京师园

目录

绪　论

一 选题的意义

盖乌斯·撒路斯特·克里斯普斯（Gaius Sallustius Crispus，公元前87—前35）①是罗马共和时期的政治家，也是罗马共和时期社会剧烈转变的见证者和记录者，撒路斯特的《喀提林阴谋》《朱古达战争》《历史》三部历史著作为我们描述了罗马共和时期的政治风云。撒路斯特在罗马可能算不上一个一流的史家，但他在《喀提林阴谋》和《朱古达战争》中以罗马道德为准绳，探讨罗马政治、军队腐败的原因。无论在选题、史料的选择、写作方法和史学思想上都有自己的特色，这是两书广为流传的主要原因，也是后来学者不断把两书作为研究对象的主要原因。

公元前后是罗马国家由共和制向帝制转变的关键时期。罗马原有的质朴的社会风气已荡然无存。面对世风日下的局面，昔日的元老撒路斯特感慨万分。他把自己对国家的热爱倾注于文字之间。他不期盼像希腊史家一样借史书来赞美国家和个人的功绩，②只希望以自己的写作来继续为国家服务，因而此书在史观上具有

① 在史学界关于撒路斯特的生卒年代是有争议的。撒路斯特的出生时间一般说来有两种说法：一是公元前87年说（M.L.W.Laistner在他的著作*The Greater Roman Historians*中，提到撒路斯特出生于公元前87年），一是公元前86年说（D.C.Earl的*The Political Thought of Sallust*一书中，作者认定撒路斯特的出生日期是公元前86年；持同样观点的还有哈佛大学出版社的英拉works译本的作者J.C.Rolfe、Ronald Mellor、Luce、G.M.Paul和Michael Grant）。但后者得到了更多学者的认可。撒路斯特去世的时间是推定出来的，一般认定在公元前35年或公元前34年（D.C.Earl G.M.Paul和J.C.Rolfe认为可能是在公元前35或34年；Ronald Mellor、Luce和Laistner认为是在公元前35年；Michael Grant则认为是在公元前34年）。中文版译者王以铸在书中也没有确定具体的年代。本书为方便起见一般采用公元前87至前35年说。
② Sallust, *The War With Catiline*, VIII, Loeb Classical Library, London：Harvard University Press, 1995.

明显的教谕意义。同时，撒路斯特在书中屡次提到他"不再有恐惧，不再有派系的偏见"，① 将"尽可能忠实地叙述一下喀提林的阴谋事件"，② 但在实践中他对于上述两方面是否能做到恰到好处却是值得探讨的问题。此外，撒路斯特与希罗多德不同，在他的著作中很少看到神谕和征兆，这是罗马史学的传统还是撒路斯特的创新？命运是天定还是人定？撒路斯特写作的背景和目的是什么？在史书写作上，撒路斯特如何把史料和文学表现手法融合在一起，如何处理史书的客观性和文学性相结合的难题？近代西方的一些史家认为撒路斯特的《喀提林阴谋》是在"为罪恶昭著的阴谋家辩解"，是"矫正西塞罗所撰四篇弹劾喀提林文章的重要著作"；③ 还有人认为撒路斯特的写作有为恺撒辩护的嫌疑；但也有人认为在撒路斯特较为客观的文字下是他对史实的基本忠实，事实到底是怎样的？对这些问题的探讨和解答驱使人们不断深入地分析和研究撒路斯特和他的著作，本书的学术意义也即在此。

二　研究历史和研究现状

（一）古代史家的著作

撒路斯特的《喀提林阴谋》《朱古达战争》记录了罗马国家

---

① 　Sallust, *The War With Catiline*, IV.
② 　同上。
③ 　汤普森：《历史著作史》上卷，第一分册，孙秉莹、谢德风译，商务印书馆1992年版，第100页。

公元前2至前1世纪发生的两个重要的历史事件。前者在较短的篇幅内（61章）叙述了喀提林阴谋产生的背景和整个事件的始终；详细介绍了喀提林的本性和为人；记录了西塞罗如何处置这个事件。撒路斯特自己曾在北非任职，对那里的地理环境和民族风俗有所了解，在《朱古达战争》（114章）一书中，他对朱古达以及这场战争作了生动的描述；对罗马元老们的言语和行径毫无保留地给予展示；揭示了罗马政治的腐败，也对某些贵族和新人德行表示了敬意；从罗马如何处理与努米底亚关系这个角度上重申了《喀提林阴谋》中他所强调的主题，希望以自己的实际行动来拯救罗马道德的衰败。

阿庇安（Appian）的《罗马史》共有24卷，完整保留下来的还有11卷，其中第8卷"努米底亚事务"片断保留了少量的有关朱古达战争的情况。朱古达在得到行政长官卡西乌斯保证他人身安全允诺的前提下来到罗马，美米乌斯提出让朱古达作证，证明斯考茹斯等人的受贿行为时，朱古达再次利用金钱保住了自己的性命。当离开罗马时，他说了一句："如果能够替它找到一个买主的话，整个罗马城也可以买得到。"① 同样意思的这句话可以在撒路斯特的《朱古达战争》、② 李维的《罗马史》中找到；③ 第14卷（《内战史》第二卷）的"喀提林阴谋"叙述了这次阴谋的前后经过，对喀提林和他同伙计划的描写是对撒路斯特《喀提林

① *Appian, Roman History*，VIII，Numidian Affairs，I，London：Harvard University Press，1988.

② *Sallust, The War With Jugurtha*，XXXV，Loeb Classical Library，London：Harvard University Press，1985.

③ *Livy, History of Rome*，LXIV，London：Harvard University Press，1988.

阴谋》的较好注释。同时，这本书介绍了有关事件发生的社会背景；帮助我们了解罗马社会发展历程以及公元前后罗马国家的政治状况。把朱古达战争和喀提林阴谋放在罗马国家由共和制向帝制转变这样一个大的社会背景下，我们可以更全面地了解撒路斯特写作的目的和作用。

狄奥·卡西乌斯（Dio Cassius）的《罗马史》中记载了朱古达战争和喀提林阴谋的经过。李维（Livy）目睹了罗马共和国的倾覆和帝国的建立并亲身经历了整个奥古斯都统治时代，他的《罗马史》142卷（保留下35卷）记载了从罗马建城到公元前9年的历史，书中记载了罗马共和末期的社会状况。李维、狄奥·卡西乌斯和阿庇安的史书可以相互补充，帮助我们更好地了解罗马公元前后的历史发展历程。

西塞罗(Cicero)是罗马最伟大的演说家和作家之一，又是喀提林阴谋发生时的执政官，他在书中多次提及这次由贵族发动的未遂政变。西塞罗著名的四次反喀提林的演说是我们了解喀提林阴谋的最直接的窗口；他在《论演说术》中提到了撒路斯特的写作风格；在《论演说家》一书中借安托尼乌斯之口评论了当时罗马的修辞风格和历史写作特点，其中很多内容涉及对希腊、罗马历史编撰学的看法，譬如他对历史概念的理解、历史写作必须遵守的原则、修辞学对历史的影响等，这些文章对我们了解古代罗马的史学发展状况有很大的帮助。撒路斯特与西塞罗是同时代的人，西塞罗提供的有关罗马史学和演讲学的背景知识可以帮助后人更好地理解撒路斯特的写作方法和史学思想。

苏维托尼乌斯(Suetonius)对撒路斯特也有自己的评价。在《罗马十二帝王传》"神圣的奥古斯都传"中，他借奥古斯都之口说出"你能怀疑你使用的话是撒路斯特·克里斯普斯从加图的《起源》中拾来的牙慧吗？"[①] 这表明他并不欣赏撒路斯特的写作风格。在《名人传》中"语法学家"一节里，撒路斯特再次成为苏维托尼乌斯评论的主角，在第10章，阿西尼乌斯·波里奥说"撒路斯特的作品因过分爱用古词而受到损害"[②]，鲁基乌斯·阿泰乌斯·费洛洛古斯在当时被人称为"语法学家中的修辞学家，修辞学家中的语法学家"，他曾对别人说"要使用常用、浅显及自然的语言，尤其避免使用撒路斯特式的那种模糊的语汇及异想天开的词类"[③]。在介绍勒那乌斯时，苏维托尼乌斯又借勒那乌斯之口说撒路斯特是"流氓、恶棍、老饕、色鬼、生平和著作都怪异的人。此外，他还不学无术，剽窃古代作家，尤其是加图的语言"[④]。苏维托尼乌斯看来并不欣赏撒路斯特的历史写作风格，但是他还是看到了撒路斯特同加图在语言使用上的类似之处。

（二）现代西方学者对撒路斯特及其著作的研究

1. 关于撒路斯特及其著作的综合性研究

西方学者很早就围绕撒路斯特及其作品进行了研究，涉及范围非常广泛。撒路斯特是政治家还是史学家？他在写作时体现

---

①   Suetonius, *Lives of the Caesars, The Deified Augustus*, LXXXVI, London: Harvard University Press, 1998.

②   同上书, *Grammarians*, X.

③   同上。

④   同上书, *Grammarians*, XV.

的政治思想和道德观念是什么？他对历史和人的看法是什么？希腊史学和文学的影响对他有多大？尤其是修昔底德、色诺芬对他的影响是什么？他的写作风格是否与加图一脉相承？撒路斯特的修辞特点又是什么？他同凯撒、加图的关系如何？此外还有对撒路斯特著作的研究，如对《喀提林阴谋》《朱古达战争》和《历史》著作版本、译本的研究；对作品文字和结构的讨论；等等。

　　李曼（A.D.Leeman）《关于撒路斯特的系统书目（1879—1964）》一书为后来的研究工作提供了较完整的书目。此书回顾了1879—1964年间出版或发表的有关撒路斯特研究的大部分专著和论文，其中包括近1000种出版物，李曼还在有些出版物的后面附加了简单的评论。这本书包括这样七部分：(1)本书参考书目；(2)撒路斯特著作遗留手稿；(3)版本，评论，翻译；(4)对撒路斯特研究；(5)有关撒路斯特著作研究；(6)评论和注释（critica et exegetica）；(7)撒路斯特的影响。此书总计条款1252个。一些出版物的主要内容用英语做了简要说明，涉及的有关评论又被附加上更多重要的条款。书中提到了这些书的出版地和出版时间、作者姓名的索引，但没有标明出版者的名字和出版物的页数。李曼的书是研究撒路斯特必不可少的参考书，书中不但记录了李曼对撒路斯特及其作品的研究成果，而且还对后来学者有关撒路斯特及其作品的研究做了客观而概括的评论。通过这部书我们不仅了解李曼对撒路斯特及其作品研究的程度，更重要的是还可以通过李曼的书目找到更多有借鉴作用的专著或论文。①

---

① A.D.Leeman, A *Systematical Bibliography of Sallust(1879－1964)*，Netherlands：E.J.Brill，1965.

罗纳德·塞姆(Ronald Syme)被认为是西方研究撒路斯特及其作品中成就最突出的人。1959年他在加利福尼亚大学的一系列有关撒路斯特的演讲后来被汇集成《撒路斯特》（1964年）一书，这是西方史家对撒路斯特研究的一部巨著，也是塞姆在他出版了《塔西陀》（1958年）之后再次写作的有关拉丁史家的作品。在他的书中我们处处可以感受到他对撒路斯特的欣赏和赞美。这部著作共分成15章，他以"问题"一章作为开始，简要地介绍了撒路斯特的生平、对他的评价，然后提出了自己的看法："这个谜一样的历史学家作为人和作为作家时所表现的特点是否一样？他的风格是有特点的，他的形式是统一的，他的看法是一致的——以至于到这样的程度，人们很容易模仿撒路斯特。"[①]随后塞姆从撒路斯特所处的社会背景和他的经历开始，分别介绍了撒路斯特的三部著作，它们的写作时间、写作风格，还谈到了三部专著中涉及到的有关罗马社会、政治、军事方面的问题。另外在作品的最后还有两篇附录，内容分别涉及撒路斯特的写作风格和他书中出现的错误。此书最大的优点在于集中了20世纪西方史学界在撒路斯特及其专著方面研究的主要成果。作为研究罗马史的专家，塞姆在书中没有随声附和别人的看法而是明确阐明了自己的观点。首先，作者认为撒路斯特在《喀提林阴谋》中有关这次事件开始的时间上的错误最可能的解释就是"他想证明喀提林只不过是这个国家在苏拉统治下的一个自然的产物"[②]。其次，

---

① Ronald Syme, *Sallust*, Berkeley. Los Angeles.London：University of California Press, 1964, pp.2－3.
② Ronald Syme, *Sallust*, 1964, p.65.

撒路斯特在《朱古达战争》中对马略的评价毁誉参半显示了撒路斯特公正的写作态度。① 第三，对罗马共和时期的社会评价，塞姆不像撒路斯特一样认为这时的罗马是逐渐走下坡路的，对那个社会他有独特的看法："它是自由的、充满活力的和创新的。"② 塞姆的这些观点对我们重新审视撒路斯特和他的著作有着极大的帮助。首先他对当时罗马社会的看法不同于撒路斯特并阐述了自己的理由，这给我们观察罗马社会提供了另一独特视角；其次他认为撒路斯特是修昔底德和塔西陀之间的一座桥梁，他们都有一个共同的特点：注重调查和观察，这一传统也同样吸引着塞姆。③ 在这部著作中塞姆出于对撒路斯特的欣赏，在很多地方替撒路斯特辩护，使得他对撒路斯特的评价并不是那么客观。

罗纳德·梅勒（Ronald Mellor）的《罗马的历史学家》一书首先从罗马史学的起源开始叙述，以希腊前辈、罗马的历史资料、第一个罗马史家、拉丁编年史作家、西塞罗对历史的看法和晚期罗马共和国的历史为题对罗马的史学史做了概括总结。接下来的章节是对四位重要历史学家及其著作的分析，他们是撒路斯特、李维、塔西陀和阿米安。在书中，梅勒阐明了他对古代罗马历史编撰学的全面看法。他避免把罗马的历史编撰学和希腊的历史编撰学做比较，以免忽视罗马方面的进步。在题为"撒路斯特"的一章中，作者分生平和著作、喀提林阴谋、朱古达战争、历史、撒路斯特的风格和方法几个部分分别介绍了撒路斯特的情

---

① Ronald Syme, *Sallust*, 1964, p.164.
② 同上书, p.16.
③ 同上书, Foreword to the Paperback Edition, xxii.

况。由于篇幅所限（全书只有212页），关于"撒路斯特"的一章只有16页，因而作者在所列的诸方面只是简单地加以叙述，其中"撒路斯特的风格和方法"一节中，作者认为撒路斯特把修昔底德作为他模仿的榜样，撒路斯特欣赏修昔底德以政治和心理为写作主题的特点，并把它们移植到罗马来，形成拉丁化的修昔底德式风格，这对以后罗马史家有重要的影响。梅勒评论到撒路斯特在分析事件的深度上、对史料的批判使用上、在客观地分析原因等诸方面都不及修昔底德。他认为其中的原因是多方面的：罗马社会环境使得当时的史家在道德和政治上受到约束；拉丁史家的写作内容是深刻但却主观的。梅勒随后又讨论了加图对撒路斯特的影响；比较了撒路斯特和西塞罗在写作风格上的特点；书中还阐述了撒路斯特的史观，譬如对命运的看法、对历史发展原因的探求等。[①] 但此书有关撒路斯特史观、写作方法等方面的看法并没有新颖之处。但是在书的最后一章"罗马的历史写作"中，针对罗马史学的形式、历史写作的艺术、历史的冲突、历史的作用等几个方面对罗马的史学做了全面而概括的总结。这对于我们了解古代罗马的历史方法和理论有较大的帮助。[②]

　　罗纳德·梅勒另一本有关古代史家的著作《古代罗马的历史学家》在内容上与前一本书相互呼应。此书主要是介绍罗马古代史家的作品，对作者的介绍不多。在前言中，作者以西塞罗的话作为开始："不知道你出生前所发生的事情，你的思想就如同孩

① Ronald Mellor, *The Roman Historians*, London and New York：Rourledge, 1999，pp.30－47.

② 同上书，pp.185－200.

子一般，除非把我们的人生同先辈的历史结合在一起，否则它就没有什么意义。"① 作者对撒路斯特做了简单的介绍，认为撒路斯特用古朴的语言来写作历史，为我们呈现了罗马共和末期生动的社会景象，他因此被玛提雅尔（Martial）称为"罗马最伟大的史家"，塔西陀也给予撒路斯特极高的赞赏，并模仿撒路斯特的写作风格和他对道德的悲观看法。作者还认为在中世纪时撒路斯特的观点仍受到奥古斯丁等基督教史家的欣赏。② 在这本书中作者全文引用了罗尔夫（J.C.Rolfe, Loeb Classical Library）翻译的《喀提林阴谋》，此书的重点在于介绍古代罗马的古典书籍而不是史家。

　　格兰特（Michael Grant）的《古代的历史学家》一书按时间顺序对希腊和罗马重要的史家逐一展开探讨。格兰特认为古代历史和历史编撰学是没有区别的。格兰特在介绍每一个史家时都是从他们的生平和著作开始的，接下来就是一些解释性的概括：对政治偏见和文学主张的讨论；史家研究的资料来源和方法；史家的叙述方式和风格。格兰特在写撒路斯特时，认为"撒路斯特是孤独的，因为他强调贫穷的蔓延和对意大利特权的不满……我们似乎听到了马克思的阶级斗争声音的前兆"③。因而格兰特把撒路斯特看作是古代的罗斯托夫采夫。撒路斯特的文风是简洁的，在内容上是注重道德的，他对喀提林阴谋的描述同李维对罗马各阶层之间斗争的描述或是塔西陀对古罗马军团兵变的描述是没有什

---

①　Ronald Mellor, *The Historians of Ancient Rome*, London and New York：Rourledge, 1998, p.1.

②　同上书，p.5.

③　M.Grant, *The Ancient Historians*, London：Duckworth, 1970, p.204.

么根本不同的。撒路斯特、李维、塔西陀都没有很好的理解在他们叙述事件背后的深层的经济原因，不仅如此，他们中的任何一个人都没有感觉到这种缺失的遗憾。《古代的历史学家》一书毫无疑问是介绍撒路斯特较全面的书籍，但格兰特书中的缺点也是显而易见的：对史料使用的不公正；用现在的理论和宗教观点来分析古代的经济、社会历史；缺乏对史家政治思想方面的分析；而且过分的高估希腊和罗马史家的作用将会导致认识上的狭隘，从而低估其他地方史家的作用。

格兰特在他的另一本书《希腊和罗马的历史学家：报告和误报》中介绍了从希罗多德、修昔底德到阿米安的12位希腊和罗马的史家。其中对撒路斯特也有论述，但关于他的描写只有寥寥数语。[①]

达夫（Timothy.E.Duff）《希腊和罗马的历史学家》一书的第六章"罗马共和时期的历史学家"中也提到撒路斯特。作者简单地介绍了撒路斯特的生平，他对撒路斯特作品的介绍比较简单也没有什么特色，但他在"西塞罗和他的历史理论"一节中有关西塞罗时代罗马历史理论的介绍和分析对我们进一步全面了解撒路斯特的史学思想有很大的帮助。[②]撒路斯特和西塞罗是同时代的人，西塞罗对历史及历史学的一些看法在当时知识分子中有一定的代表性。

[①] R.G.Ussher, Ancient Historians, *The Classical Review*, New Ser, vol.46, No.2 (1996).
[②]   Timothy.E.Duff, *The Greek and Roman Historians*, London：Hamish Hamilton, 1969, pp.66－71.

2. 关于撒路斯特生平的研究

撒路斯特的《喀提林阴谋》《朱古达战争》比较完整地保留下来，但是有关作者生平的资料却很少。因而在研究撒路斯特的史家著作中涉及他的生卒年代、家庭生活的环境及对他的影响、撒路斯特青年时期的学习经历、成年以后的从政经历等方面问题时，通常介绍得很简单。关于撒路斯特的出生时间有的史家认为是在公元前86年，还有的认为是在公元前87年。① 撒路斯特出身于阿米特尔努姆的骑士等级，从小受到良好的家庭教育，这为他以后从事历史写作打下了基础。关于撒路斯特写作《喀提林阴谋》《朱古达战争》《历史》的时间和过程虽有分歧，但总的来说，这些看法并不是针锋相对的，所以对我们的研究影响并不是很大。

一般来说，对撒路斯特的评价始终存在分歧。这种分歧甚至可以追溯到古代，如昆体良和玛提雅尔等人把他看做是罗马最伟大的历史学家之一，前者说撒路斯特是"罗马的修昔底德"②，后者评价撒路斯特是"罗马著名的历史学家"③。但苏维托尼乌斯却持相反的观点，他认为撒路斯特是老加图拙劣的模仿者。到了20世纪60年代，德国学者分析了撒路斯特的优缺点后总结道，人们对撒路斯特的评价过高了，他们把撒路斯特看成是艺术家而原谅他书中的缺点，撒路斯特在地理和纪年上的错误是

① 撒路斯特：《喀提林阴谋 朱古达战争》，王以铸、崔妙因译，商务印书馆1995年版，第2页。
② Quintilian, *Institutio Oratoria*, III, VIII, London：Harvard UniversityPress,1996.
③ Martial, *Epigrams*, London：Harvard University Press, 1993.

明显的，他看重道德胜过事实的准确性，所以在这些学者看来撒路斯特的观点是哲学家的而不是科学家的观点。① 撒路斯特的重要性在于他从道德的角度批判了罗马的寡头政治，正是凭借这一点及他出色的写作技巧使他在中世纪依然受到重视。拉什特纳(M.L.W.Laistner)在《伟大的罗马历史学家》一书中提到作为历史学家，撒路斯特是不能同李维和塔西陀相提并论的，归根结底他只不过是"二流史家中最好的一个"。② 但前面提到的塞姆却认为撒路斯特是修昔底德和塔西陀中间的一座桥梁，是罗马最重要的史家之一。③

3. 关于撒路斯特《喀提林阴谋》人物的研究

人们对喀提林的评价也是不同的。一般人把喀提林看作是破坏罗马和平与安宁的捣乱分子，但也有学者有不同的见解。梅格斯（R.Meiggs）在他的文章中认为喀提林是一个值得同情的人物，④ 他试图改变罗马政局混乱的局面，但又提不出一个好的治理办法，所以喀提林只是一个没有建设性政治才能的人。

4. 关于撒路斯特《朱古达战争》的研究

保罗（G.M.Paul）的《有关撒路斯特〈朱古达战争〉的历史注释》一书可以帮助我们更好地了解《朱古达战争》。此书比较

---

① M.L.W.Laistner, *The Greater Roman Historians*, Berkeley and Los Angeles：University of California Press, 1963, p.52.

② 同上书, pp.63－64.

③ Ronald Syme, Sallust, 1964, Foreword to the Paperback Edition, xxii.

④ R.Meiggs, A defence of Catiline, *The Classical Review*, vol.54, No.3 (Sep, 1940).

全面地解释了朱古达战争中所涉及的一些学术问题。它包括现代著作的书目、作者对有关问题的评论以及两篇附录：一篇是关于撒路斯特简洁的叙述风格形成的原因，另一篇是关于罗马在努米底亚的政策。此书综合了现代学者对朱古达战争的研究成果，首先它提供了大量与《朱古达战争》有关的当代著作的书目，这些著作出版的时间从20世纪30年代到80年代；其次，这部书还介绍了撒路斯特作品的不同版本和它们的质量；[①] 第三，作者在注释《朱古达战争》时还涉及撒路斯特的文学技巧及其著作结构；撒路斯特的写作理想；撒路斯特所使用的不同种类的资料；文本纪年是否准确以及在地理细节上的缺陷；在叙述个人或集体行动时的戏剧化风格等。保罗运用现代的理论来阐述古代的资料，对一系列有争议的问题如书中描述战役的地点和行军路线、一些特殊人物如波库斯所采取的政策做了较为客观的解释。他还评价了撒路斯特从艺术角度出发所做的一些带有偏见的判断。在书中，保罗提醒人们：不能轻易地相信撒路斯特使用的史料。总之，在许多方面，这本书是英语作品中最全面地评论《朱古达战争》的著作之一，它全面而翔实的内容使后来的学者可以非常容易地在一本书中找到许多有价值的学术观点和参考书，为研究罗马史的人们提供了许多有用的信息。[②]

① 　G.M.Paul, *A Historical Commentary on Sallust's Bellum Jugurthinum*, vii.
② 　Patrick Mcgushin, A Historical Commentary on Sallust's Bellum Jugurthinum, *Phoenix*, vol. 40, No.4 (Winter, 1986).

5. 关于撒路斯特史观的研究

有关撒路斯特史观的研究资料相对较少，内容多数集中在他对命运和道德的看法上。他在书中很少提到神灵和预言，但却多次提到了命运，而且他对命运的态度是很微妙的。当事情到了无法挽回的时刻或是事情无法解释时，撒路斯特就会想到命运。因而有学者认为撒路斯特的命运观是他用来解释事件发生原因的，是解决问题的一种方法和手段。撒路斯特在书中对命运的使用是实用的，在需要的时候，命运的解释就会出现。[①] 但也有学者认为撒路斯特的命运观实际上坚持了人的作用，他不轻视人的作用和力量。

阿什（Stephen Usher）的《希腊与罗马的历史学家》一书的目的在于追寻古代历史编撰学发展的轨迹。内容侧重对希腊和罗马史家的介绍，这些史家包括希罗多德、修昔底德、色诺芬、波里比乌斯、撒路斯特、李维和塔西陀等。他在书中不仅讨论了这些史家的生平和他们的著作，介绍了他们的写作背景，而且还尽量客观地分析他们的写作方法，尤其要注意的是他对撒路斯特、李维、塔西陀的分析。他在书中提到罗马的史家好像没有认识到或者没有在实践中做到写作历史所需的绝对标准。他主张史家不只要关心原始资料的积累，还要重视史料的挑选和评价。作者认为撒路斯特、李维或是塔西陀和现代人之间的区别不在于他们更像是道德家而不像是历史学家，而在于他们更满足于用自己的方式来解释历史。阿什认为罗马人对人类心理的看法和我们有相同

① D.C.Earl, Sallust, *The Journal of Roman Studies*, vol.55, No.1/2, Parts 1 and 2 (1965).

之处。在"撒路斯特和他的先驱"一章中，阿什清楚地表明撒路斯特挑选这两个历史事件作为他写作的对象是为了证明他所看到的罗马是一个道德沦丧的罗马。虽然阿什认为撒路斯特在某些方面是修昔底德的继承者，但他并没有充分地说明撒路斯特对修昔底德的依赖是如何影响撒路斯特的写作风格和技巧的。①

　　在由卢斯（T.J.Luce）主编的《古代作家：希腊和罗马》的第二卷中，专门一章介绍了撒路斯特。其中"历史主题和方法"一章中，作者在《喀提林阴谋》《朱古达战争》《历史》文本的基础上，分析了撒路斯特对当时罗马社会衰败原因的探讨。关于罗马道德堕落的原因，作者发现在这三部史书中，撒路斯特的看法是有区别的。在前两部书中，撒路斯特只是认为迦太基的陷落是导致罗马道德沦丧的主要原因之一。在《历史》中，撒路斯特修正了自己的观点，认为除迦太基的陷落外，国王被废除、来自伊特鲁底亚人的威胁、平民为了平等权而同贵族进行的斗争都是导致罗马社会动荡的因素。这表明撒路斯特对历史事件的分析是不断进步的。对撒路斯特史学思想发展变化的讨论是此书关于撒路斯特一节中的亮点，这是为数不多的对撒路斯特史学理论进行阐述的文章。②

　　撒路斯特对史料的取舍是否客观？针对这一问题，已有学者提出撒路斯特的写作目的除了他在文章中屡次提到的希望以写作来继续为罗马服务外，实际上还有更深层的作用——为恺撒辩

---

① 　R.M.Ogilvie, The Historians of Greece and Rome, *The Journal of Roman Studies*, vol. 61 (1971).

② 　T.James Luce, *Ancient Writers:Greece and Rome*, New York：Charles Scribner's sons, 1982.

护。因为有人认为恺撒为了自己的利益而卷入了喀提林阴谋，所以撒路斯特在写作时有为恺撒开脱的想法。德国的蒙森在他的《罗马史》中就持这样的看法，施瓦兹也赞同蒙森的看法。[①]

6. 关于撒路斯特政治思想的研究

厄尔(D.C.Earl)的《撒路斯特的政治思想》一书是西方少有的把撒路斯特的政治思想作为研究对象的著作。作者探讨了作为贵族政治理想的"道德"的含义、撒路斯特对"道德"的看法等问题。作者反对蒙森把撒路斯特看成是恺撒宣传者的观点，也不认为他是一个哲学家，他认为撒路斯特是一个严肃的史家，他用罗马人的道德来解释罗马共和时期社会的变化。[②]撒路斯特看重像他一样的新人，但也不否认贵族的势力。随后厄尔以《喀提林阴谋》《朱古达战争》《历史》为例分析了撒路斯特的政治思想，他对撒路斯特道德观的分析是全书的重点。作者在书中指出，撒路斯特列出了罗马共和国衰落的一个时间表，从公元前146年迦太基陷落开始，罗马在各种因素的影响和作用下，一步步走向衰亡。此书是我们了解撒路斯特政治思想必不可少的参考书籍。

7. 关于撒路斯特写作技巧的研究

在许多学者看来，演说词在史书中的使用是应该慎重对待的事情。一方面它可以使史书更加富有文采，借助演说可以更好地表

① D.C.Earl, *The Political Thought of Sallust*, London：Cambridge University Press, 1961, p.2.
② 同上。

达作者对某些问题的想法；另一方面演说使用不当会模糊史实。在古代罗马社会中，"说"是传递信息的一个最主要的工具，演说是人们生活的一部分，因而演说词在史书中出现也是屡见不鲜的。撒路斯特在《喀提林阴谋》和《朱古达战争》中大量运用直接和间接的演说，① 而且运用自如，树立了拉丁文写作的典范。

伍德曼(A.J.Woodman)的《古典历史编撰学中的修辞学》一书介绍了希腊和罗马的五位史家：修昔底德、西塞罗、撒路斯特、李维和塔西陀。在第三章"撒路斯特和李维的文体与态度"中，伍德曼认为撒路斯特和西塞罗的写作风格明显不同，撒路斯特和李维在许多方面却是相似的。他得出这样的结论：在风格上，撒路斯特模仿了修昔底德，李维则延续了撒路斯特的路子。撒路斯特和李维之间又有区别，他们的区别在于撒路斯特面对的是共和国日益衰弱的局面，因而他采取了"批评的态度"，李维所处的时代是罗马帝国的早期，那时的罗马十分的繁荣，因而他在回顾罗马国家发展历程时是用"乐观的态度"来写作的。伍德曼还认为"古典的历史编撰学主要就是修辞学，历史编撰学是按文学而不是历史来分类的"②。他的这一观点是有局限性的，他把史学和文学等同看待，只注意到历史与文学的共性，忽视了史学固有的客观性和准确性特点，使我们不能领会历史编撰学的更多重要内涵。③

① 　N.P.Miller, Dramatic Speech in the Roman Historians, *Greece & Rome*, 2 nd, Ser, vol.22. No.1 (Apr.1975).
② 　A.J.Woodman, *Rhetoric in classical historiography:Four studies*, p.117.
③ 　Bruce W. Frier, Rhetoric in classical historiography：Four studies, *The American Historical Review*, vol.95, No.2 (Apr,1990).

　　古代没有现代的录音机，也没有速记技巧，人们没有办法把演说完整而准确地保留下来，所以无论希腊也好，罗马也好，作家们在写作时所使用的直接演说很多都是后来文学创作的成果。但是这些作家们并没有真正意识到这种文学创作同史学求真之间存在的矛盾，他们在自己的作品中大量插入直接或是间接演说。在罗马，撒路斯特和西塞罗作品中的演说是较有代表性的。有学者还就撒路斯特和西塞罗的演讲方式做了比较。认为西塞罗的演说风格是亚细亚式的，语言华丽；而撒路斯特的演说方式是雅典式的，语言简洁、古朴。虽然过分的简洁有趋向晦涩的危险，但撒路斯特的写作方式仍对以后的罗马拉丁散文的写作产生了重大的影响，塔西陀的风格就体现了撒路斯特的影响。有学者由此得出结论：在西塞罗和撒路斯特以后的一段时间里，撒路斯特的风格比西塞罗的风格在拉丁散文的写作中更占优势。[①]

8. 关于撒路斯特在史学史上的地位

　　首先是希腊史家对撒路斯特的影响。在斯卡隆（Thoma Francis Scanlon）的《修昔底德对撒路斯特的影响》一书中，作者针对撒路斯特的《喀提林阴谋》《朱古达战争》《历史》三部书分别叙述了修昔底德对撒路斯特的影响，作者认为修昔底德对撒路斯特的影响主要表现在以下几个方面：主题、文风和细节。斯卡隆进一步指出，要更深入地了解撒路斯特同修昔底德的关系，还必须研究下列问题：(1)从个人、历史和文学等几方面寻找

---

① Charles Knapp, A Phase of the Development of Prose Writing among the Romans, *Classical Philology*, vol.13, No.2 (Apr, 1918).

撒路斯特模仿修昔底德的原因。(2)在体裁的形式上，撒路斯特对修昔底德的模仿包括对比、变化、简洁、引人注目的协调和希腊风格。(3)在细节上与修昔底德相似还是有所改变，包括探讨撒路斯特是否仅仅从修辞学校那里挑选了某些修昔底德的片段还是撒路斯特真的知道修昔底德的全文。(4)在多大程度上撒路斯特接受了修昔底德的历史观、客观的写作态度、道德观、对领导才能的的重视以及关注人性的重要性。[①] 作者还在一些学者认为撒路斯特对修昔底德的模仿是"传统的模仿形式"这一看法的基础上，提出了自己的观点：撒路斯特对修昔底德的模仿是"间接的模仿"，他认为撒路斯特对修昔底德的模仿是有意识的而不是毫无目的的；是主动的学习而不是被动的抄袭。[②] 斯卡隆强调现代的史家在分析撒路斯特与修昔底德的关系时，注意不应用现代人的观点来看待古代的撒路斯特，而应站在撒路斯特的立场上去了解他对修昔底德的模仿和借鉴。[③] 斯卡隆的这种观点对我们分析、评价撒路斯特的史学思想有很好的指导作用，撒路斯特的作品中当然存在许多的问题，但是现代学者用现代人的眼光和标准要求两千年前的史家实际上更是一种不客观的行为。

　　撒路斯特对后世的影响是多方面的。撒路斯特开创了罗马独特的写作风格：一是限制题目的范围，放弃过于广泛和一般的论述；二是探索有效的文学表达方式。撒路斯特的《喀提林阴谋》《朱古达战争》在实践中体现了这两个特点，西方现代的史家称

---

① 　T.F.Scanlon, *The Influence of Thucydides on Sallust*, Herdelberg：Winter，1980, p.12.
② 　同上书，p.17.
③ 　同上书，p.18.

之为"罗马历史上第一位伟大的历史家,他的著述是以绝妙的戏剧性的叙事手法为他那不偏不倚的历史准确性锦上添花"①。

(三)国内研究现状

撒路斯特的《喀提林阴谋》《朱古达战争》已译成中文,但国内学者对撒路斯特及其著作的研究还处在起步阶段,一些学者在有关论著中提到过撒路斯特和他的著作。王以铸先生在译著《喀提林阴谋 朱古达战争》的前言中,用较大的篇幅论述了撒路斯特及其作品;喀提林阴谋、朱古达战争的背景;西塞罗、恺撒同喀提林阴谋的关系等问题,针对一些有争议的问题做了详细的考证并提出自己的看法,王以铸先生的文章是迄今为止有关撒路斯特及其作品最全面的研究。他认为撒路斯特是一个严格的共和主义者,是罗马传统道德标准的坚定维护者。从撒路斯特的作品来看,很明显,他受到了希腊文化的影响,尤其是受到修昔底德、亚里士多德等人的影响。虽然他在不少地方借鉴了希腊作家的优点,但这并不影响他的作品在众多古典文献中的独特价值和地位。②

郭小凌先生在《克丽奥的童年——古典西方史学》的第六章《穿上拉丁服装的史学女神》中,把撒路斯特的《喀提林阴谋》和《朱古达战争》归于当代专史。作者在介绍了《喀提林阴谋》和《朱古达战争》的主要内容后,分析了撒路斯特的写作目的。撒路斯特忧心罗马的社会风气:贵族滥用自己的权力,平民变得

---

① 汤普森:《历史著作史》上卷,第一分册,第100页。
② 撒路斯特:《喀提林阴谋 朱古达战争》,第1-92页。

滥用自己的自由，每个人都力图为自己侵夺一切。随着荣誉、忠诚、团结、尊严这些美德的消失，罗马社会发生了变化。① 撒路斯特希望找出这一变化的原因以挽救罗马的衰败。作者还着重分析了希腊史家尤其是修昔底德对撒路斯特的影响，指出修昔底德行文简洁，用词古朴的特征在撒路斯特的著作中表现出来；另外撒路斯特集中描述一个重要事件；并在书中安排了为数众多的演说；提出真实再现历史的治史原则都和修昔底德有相似之处。最后，作者还指出撒路斯特在写作中的不足：对历史事件发生的时间和地点方面常出现不应有的错误。

郭小凌先生的《西方史学史》再次提到撒路斯特的上述缺点。另外张广智的《西方史学史》，杨豫的《西方史学史》，郭圣铭的《西方史学史概要》，宋瑞芝的《西方史学史纲》，刘明翰的《外国史学名著评介》，郭圣铭、王少如的《西方史学名著介绍》，张广智的《克里奥之路：历史长河中的西方史学》等书中都提到撒路斯特并做了简单评价，这些学者共同的看法是撒路斯特虽然在写作中存在这样或那样的问题，但他仍算得上是罗马杰出的史家，他的史书是后人了解罗马共和时期社会状况的较好来源之一。

此外，国内还有一些学者的论著涉及其他相关问题。譬如针对朱古达战争，贵州大学的刘自成在《论朱古达战争的性质》一文中，认为朱古达战争并不像苏联和我国史学界所说的是罗马史的衬托，它也不是罗马为维护民族自尊而进行的正义战争，恰恰

---

① 　郭小凌：《克丽奥的童年——古典西方史学》，辽宁大学出版社1994年版，第142－143页。

相反，朱古达战争是努米底亚国内的王朝统一战争。在朱古达完成统一的过程中，罗马元老院出兵干涉，使这场战争同时具有了反对强国、争取民族解放和国家独立的性质。朱古达本人并非像一般史家所说的一样是一个残暴的野心家，而是具有军事指挥才能的民族英雄和爱国主义者。①

湛江师范学院的徐孝明在《论撒路斯特公正的治史观》一文中认为撒路斯特是与李维、塔西陀齐名的著名史家，撒路斯特在叙述、评价历史事件和历史人物时力求客观公正，不受自己主观好恶的影响和左右，具备了一位优秀史家的基本素质。在史料的搜集、整理上，撒路斯特运用了"广求慎取"的态度，利用自己的所见所闻以及元老院会议记录、当事人来往信件，亲自询问当事人和实地考察获得的历史资料为其创作提供了较广泛的素材。作者在写作过程中是抱着谨慎、客观的心理进行写作的。在评价历史人物时撒路斯特也是很客观的。他作为骑士阶层的一员对罗马贵族的反感是可以理解的，但他对苏拉的态度并不是全盘否定的，他赞扬了苏拉的能言善辩、聪明伶俐，在伪装自己的真正意图方面，其用心之深达到令人难以置信的程度。在写苏拉长处的同时，撒路斯特并没有一味地唱赞歌，为此他表达了自己对苏拉后来独裁的看法："至于后来他的所作所为，我不知道人们在提到他时，是应该感到羞耻，还是应当感到悲痛。"② 撒路斯特和西塞罗在政治上是完全对立的，两人甚至还有私怨。然而这没有妨碍撒路斯特对西塞罗所作的中肯的评价。在《喀提林阴谋》

① 刘自成：《论朱古达战争的性质》贵州大学学报2001年第四期。
② Sallust, *The War With Jugurtha*, XCV.

中，作者并没有丑化西塞罗。该书发表时，正是西塞罗被害不久其著作遭查禁的时候，但作者没有随波逐流地加入到落井下石的队伍中去，相反，他在书中也没有说到西塞罗未经审判就判处被捕的阴谋者死刑是非法的行为。撒路斯特还多次证明西塞罗的公正无私。在对其他人物的处理上，他也做到了公正客观。基于上述事实，徐孝明认为撒路斯特是罗马史家的第一人。①

湖南师范大学张晶的硕士论文《喀提林阴谋与罗马共和末期的派系斗争》通过分析喀提林阴谋产生、失败的原因以及对罗马社会产生的深远影响，阐明了阴谋与罗马共和末期派系斗争的内在联系，并通过这一事件揭示罗马共和制灭亡的必然性。引言部分首先说明喀提林阴谋的性质和它与罗马共和末期派系斗争的密切联系，同时指出阴谋预示罗马共和制灭亡的必然性，正文的第一部分是罗马共和末期的派系斗争与喀提林阴谋的产生，主要分析喀提林阴谋产生的原因，包括主观原因和客观原因。第二部分着重分析阴谋失败的原因，主要有：喀提林缺乏军事实力；以西塞罗为首的元老院实力过于强大；阴谋计划过早泄露；喀提林集团计划过于激进，使其丧失克拉苏和恺撒等人的强有力支持；等。第三部分主要阐明阴谋带来的深远影响，一方面它促使罗马统治集团及时调整政治斗争策略，并在很大程度上导致罗马军事寡头力量的暂时联合——"前三头"同盟的出现。另一方面对恺撒的崛起和独裁产生重要影响。更重要的是，它预示了罗马共和制灭亡的必然趋势。腐朽的罗马共和制度到公元前1世纪已走到

① 徐孝明：《论撒路斯特公正的治史观》湛江师范学院学报2001年第一期。

了尽头，阴谋的发生为罗马共和制敲响了丧钟，它为即将到来的更大的社会变革——恺撒的独裁、屋大维开辟帝制奠定了基础。[①]

在《最后的古典——阿米安和他笔下的晚期罗马帝国》一书中，叶民在"引论"中比较了阿米安、撒路斯特和塔西陀的异同。作者认为三位史家的著作充满了道德忧患和危机意识。撒路斯特感觉到共和制度的衰落，他的道德批评主要集中于元老院的腐败现象，他认为贪婪和野心是道德腐败的主要表现。其次，在历史著作的写作目的和原则上，撒路斯特、塔西陀和阿米安的观点相同，他们都认为历史写作过程中尽管存在着诸多的困难因素，但作者应当克服困难，努力表现历史的真实性。叶民对三位史家的评价是在他们的历史著作中或多或少地存在着作者的主观思想损害历史真实性的现象，因为这些历史学家都是罗马元老阶层的代言人，他们的作品必然以一种主观的方式肯定罗马元老的传统社会价值观念。在此价值观念的基础上，这些历史学家甄别历史资料，发表他们对于社会的评论。但他们在写作态度上仍然保持了自己思想的独立性和对历史评价的公正态度。[②] 由于作者主要介绍的是阿米安，涉及撒路斯特的地方并不多，但是他分析阿米安时所选取的插入点、写作的体例等对本书有较大的启发作用。

王丽英《萨鲁斯特的〈卡特林那战争〉》一文的第一部分中，作者认为撒路斯特作品中显著的特点就是提到许多与阴谋没

---

① 张晶：《喀提林阴谋和罗马共和末期的派系斗争》，湖南师范大学硕士论文，2004年。

② 叶民：《最后的古典——阿米安和他笔下的晚期罗马帝国》，天津人民出版社2004年版。

有直接联系的事件，这些事件可以分成这样几个方面：1. 对人生的反思；2. 对历史写作的看法；3. 从道德的角度来解释罗马的发展；4. 对人物的描写。这四个方面不是孤立的，它们之间有密切的关系。罗马的社会环境造就了喀提林和显普洛尼亚这样的人物，他们是罗马道德堕落的代表，恺撒和加图是罗马美德的代表。早期罗马社会中传统美德的盛行是罗马发展壮大的精神源泉。撒路斯特写作历史就是为了记录罗马的道德演变过程，创造历史和写作历史的人同样是不朽的。王丽英在论文中还着重分析了喀提林、恺撒和加图的演说，作者强调演说不仅可以帮助刻画人物，更重要的是它们直接表达了撒路斯特对道德的看法。[①]

在杜冰的《恺撒与〈高卢战记〉——试论恺撒在罗马史学上的地位》一文第二章凯撒时期罗马的历史编撰（Roman Historiography Caesar's Period）中介绍了撒路斯特的生平、著作、写作特点和史学思想等。作者认为撒路斯特是罗马的修昔底德，是罗马最有影响的史家之一，也是最受欢迎的拉丁作家之一，塔西陀也深受他的影响。由于这篇论文重点是分析恺撒的《高卢战记》，对撒路斯特及其作品的介绍仅仅是作为一个背景知识出现的，因而不可能更深入地研究撒路斯特。[②]

三　本书研究的重点

作为罗马的历史学家，撒路斯特无论在选材上还是在写作上

---

① 王丽英：《萨鲁斯特的〈卡特林那战争〉》，东北师范大学博士论文，1995年。
② 杜冰：《恺撒与〈高卢战记〉——试论恺撒在罗马史学上的地位》，东北师范大学硕士论文，2004年。

都有自己的特点。在选材上,《喀提林阴谋》《朱古达战争》都是从单个事件入手,分别从罗马国内和罗马与邻国关系这两个角度分析罗马社会转变的原因。在写作方式上,他善于运用插叙、演说等方法来丰富自己的内容。而且在《喀提林阴谋》《朱古达战争》中,撒路斯特对道德、命运的看法也有独到之处;他在选取史料上基本上做到了客观、公正,但是在一些地方他又根据自己的好恶来裁剪史料;撒路斯特在著作中屡次提到他对历史和历史学家的看法,认为历史写作是一个罗马公民值得参与的事情,与其过那种饱食终日无所用心的生活,不如去撰述罗马人民的历史,把他认为值得后人追忆的那些事件挑选出来,笔之于书。①撒路斯特被称为罗马的修昔底德,但是修昔底德对他的影响到底在哪里?有多大?这也是我们关心的问题。撒路斯特与西塞罗是同时代的人,在政见上,他们虽然道不同,但是涉及罗马历史编撰学的原则问题,他们却有相似的看法。而且这些历史理论对古代罗马和现代西方史学界都有较大的影响。现在国内对撒路斯特的研究还很少,对他在罗马史学发展史上的重要作用认识的还不清楚,本书希望从《喀提林阴谋》《朱古达战争》两书入手,客观地分析它的结构、内容、撒路斯特的史观和写作方法等有关问题。

---

① Sallust, The War With Catiline, IV.

第一章
撒路斯特与他所处的时代

第一节

撒路斯特的生平和著作

一　撒路斯特的生平

（一）撒路斯特其人

许多古代希腊和罗马的史家都留下了自己的著作却没有给我们留下有关他们自己生平的记载。以至于到我们生活的这个时代，可以看见希罗多德、修昔底德、撒路斯特、阿庇安等人的著作，却无法真正地走近他们，去了解他们在生活中的真实面目。

古希腊罗马史书的主题历来侧重政治、军事，像希罗多德、李维这样的学者型史家，由于他们在政治舞台上没有扮演过什么重要角色，所以我们还可以解释后人为什么对他们知之甚少。撒路斯特就不一样，他曾是恺撒的部将，是公元前47年罗马的行政长官，做过非洲诺瓦省的总督，一人兼具多重身份。而且在恺撒当政的时代，撒路斯特也是罗马政坛较有影响的人物之一，可是史书上对撒路斯特的描述也是少而又少，所以后人只能通过史书中保留下来的只言片语去推断他的生平。

　　首先关于撒路斯特的生卒年代就有争议，为便于本书的写作，我们选用了比较普遍的一种说法，即把撒路斯特的出生定为公元前86年，去世的时间定在公元前35年。[①] 在他生活的51年时间中，写作了三部重要而有价值的史书：《喀提林阴谋》《朱古达战争》以及《历史》（只保留下残篇），此外还有一些尚有争议的书信和演说词。

　　撒路斯特出生于一个萨宾人聚集的小镇——阿米特尔努姆，他的家庭属于平民阶层（plebeian origin）。[②] 按照传统的说法，萨宾人是较早同罗马人发生关系的部族。在罗慕路斯时代已有所谓抢劫萨宾妇女的传说。这个传说的结局还是圆满的：萨宾人同罗马人最终并没有因此事以武力决一胜负，而是双方讲和，两个部族合并，萨宾人被编入罗马的特里布斯和库里亚之中。[③] 萨宾人如果愿意的话，可以按照罗马的法律在罗马居住。而且据说最初的三个部落的名称：罗慕奈斯、第提埃斯和卢契列斯分别代表了拉丁人、萨宾人和埃特鲁里亚人。[④] 罗马王政时代的前四王中就有萨宾人。虽然在以后的时间中罗马人和萨宾人仍多次冲突，但到了公元前268年，萨宾人获得了罗马的全公民权，改变了原先只享有半公民权的地位。[⑤]

　　在罗马早期的发展过程中，罗马的贵族自始至终是充满活力

---

①　参见本书第一章第一页注释1。

②　Sallust, *Introduction*, ix.

③　Appian, *Roman History*, II, Concerning Italy, V, London：Harvard University Press, 1982.

④　李雅书、杨共乐：《古代罗马史》，北京师范大学出版社2004年版，第24页。

⑤　同上书，第92页。

的。他们不是一概排斥外来的势力，而是仔细地控制着内涵物。在意大利的这些城镇中，罗马元老院的贵族总会在当地寻找一些有才能的、倾向于罗马的人帮助他们，让他们把握政治权力并有相对较高的社会地位，以便控制整个意大利枢纽的运转。撒路斯特家族应该就属于这样的一个家庭。随着罗马版图的扩张，尤其是恺撒等人把公民权授予意大利人，撒路斯特时代时，已有很多意大利人能够进入元老院，但同时要看到这样的人较少能担任执政官。这种现象在撒路斯特的书中可以得到印证，"虽然民众能够被授予其他高级官吏的职位，但执政官的职位却只能在贵族等级中间传来传去，没有一位'新人'由于其勋业而出名或显赫到人们认为他够得上担任这一职位的程度，就好像他担任这一职位会把它玷污了似的"①。

一个人的出身和在社会上的地位可以影响到他今后的为人和职业。撒路斯特的出身也影响着他今后的命运。就像西塞罗所说，像加图一样的人，是有双重身份的，他有两个祖国，一个来自天然，另一个来自公民身份。②这样的话同样也可以用在撒路斯特的身上。按照出生地算的话，撒路斯特是阿米特尔努姆人，按法律则是罗马人，他的一个祖国是他的出生地，另一个则是法律上的祖国。萨宾人以适应艰苦的山区生活而闻名，他们有着朴实、节俭、自我克制和虔诚的特点。③

我们可以从保留下来的一些史料片段中了解撒路斯特年轻

① 撒路斯特：《喀提林阴谋 朱古达战争》，第280页。
② 西塞罗：《国家篇 法律篇》，沈叔平、苏力译，商务印书馆1999年版，第184页。
③ Livy, *The History of Rome*, I. XVIII, London：Harvard University Press, 1988.

时的经历。撒路斯特虽然没有像有的罗马富家子弟一样去希腊求学，但也师从希腊名师，受过良好的教育，通晓希腊语，具备修辞、文学修养。鲁基乌斯·阿泰乌斯·费洛洛古斯不仅是撒路斯特的老师也是他的密友，当撒路斯特着手编撰历史时，他给撒路斯特写了全部罗马历史事件的梗概。[①] 通过撒路斯特的著作我们可以知道他熟悉德摩斯提尼、柏拉图、色诺芬等人的著作，[②] 撒路斯特著作里所体现的简洁文风和修昔底德又有许多相似之处。撒路斯特曾在军队中服役，[③] 除此之外，我们还知道撒路斯特年轻时是挥霍、放荡、无法无天的，[④] 他自己在书中也多少地提到这点。[⑤] 我们不能确切地知道他在公元前55年成为罗马财务官之前的情况。公元前52年，撒路斯特成为保民官，他是西塞罗的反对者，不满西塞罗在克劳狄乌斯案件中为米洛辩护。[⑥] 公元前50年，撒路斯特因为道德方面的原因而被驱逐出元老院，据说是因为他同米洛的妻子私通，但这可能只是表面上的原因，真正的原因在于撒路斯特担任保民官期间是站在反保守派一边的。[⑦] 在随后恺撒与庞培的内战中，撒路斯特站在帮他恢复元老资格的恺撒

---

① Suetonius, *Lives of Illustrious Men*, Grammarians, X, London：Harvard University Press, 1997.

② 在撒路斯特的《喀提林阴谋》的一开始，他就提到这样一句话"我们让精神发号施令，肉体则俯首听命"。在亚里士多德的《政治学》中有同样的看法。而且在撒路斯特的书中还写道："由于雅典产生过具有非凡才能的作家，所以雅典人的功业便被认为在世界上是无与伦比的。"这从另一个侧面表明撒路斯特对希腊的作家和史书还是了解的。

③ G. M. Paul, A *Historical Commentary on Sallust's Bellum Jugurthinum*, Francis Carrns, vii.

④ Cicero, *Insvective of Marcus Tullius Against Sallust*, London：Harvard University, 1995, p.513.

⑤ Sallust, *The War With Catiline*, III.

⑥ Sallust, *Introduction*, x.

⑦ Cicero, *An Invective Against Sallustius Crispus*, VI, 1995.

一边，公元前48年他被恺撒派到伊利里库姆统帅一个军团，但没有取得什么胜利。公元前47年，他去镇压坎佩尼亚的兵变也以失败告终，甚至差点丢掉了性命。[1] 到公元前46年，当恺撒在阿非利加战争中正处于焦急困境等待支援时，撒路斯特在与庞培派的战斗中取得了胜利，帮助恺撒渡过了难关。为此，他被任命为新阿非利加行省的长官。公元前45年，他带着巨额的财产从非洲返回罗马，虽然罗马的行省长官在任期内大量地搜刮钱财已不是什么秘密和稀罕的事情，但撒路斯特仍受到了指控，恺撒再次帮助他逃避了审判。撒路斯特在罗马购买了豪华的"撒路斯特花园"，在他去世后的一段时间中，这座花园成为皇家园林。公元前44年，恺撒被刺身亡，撒路斯特随之也从政治生涯中引退了。关于他的引退有很多猜测。他自己的解释是"在经历了许多困难和威胁之后，我的心情归于平静并且我已决心从此再也不参与政治生活，但这时我却丝毫无益于把宝贵的余暇用来过那种饱食终日的生活……我决心撰述罗马人民的历史，把我认为值得后人追忆的那些事件挑选出来，笔之于书"[2]。现代的史家对他的引退也有各自的看法，有人认为在恺撒去世后，撒路斯特对当时后三头的统治感到恐惧，因而转向了历史写作。[3] 也有人认为撒路斯特开始写作是"找到了一个庇护，一个职业：他利用自己过去的不幸，创造出好处和成功"[4]。暂且不去考虑撒路斯特引退的原因，

---

① Michael Grant, *The Ancient Historians*, Duckworth, p.198.

② Sallust, *The War With Catiline, London*：Harvard University Press, IV.

③ Michael Grant, *The Ancient Historians*, London：Duckworth, 1970, p.199.

④ Ronald Syme, *Sallust, Barkeley*.Los Angeles,London：University of California Press, 1964, p.42.

我们可以知道的是在这之后直到他去世为止，他为我们留下了《喀提林阴谋》（约完成于公元前42年）、《朱古达战争》（约完成于公元前40年）和《历史》（约完成于公元前39至前35年）三部著作。[①]

（二）撒路斯特的身份

撒路斯特是政治家还是史家？是文学家还是道德家？这个问题在西方史学界一直存在着争论。康奈尔大学的拉什特纳在他的著作中提到，在19世纪，随着史家对撒路斯特研究的深入，关于撒路斯特的身份又有新的看法。他们认为撒路斯特毫无疑问是一位杰出的作家和文学家，对塔西陀和其他的一些史家产生了影响。[②]但他作为严肃史家的地位却应受到质疑。

此外，还有人认为撒路斯特既不是政治家也不是历史学家，

[①]　关于撒路斯特三部史书的写作顺序是没有争议的。先是《喀提林阴谋》，再写《朱古达战争》，最后是《历史》。但三部著作具体的写作时间却有分歧。本书选用了一种比较普遍的说法。关于《喀提林阴谋》的写作时间王以铸在《喀提林阴谋 朱古达战争》的中文版中认为此书写于公元前41年；在Ronald Mellor的The Historians Of Ancient Rome一书中，作者提出此书完成的时间大约在公元前42年（见此书的第77页）；Ronald Syme在他的Sallust一书（见此书的第64页和128页）和Michael Grant的书中（见此书的第195页）也持这种观点；在M.L.W.Laistner的The Greater Roman Historians一书中Laistner提出了自己的观点，他认为《喀提林阴谋》写于公元前43年的秋天（见此书的第48页）。关于《朱古达战争》，王以铸认为是在公元前39年完成的；Ronald Mellor和Laistner都认为在公元前40年完成（分别见Ronald Mellor书第77页、Laistner书第48页），Michael Grant和G.M.Paul都主张《朱古达战争》完成于公元前41至前40年（分别见Michael Grant第196页、见G.M.Paul书第2页）；J.C.Rolfe则认为是在公元前41年出版（见Sallust的第xv）。撒路斯特《历史》的写作时间，王以铸认为是在公元前36年；Michael Grant认为是在公元前39年（见此书的第139页）；Laistner和Ronald Mellor都主张《历史》的写作时间是从作者写完《朱古达战争》到他去世时为止的这一段时间内，并没有界定准确的时间（分别见Laistner书第48页、Ronald Mellor书第77页）。

[②]　M.L.W.Laistner, *The Greater Roman Historians*, Berkeley and Los Angeles: University of Califorania Press, 1963, p.46.

而纯粹是位文学家。① 但塞姆对这样的观点是不屑一顾的。他评论到，撒路斯特在写作中虽然采用了一种古朴的文学形式，但仅凭这一点就断定撒路斯特是一个文学家是不全面的。撒路斯特是罗马的元老，行省的长官，是保民官，罗马的史学同政治生活和斗争紧密相连。在撒路斯特结束政治生涯开始拿起笔时，对他来说历史写作是他政治生活的延续，在写作中他表达了对社会的看法。所以撒路斯特无论如何也不是一个纯粹的文学家。② 有人认为撒路斯特史家的身份是毋庸置疑的，但他在著作中表现出的文学技巧和尖锐的道德观念也很突出，③ 在这个层面上，撒路斯特又可以被看成是道德家，因为他看到了外来的奢侈所造成的后果：它腐蚀了罗马人民。④ 或者是撒路斯特的个人经历的原因，或者是罗马社会的客观原因，撒路斯特选择喀提林阴谋和朱古达战争作为写作的主题，而且在写作中无时不在强调个人美德同国家命运之间的关系，这体现着他对道德的重视。在这两部作品中，撒路斯特认为无论是喀提林也好，还是被朱古达贿赂的罗马贵族也好，罗马的传统美德在他们身上都已丧失殆尽。罗马之所以今不如昔其主要原因就是由于美德的消失。撒路斯特在《喀提林阴谋》中首先回顾了罗马的历史，在《喀提林阴谋》的第6－13章中，他把罗马早期淳朴的社会风尚同喀提林时罗马的堕落做了一个比较。在这个比较中，撒路斯特对美德的重视很自然的表

① D.C.Earl, *The Political Thought of Sallust*, London: The Syndics of The Cambridge University Press, 1961, p.2.
② Ronald Syme, *Sallust*, 1964, p.2.
③ Ronald Mellor, *The Roman Historians*, p.30.
④ 同上书, p.46.

现了出来。虽然人们可能有这样的一种意识，就是把古代社会想象成比当今社会更好而且是没有什么缺点的美好社会，但罗马由一个狭小的城邦最后发展成为一个地中海强国的事实使得撒路斯特要去探询其中的原因。他在《喀提林阴谋》一书的开始就说出了这样的话："从财富和美貌得来的名声是转瞬即逝的和脆弱的。而只有崇高的德行才是光荣的和不朽的财富。"① 在《朱古达战争》中，他借马略之口再次说出了他对美德的看法："在我看来，所有的人都有一个共同的本性，但是最勇敢的人才是最高贵的，如果有人问阿尔比乌斯和贝斯提亚的祖先他们是要像我这样的还是要他们那样的作为他们的后代，如果他们不想要最优秀的子孙，你们认为他们还会作出怎样回答？"② 可能正是由于撒路斯特在著作中总是把道德放在最显要的地位，因而使得人们开始怀疑他著作的客观性，并因此把他称为"道德家"。

德国史家舒尔针对这一点提出了自己的看法，他通过对撒路斯特致恺撒书信的研究，认为撒路斯特是一位严肃的哲学史家，他的思想明显受到了波塞东尼乌斯的影响，而且他身上还保留着政治派别的影响。这种观点在德国十分流行。③

实际上撒路斯特去世之后不久对他的评价就已出现。1世纪的人们认为撒路斯特是伟大的史家。罗马诗人马提雅尔称他为罗马卓越的史家和伟大的演说术教师。④ 昆体良称撒路斯特为"罗

① Sallust, *The War With Catiline*, I.
② Sallust, *The War With Jugurtha*, LXXXV.
③ M.L.W.Laistner, *The Greater Roman Historians*, p.47.
④ Martial, *Epigrams*, XIV. 191, London：Harvard University Press, 1993.

马的修昔底德",① 并认为他是比李维更伟大的史家。② 这些都表明在当时的罗马，人们对撒路斯特史家的身份是没有疑问的，而且评价甚高。直到中世纪，他的作品仍然受到人们的喜爱，圣·杰罗姆还称赞撒路斯特是"最可靠的"史家。③

其实，在现代的西方史学界，对于撒路斯特的史家身份问题的讨论虽没有尘埃落定，但基本上已有一个共识，即撒路斯特是位杰出的史家。虽然他非常重视道德对罗马社会发展的影响，也多少会在写作中掺杂一些个人的感情因素，但是毫无疑问，他的史书是"人的事迹、人的目的、人的成功与失败的历史"④。而且撒路斯特对道德的关注也印证了这样的看法："希腊罗马的人文主义由于它那不适当的道德的或心理的见识而具有一种它自己的特殊弱点。"⑤ 这种弱点在希罗多德和修昔底德那里存在，在撒路斯特的书中也不例外。拉什特纳在书中也论述到：古代史家中最出色的就是修昔底德，在罗马是没有像修昔底德这样的史家的，如果非要说出一个的话，那么撒路斯特比罗马其他的史家更优秀。⑥

在国内，史学界关于撒路斯特的研究虽然较少，但撒路斯特史家的身份还是有公论的。郭小凌先生的《西方史学史》一书在"拉丁史学的产生和早期发展"一节的"当代专史"中介绍了撒

① Quintilian, *The Orator's Education*, III.VIII, London：Harvard University Press, 1996.
② 同上书, II.V.
③ M.L.W.Laistner, *The Greater Roman Historians*, p.45.
④ 柯林武德：《历史的观念》，何兆武、张文杰译，商务印书馆1997年版，第78页。
⑤ 同上书，第79页。
⑥ M.L.W.Laistner, *The Greater Roman Historians*, p.45.

路斯特。作者认为撒路斯特的《喀提林阴谋》《朱古达战争》是关于西塞罗和恺撒时代罗马政治斗争史的重要史料来源。[①] 他的文字古朴典雅，史料选筛娴熟，注意利用演说、信件、旁生枝节的艺术表现手法，把历史真实和文学描述处理得较为得当。[②] 在李雅书、杨共乐先生的《古代罗马史》一书中，作者评价撒路斯特"是共和国晚期罗马最有政治见解和洞察力的历史学家"。[③] 他们还认为"撒路斯特注意对史实的评论和分析，寻找因果关系，注意人物的作用。他的历史著作与此前的编年史和战地记录式的历史已大不相同，与戏剧化半创作性的叙述史也很不同了"。[④] 最后，作者对撒路斯特的总结是"在史学史上的地位，他（撒路斯特）比恺撒还略高一筹"。[⑤]

　　无论是古代作家还是近现代的国内外史家对撒路斯特的史家身份的认定都是合理的。撒路斯特在写作中力求如实地记录重大历史事件，在探讨事件之间的因果关系时强调道德因素的重要作用，这是他观察和分析历史的方法，并没有影响到历史记述的本质。虽然他的史书存在着这样或那样的问题，这些问题将在本书下面的章节中加以分析，但总体上说撒路斯特记录的史实还是能够帮助以后人们了解当时的社会情况的。他的史书同李维、阿庇安等人的史书的有关记载可以相互印证，因而从这个角度看，撒路斯特的著作就为我们进一步了解罗马历史打开了另一扇窗口。

① 　郭小凌：《西方史学史》，北京师范大学出版社1995年版，第89页。
② 　同上。
③ 　李雅书、杨共乐：《古代罗马史》，第331页。
④ 　同上书，第332页。
⑤ 　同上。

二 撒路斯特的著作

撒路斯特在隐退的几年时间中共写作了《喀提林阴谋》《朱古达战争》《历史》三部作品。《喀提林阴谋》约写于公元前42年，《朱古达战争》约完成于公元前40年左右，《历史》约完成于公元前39至前35年之间。其中前两部作品描述的都是罗马共和国时期单个的政治或军事事件，《历史》则不同，它虽然只有很少的部分被保留了下来，但却被史家认为是撒路斯特最伟大的作品。[①]《历史》记录了公元前78年至前67年的罗马历史，有人认为撒路斯特本来的计划是要写到公元前60年或是更晚的时候，但是他的去世使这个计划落空。[②]

撒路斯特所以选择这几个事件作为写作主题是有其目的的。写作《喀提林阴谋》是由于这个阴谋"是一个值得特别关注的事件，因为这个罪恶不寻常的性质和由此引发的危险"[③]。他写作《朱古达战争》是因为"这场战争首先是一场长期的、血腥的和变幻莫测的战争；其次，是因为第一次对贵族的傲慢进行的反抗——这是一场斗争的开始，这场斗争使得所有的事情，包括人和神的事情都陷入了混乱，并且发展到这样狂暴的程度，它使国内的争端演变成摧毁意大利的战争"[④]。这不仅是驱使撒路斯特写作历史的原因，其实也是他关于罗马共和国衰败原因的诊断。

---

① Michael Grant, *The Ancient Historians*, London：Duckworth, 1995, p.197. 在塞姆的书中也有类似的看法，可以参见Sallust, p.213.

② Michael Grant, *The Ancient Historians*, London：Duckworth, 1970, p.197.

③ Sallust, *The War With Catiline*, IV.

④ 同上书，V.

在这部书中，撒路斯特认为朱古达战争暴露了罗马社会的堕落和矛盾，他还在书中勾画了罗马早期的黄金时代——在那时罗马不存在这样的分裂，到处都表现出最大的和谐，人们几乎不知道贪欲为何物——公民与公民之间所比试的只是看谁能成就更多的功业。公元前146年迦太基的灭亡使罗马从对外敌的恐惧中解脱出来，在此之前的骄傲和繁荣逐渐消失了。

撒路斯特写作《历史》是想再次探讨罗马共和制度衰亡的原因。但非常遗憾，《历史》现仅存数百小断片，在《历史》的序言中，撒路斯特认为罗马早期的稳定在人们对迦太基的恐惧消失后就不复存在了，接着政治上的党争开始了，虚伪和腐败盛行。第一卷主要讨论的是公元前78年玛尔库斯·埃米利乌斯·雷比达发起的反对苏拉建立保守体制的斗争，这场斗争以失败告终。在书中撒路斯特让雷比达做了一个反对苏拉的长篇演说，抨击苏拉在表面上放弃独裁但实际上还控制着权力。随后介绍了塞多里乌斯（Sertorius），他是马略的继承者，为了躲避苏拉的迫害而逃往西班牙。公元前80年在他的鼓动下，西班牙的大部分地方都在反对苏拉这个独裁者和他的政府。第二卷叙述雷比达的去世和庞培的结局。第三卷描述了塞多里乌斯的衰败和死亡，玛尔库斯·安东尼乌斯被派遣到东方去执行特殊的反对海盗的任务；罗马爆发了斯巴达克斯奴隶起义；保守派将军卢库卢斯（Lucullus）反对本都的米特拉达提的第一次胜利。第四卷是继续对这一胜利的记述。著作的最后（保留下来的不是很完整）以卢库卢斯第一次军事上的失利开始，接着记录了罗马关于反对激烈的保守派的辩论，最终决定把指挥权授予庞培。①

撒路斯特的《历史》是对罗马历史的综述，他不仅要阐明和解释喀提林阴谋是共和国崩溃过程中的一个警告，更重要的是《历史》认为内战的出现是苏拉独裁的结果。对独裁的恐惧和憎恨一直影响着撒路斯特的写作并贯穿于他作品的始终。正如塞姆所观察的那样，"撒路斯特敏锐而且不友好地洞察了人类行为，一种存在于他们言行的各种伪善的天赋和欺诈"。

撒路斯特写作的这三部作品都涉及一个重要问题，就是罗马共和制衰落的原因，在他看来罗马政治派系的对立斗争是导致罗马共和制衰亡的主要原因。而派系斗争的出现一个很直接的导火索就是罗马传统美德的丧失。

当撒路斯特最先尝试写作历史时，他挑选了一个事件，即所谓的喀提林阴谋，这使他的专著内容集中在一个相对狭窄的范围之内，从小处着眼，舍弃其他无关紧要的内容，从而使他能够对这一事件做深入的分析。这是撒路斯特的一个开始，以后的《朱古达战争》和《历史》就一步步显示了作者在历史编撰基本技能上的逐步成熟。

---

① 对撒路斯特《历史》的介绍转引自Michael Grant, *The Ancient Historians*, London：Duckworth，1970，pp.197－198.

第二节
撒路斯特所处的时代

一 罗马共和时代政治格局的变动
（公元前2世纪至1世纪）

　　撒路斯特所处的时代是罗马自建城以来六百多年末有过的发生重大变化的时刻，罗马共和国政治体制已到山穷水尽的地步。是什么原因导致这一变局的发生？罗马政局向何处去？是继续守住共和政体这个阵地，还是向个人独裁投降？这是每一个罗马有识之士都在思考的问题，对许多人来说也是极难选择答案的问题。撒路斯特作为恺撒的战友和朋友，目睹了罗马世界的一片混乱景象，了解恺撒征服地中海世界的勇气和智慧，也知道恺撒在罗马政治上的野心，但这一切并没有让他放弃对罗马现实的抨击，他在寻找罗马道德堕落的因果关系，他对现存的共和制还抱有希望。撒路斯特在书中屡次提到古代罗马是如何的伟大而强盛，以反衬他对现世社会的不满。① 可以说罗马共和时期政治发展的状况同撒路斯特的写作是密切相关的，他选择喀提林阴谋和朱古达战争作为写作的主题是有自己目的的：怀念过去美好的岁月，抨击当时罗马贵族的腐败和堕落；指出这种腐败和堕落从国外的将领中一直蔓延到国内的贵族中间；从暗地里的收受贿赂到公开与元老院为敌。这样的变化使撒路斯特感到触目惊心。所以要了解撒路斯特写作的目的与动机，就必须回顾罗马共和国的历史，必须把他放在罗马共和国这个社会大背景中。撒路斯特是一位史家，更是一位政治家，他的写作与其说是逃避现实的一种手段，不如说是他政治生活的延续，离开了政治、离开了罗马共和国去分析撒路斯特是不会得出全面而深入的结论的。

（一）格拉古兄弟改革与罗马的政治斗争

撒路斯特的《喀提林阴谋》《朱古达战争》的主题虽然不尽相同，但是在叙述中却有共同之处，就是他关心罗马国内的政治斗争胜于其他。这固然与作者的经历有关，但更重要的是罗马自格拉古兄弟改革之后，政坛上公开的党派之争已成为司空见惯的事情。换句话说，格拉古兄弟改革以流血冲突结束暴露出罗马社会内部的尖锐矛盾达到了难以调和的程度。撒路斯特记录下的喀提林阴谋与朱古达战争不过是这种严重矛盾积聚的能量的两次

---

① 撒路斯特在《喀提林阴谋》中提道："懒惰一旦取代了刻苦，无法无天与横傲无礼一旦取代了节制与公正的时候，统治者的命运便随着他们的品格而改变了。"（*The War With Catiline*，Ⅱ）在《朱古达战争》一书中他再次评论道："在当前这种堕落的日子里，有谁不是同他们的祖先比财富和豪奢，而不是比公正和勤劳呢？甚至先前总是想在德行方面超越贵族的'新人'现在也用阴谋和公开的欺骗而不是用崇高的行动来取得权力和荣誉了。"（*The War With Jugurtha*，Ⅳ）

"喷发"。

罗马在经历了一百多年（前3世纪至前2世纪）的对外扩张后，成为地中海世界的强国，但是这种快速的扩张也给罗马国家带来一系列的问题。适应罗马狭小范围的国家制度面临着同以前完全不一样的社会状况：罗马国家统治的版图扩大了；罗马境内的居民大量增加了；大土地所有制出现，小农经济纷纷破产。伴随这些问题出现的还有社会矛盾的加剧：奴隶与奴隶主之间的矛盾；罗马与被征服地方之间的矛盾；破产的小农与大土地拥有者之间的矛盾。即便在罗马社会内部也存在着掌握政权的元老贵族、骑士同平民之间的矛盾；元老贵族同骑士之间的矛盾；元老贵族之间的矛盾；等等。这些矛盾汇集在一起，成为罗马共和末期社会动荡的主要原因。罗马的共和制度逐渐受到冲击，它越来越不适应罗马社会的发展，到屋大维时代终于被新的国家体制——元首制所代替。

在罗马共和国后期，罗马公民集体内部的矛盾具体体现在两个方面：土地的分配和公民权的授予。前者主要是无地的公民要求国家重新分配土地，后者是行省对政治权力的要求。从格拉古兄弟改革开始，土地和公民权问题就成为罗马政坛关注的话题。

罗马对地中海世界的征服给罗马带来了数不尽的财富、奴隶，但同时也带来了一个问题。罗马自建国始就采用公民兵制，凡是符合条件的公民都必须无偿为国家服兵役。当罗马国家还是意大利的一个小国时这件事情是不难办到的，但随着罗马扩张步伐的加快，这一制度的弊端就显现了出来。首先，大量小农的破产使罗马没有足够的公民来充实军队；其次，一旦战争结束，又没有足够的土地来安置退役的士兵。为解决这一难题，公元前133年，当选为保民官的提比略·格拉古颁布了《土地法》，这个法律规定了公民可以租用国家土地的限额，把收回的多余土地重新分配给少地或无地的罗马平民；公民分得的土地必须世袭使用，不得出卖或转让。① 十年后，也就是公元前123年，盖约·格拉古又在罗马进行了更为彻底的改革，他颁布了《土地法》和《移民法》《粮食法》《兵役法》《亚细亚行省包税法》《审判法》《筑路法》《执政官行省法》等法律。他采取的许多措施有利于城乡平民和骑士，因而得到了他们的支持。后来盖约·格拉古又提出了授予拉丁同盟者以完全的罗马公民权，这就触动了罗马公民的利益。在元老们的强烈反对下，盖约·格拉古的改革最终也以失败告终。② 格拉古兄弟的改革表明，贵族中的一些有识之士已经注意到罗马兵源不足今后对罗马国家的危害。他们的改革虽然失败了，但一些改革措施被保留下来。尤为重要的是，他们的改革提醒了罗马：土地和公民权的问题将是罗马面临的最棘手的问题。同时，格拉古兄弟的改革还带来了公开的政治斗争，正如阿庇安所说："他是第一个在内乱中牺牲的人……不堪视听以及可耻地蔑视法令和正义的暴行几乎经常发生。"③

---

① Appain, *Roman History, The Civil War*, I.10－13；II.14－17, London：Harvard University Press, 1995.
② 同上书，III.18－26.
③ 同上书，I.2.

（二）马略的军事改革与朱古达战争

如某些学者所言，格拉古兄弟改革的失败"是因为没有军队就不会有成功"①。之后罗马社会的发展过程也证明确实如此。从马略开始到屋大维为止，差不多所有的政坛领袖都把军权紧紧地抓在手中。军事独裁在马略之后成为罗马社会的一种普遍现象。

撒路斯特在《朱古达战争》中提到，公元前111年开始的朱古达战争由于罗马元老和将领的贪婪，军队士气的低下而屡屡受挫。②这一切导致国内人民的不满，在经历了阿尔比努斯和奥路斯的失败之后，梅特路斯接管了罗马在努米底亚的军事指挥权，他对这支部队进行了整顿。首先，为了消除士兵的懒散，他发布了一道命令，不许任何人在营地内部卖面包或其他熟食，不许小商贩跟随军队，不许普通士兵在营地里或行军时带奴隶或驮畜；其次，梅特路斯还要求他的军队每天都要进行越野的行军，每次设营都要围上一道栅栏并挖上一道壕沟，仿佛敌人就在近前，每隔不远就设置岗哨，并在副帅的陪同下亲自巡视；再次，梅特路斯用使他们不干坏事的办法，而不是用惩罚的办法，来重振军队的士气。③在梅特路斯采取了这些措施之后，罗马军队在同朱古

① 转自施治生、郭方《古代民主与共和制度》，中国社会科学出版社1998年版，第274页。
② 在撒路斯特的《朱古达战争》中第29章提到朱古达对卡尔普尔尼乌斯和斯考茹斯的贿赂和引诱；在第33章提到朱古达用重金收买了保民官盖乌斯·巴埃比乌斯，在接受了朱古达的贿赂后，巴埃比乌斯在公民大会上庇护朱古达，使他免受与会公民的质询；在第32章提到罗马士兵在他们统帅榜样的指导下，也同朱古达的军队有勾结；譬如把俘获的战象还给朱古达、把从朱古达那里跑过来的人又卖回给了他；罗马的士兵还掠夺当地的平民。
③ Sallust, *The War With Jugurtha*, XLV.

达的对抗中取得了一定的成效，但仍没有彻底摧毁朱古达和他的军队，而罗马国内希望迅速结束战争的呼声越来越高。

在这样的情形下，马略军事改革应运而生。这次改革的主要原因是由于公元前2世纪以来连绵不绝的战争，它们需要的是常备军而不是以公民为主体的公民兵，因为公民兵已不能应付常年的战争。直接原因则是源于朱古达战争的久拖未决。在撒路斯特的《朱古达战争》中也提到了这一点。朱古达战争的久拖不决除了罗马元老院有自己的考虑和打算之外，罗马军队士气涣散、毫无斗志也是一个原因。甚至元老院也意识到这一问题，公元前107年马略当选为执政官后，接替梅特路斯成为罗马在努米底亚的最高军事长官。但当时马略面临的情形是十分困难的。首先元老院对于像他一样的"新人"当选为执政官是不满意的。元老院同意了马略的请求作出了给军团增加兵员的决定，因为他们认为民众对兵役是不感兴趣的，这样马略的结局只有两个：或是失去作战的人力资源，或是失去民众对他的爱戴。① 但马略利用这个有利的时机，发表了这样的演说："在我看来，所有的人都有一个共同的本性，但是最勇敢的人才是最高贵的，如果有人问阿尔比乌斯和贝斯提亚的祖先他们是像要我这样的还是要他们那样的作为他们的后代，如果他们不想要最优秀的子孙，你们认为他们还会作出怎样回答？"② 当然仅靠一次精彩的演讲马略是完不成征兵任务的，除此之外他还采取了其他一系列措施，这就是有名的马略军事改革，这次改革的主要内容包括：

---

① Sallust, *The War With Jugurtha*, LXXXIV.
② 同上书，LXXXV.

1. 实行兵制改革，将征兵制改为募兵制。"他这时开始招募士兵，他不是像我们的祖先那样按照阶级而是允许任何人自愿加入军队，他们中的大多数是无产者。"①

2. 确定士兵服役的年限，实行固定的军饷制度。在马略的军事改革之前，罗马由于实行公民兵制，在战时组织起军队，一旦战争结束，军队就要解散。士兵也没有什么报酬。而且长期的战争影响了罗马公民的日常生活。所以罗马公民服兵役的积极性不高。马略针对这一弊端提出公民服役的年限为16年，凡服役的公民都可以从国家领取固定的薪金。同时，马略又实行了服兵役和分配土地相互挂钩的方法。即老兵在服役期满之后，都可以从国家那里分得一块土地。

3. 改革军队的编制，调整战术队形。

4. 增设新的兵种，改进军队装备。

5. 设立军团团徽。

6. 加强军事训练，严格军事纪律。②

马略的军事改革解决了罗马兵源缺乏的问题，但同时也带来了新的问题，罗马军队士兵开始认为只要领取报酬，做任何事情都是体面的。③从此以后他们出征的目的非常明确：为了国家和个人的荣誉而战，为了自己的物质利益而战。以前业余的士兵转变为职业的士兵，战争成为他们的职业，士兵同将领之间的依赖关系加深。更为重要的是，马略的军事改革开始了"将可私兵"

① Sallust, *The War With Jugurtha*, LXXXVI.
② 李雅书、杨共乐：《古代罗马史》，第155－158页。
③ Sallust, *The War With Jugurtha*, LXXXVI.

的先例。党派领袖可以为了各自的私利而雇佣军队，彼此战争，军队本来是为国家争取光荣和利益的一个重要支柱，现在变成了党派斗争的工具。① 军队成为国家政权中一个不可忽视的政治力量，共和制度受到进一步的打击。

（三）苏拉独裁与罗马的道德沦丧

撒路斯特屡次提到苏拉独裁之后罗马社会道德危机进一步加深，② 用阿庇安的话来说苏拉的独裁是"以一种邪恶制止另一种邪恶的办法，使他自己成为国家长期的唯一的主宰"③。苏拉在朱古达战争的关键时刻，被派到波库斯那里劝说波库斯与罗马合作，帮助罗马人抓住朱古达。苏拉利用波库斯想在罗马和朱古达之间左右逢源，但实际上更恐惧罗马军事实力的这一弱点，最终说服波库斯去引诱并抓住了朱古达，把他送到马略那里，朱古达战争以罗马的胜利而告结束。④ 这次胜利给苏拉带来了荣誉和地位。但马略和苏拉之间的矛盾也日趋激烈，终于在公元前85年，结束了第一次米特拉达特战争后，苏拉开始了对马略的报复，到公元前81年，苏拉肃清了马略在东方、非洲、西班牙和意大利本土的势力，以胜利者的姿态率领军队进入罗马，成为罗马的独裁者。

当苏拉进入罗马时，实际上就开始了罗马的专制统治。他宣布实行宪政改革，恢复和维持共和制的机构和官职。他改组元老

① Appian, *Roman History, The Civil War*, I.2.
② Sallust, *The War With Catiline, V; The War With Jugurtha*, XCV.
③ Appian, *Roman History, The Civil War*, I.3.
④ Sallust, *The War With Jugurtha*, CXI.

院，恢复元老院的一切旧的权力和特权，剥夺和限制了保民官的权力，颁布官职法规定高级官职的年龄限制等。苏拉的宪政改革表面上看来是要维护罗马的贵族共和制，但实际的情况并不是这么简单。[①] 首先，他从骑士中挑选了300人进入元老院；其次，苏拉还从奴隶中选择了一万多身强体壮者，给他们自由，授予他们罗马公民权，这样他就可以在平民中拥有一万多的支持者。[②] 苏拉自己也在公开场合威胁那些不听他话的人，所以有人称苏拉的统治是"官方否认的王权统治"，也有人说他的统治是"官方允许的暴政"。[③] 即便像西塞罗这样的人物，在苏拉统治的公元前86至前84年之间也谨慎地保持着沉默，不对当时的时局发表任何见解。[④] 后来，西塞罗还在文章中写道：在"恶人"专制时期，罗马的国务政治家也是最著名的演说家或是自杀或是一个个地被处死，但随之而来作为补充的"正直人们的胜利"还同样是伴随着大屠杀。[⑤] 由此可见，苏拉的独裁是以暴力维持他的权势，[⑥] 他实际上如同一个专制的君主，是位于执政官之上的独裁者。[⑦] 公元前79年，苏拉出乎所有人意料之外，自动放弃了他的最高权力，开始了隐居生活。

撒路斯特在《朱古达战争》中对苏拉的描写非常生动，"苏拉确立的统治权之后，这个人就被极强的控制国家的欲望所支

---

① 施治生、郭方：《古代民主与共和制度》，第277页。
② Appian, *Roman History, The Civil War*, I.100.
③ 同上书，I.101.
④ 皮埃尔·格里马尔：《西塞罗》，董茂永译，商务印书馆1998年版，第35页。
⑤ Cicero, *De Oratore*, III.12, London：Harvard University Press, 1997.
⑥ Appian, *Roman History, The Civil War*, I.97.
⑦ 同上书，I.99.

配，而不考虑要达到目标所采取的方式，只要能使他获得至上的权力。他那傲慢的性格由于贫困和负罪感而变得日益放肆……他还受到公共道德衰败的影响，而罗马的道德正被特征相反的两种邪恶所毁灭：奢侈和贪婪"①。按照撒路斯特的观点，罗马道德的堕落在苏拉之前已经开始，但苏拉之后更加迅速。

随着罗马对外扩张步伐的加快，罗马的各种社会矛盾日益加剧，建立在小国寡民基础上的罗马共和政体已不适应罗马社会的发展，为更好的解决这些矛盾并促进罗马社会的进一步发展，就需要有更适合罗马社会的新的政体。苏拉独裁就是在这样的环境中应运而生的一种有效的尝试。苏拉凭借军队的支持，通过个人的力量统治着罗马，这表明国家政权由拥兵自立的个人来掌握不仅是可能的，而且是十分现实的。苏拉的独裁加速了共和制的灭亡，同时也为共和制向君主制的过渡开创了一条切实可行的道路。②

苏拉独裁之后，庞培和克拉苏共同镇压了斯巴达克起义，他们之间的矛盾也随之加剧。两人作为公元前70年执政官的候选人却不约而同地都拖延解散自己的军队，并都找到各自的借口：庞培说他在等待梅特路斯回国，为他在西班牙的胜利举行凯旋；而克拉苏说庞培应当首先遣散他的军队。这种现象表明，新的强权人物都已意识到军队对于他们的重要意义，新的动乱又在酝酿之中。

总之，罗马共和末期在经济、社会方面都发生着巨大的变

① Sallust, *The War With Catiline*, V.
② 李雅书、杨共乐：《古代罗马史》，第187－188页。

化。以至于有些学者把这些变化称之为变革。① 这些社会变革还给罗马带来了其他的东西：道德的堕落、军队的腐败、军事制度的衰败和派系的纷争等。在这样的环境中，每一个政治家的野心都是自私的，无论是马略还是苏拉这些人都在公正利益的伪装之下，使用各种各样动听的借口，实际上却是为了自己向上爬而卖力，用撒路斯特的话来说，无论是平民还是贵族，双方都在滥用自己的优势。撒路斯特在《朱古达战争》中针对平民与贵族之间矛盾的描述毫无疑问就是对当时罗马社会的真实反映。② 在这样的社会环境中，朱古达战争的久拖未决和喀提林阴谋的出现就成为可以理解的事情。我们也同样可以理解撒路斯特把这两个事件作为写作主题的原因，了解当时的社会背景对于我们更好地理解撒路斯特及其著作是有重要意义的。

二　罗马社会风气的堕落

与罗马政治形势的变化相呼应的是罗马生活风气的转变。在撒路斯特看来，个人品德的培养是极为重要的事情，个人品德的高尚与否直接影响到罗马社会风气，而罗马社会风气的好坏又同罗马政治风气的好坏紧密联系在一起。

罗马是以农业为主的国家，农业是罗马经济的基础，它决定了罗马意识形态的特点。早先罗马的社会风气是淳朴的，人们追求的目标归纳起来有以下几个主要方面：德行（坚忍、勇敢、守

---

① 科瓦略夫：《古代罗马史》，王以铸译，三联书店1957年版，第426页。
② 撒路斯特：《喀提林阴谋　朱古达战争》，王以铸、崔妙因译，商务印书馆1995年版，第258页。

法和安贫）、声望、荣誉等。而在这几个方面，德行又是声望和荣誉的基础，只有好的德行才能带来人们所期望的声望和荣誉。在罗马早期的发展历程中可以很清楚地看到美德对罗马国家的积极影响。

罗马最引人注目的德行是对国家的热爱和忠诚。由于实行公民兵制，公民的数量决定军队的数量，公民对国家的忠诚决定着军队的战斗力，所以人们更加重视个人品德对罗马社会的影响。例如维爱被攻陷后，卡密拉斯被人民控告，说有些不祥预兆是他本人捏造的，所以处以他五十万塞斯退斯的罚款，而且这时他的儿子刚刚去世，他在极端愤怒之下逃往阿狄亚城。后来高卢人进攻罗马，罗马人跑到卡密拉斯那里去求援，他并没有因为罗马对他的处罚而耿耿于怀，而是毫不犹豫地回到罗马带领士兵打败了高卢人。[①] 对罗马人来说罗马的荣誉就是他们的光荣，罗马的灾难就是他们的耻辱。罗马军队在考狄昂经历了轭门下的耻辱后，罗马人为之震惊，罗马城内一年之内所有的宴会、婚姻及其他一切类似的事情都被禁止，直到这个灾难得到弥补为止。[②] 在罗马人看来，自己的命运同国家的命运紧密相连。

此外，罗马人安贫乐道提倡节俭，反对奢侈浪费，安于贫困。正如波里比乌斯在书中所说："在罗马，有关获得财富的法律和风俗要比迦太基更好……在罗马没有什么比从不适当的渠道接受贿赂和获取财富更需要深思熟虑的了。"[③] 罗马官员面对巨

① Appian, *Roman History*, II.VIII.2, London：Harvard University Press, 1982.
② 同上书，III.IV.7.
③ Polybius, *The Histories*, VI.56, London：Harvard University Press, 1979.

额财富也是以国家的利益为重。公元前280年，当非布利西阿带领的罗马使团同皮洛斯见面时，皮洛斯了解到非布利西阿虽然在罗马很有势力，但仍然很贫穷，于是就对非布利西阿说，愿意带他到伊璧鲁斯去，任命他为主要的官吏，跟他共享财富；皮洛斯还请求他接收一项金钱礼物。非布利西阿却对皮洛斯说："国王啊，无论你的朋友也好，你自己也好，都不能夺取我的独立。我认为，我的贫穷比你们这些忧心忡忡的国王们所有的财富都更加幸福些。"① 同样为了国家的利益而拒绝财富的人还有马尼乌斯·库里乌斯，他曾因战功而举行过三次凯旋式，被认为是罗马人中的伟人，但他却居住在一个小小的农庄内，萨摩奈人的使节有一次见到他坐在炉火前烤萝卜，就给他献了很多黄金，但他把他们打发走了，说一个甘于这种饭食的人是不需要黄金的。在他看来，比占有黄金更可贵的事就是征服持有黄金者。②

　　罗马人所重视的德行还有勇敢，时刻以国家的利益为重。当伊璧鲁斯国王皮洛斯战败了罗马人之后，他认为罗马人在激烈的战争之后是要补充他的军队的，所以会希望议和。于是他派遣了西尼阿斯到罗马去，罗马人由于皮洛斯的声誉和罗马所受的灾难而想接受西尼阿斯的要求，在这种情况下，阿彼阿斯来到了元老院，对元老们说不应把伊璧鲁斯人看成是可以信赖的人，他们是敌人而不是朋友，他鼓励罗马人同伊璧鲁斯人作战。元老院按照阿彼阿斯的词句答复了西尼阿斯，并下令征集两个兵团。西尼阿斯看见群众争先恐后地参军，他回去后对皮洛斯说："我们是在

① Appian, *Roman History*, III.X.4.
② Plutarch, *Lives, Marcus Cato*, II, 1997.

跟一条九头蛇作战。"① 从古典作家的这些记载中我们可以很清楚地了解到共和国早期的罗马人民所崇尚的爱国、勇敢的品德。

　　除了爱国和勇敢外，罗马人还养成了诚实守信的道德习惯。在处理个人之间、国家之间事务时能够信守诺言，鄙视以不正当的手段获得的利益。公元前394年，当罗马人围攻法列里爱城时，法列里爱人的教师将城内显要人物的孩子带到了罗马军营，有人提出以孩子作为人质来胁迫法列里爱人投降，但独裁官卡密拉斯谴责了这种做法，认为以这种方式获得的胜利玷污了罗马人的光荣。② 公元前280年，伊壁鲁斯国王皮洛斯想同罗马订立和约，于是他允许罗马的战俘们根据这样一个条件自由回家去过萨特恩神节：如果罗马接受了他所提出来的条件的话，他们就可以得到自由；但是如果没有接受的话，他们应当在萨特恩神节终了的时候，回到他那里来。战俘们虽然热诚地请求，力劝元老院接受条件，但是元老院命令他们于萨特恩神节终了的时候，在指定的日期把自己交给皮洛斯，凡是误了这个日期者处死。所有的人都遵守了这个命令，按期离开了罗马。③

　　罗马逐步强大的背后正是这些德行在起着关键作用，罗马人认为祖先的德行可以给他们的后人带来荣誉和尊严。祖先里有担任过高级官吏的，他们的后代就有权制作祖先的蜡制面具，放在家里中庭地方。在家里人举行葬礼时，由扮演死者的优伶戴上这些面具参加，在其他郑重的场合也要把面具陈列出来。④ 因而在

① Appian, *Roman History*, III.X.3.
② Livy, *History of Rome*, V.XXVII, London：Harvard University Press, 1996.
③ Appian, *Roman History*, III.X.5.
④ 撒路斯特：《喀提林阴谋 朱古达战争》，第218页注释5。

许多古典作家的著作中，我们都可以看到他们不约而同地强调道德在国家兴衰中的重要作用，并认为道德的腐败是罗马共和制度衰亡的主要原因。[①] 因为在罗马，人们通常把道德和政治紧密地结合在一起。撒路斯特生活在这样的罗马社会中，对于罗马道德的衰败是深有体会的。他在书中回顾了罗马共和国早期的道德状况："在家里还是在战场上，都在培养美德；在这里表现出最大的和谐，而很少或是几乎没有贪欲。在人们中间盛行公正和正直与其说是建立在法律之上，不如说是出于本性。"[②] 他还提到，"在和平时期，他们施行仁慈之治而不是让人感到恐惧，而在遇到不公正时，他们宁肯宽恕别人而不是进行报复。"[③]

从公元前4世纪的后半期开始，罗马人的生活在希腊的影响下发生了改变，希腊语和希腊的别名开始流行起来，家中的安乐设备增多了。到公元前3世纪初，在罗马显贵的桌上出现了银制的器具，家中内部的装饰改善了，房屋的规模也扩大了。[④] 到了公元前2世纪的时候，罗马社会风气发生了本质上的变化。[⑤] 以前罗马人崇尚的质朴、勇敢、坚忍的传统美德逐渐消失，奢侈、怯懦、自私自利日益盛行。老加图引以为自豪的"好农民"、"好

[①] 撒路斯特在著作中屡次提到"罗马的风气正在受到性质截然相反的两大邪恶事物即奢侈与贪欲的腐蚀"（*The War With Catiline*，V）；"当这种像病像瘟疫那样流行的时候，这个国家就发生了变化，一个过去曾是极为公正诚实的政府竟变得残暴而又令人无法忍受了"（*The War With Catiline*，X）。西塞罗也说道："当财富、名望和权力在缺少关于如何生活和如何统治他人的智慧与知识时，就充满了不光彩和傲慢的自负，没有什么能够比这种把最富者算作最优者更为腐败的国家形式了。但是，有什么能够比依据品德来治理国家更为高贵的呢？"（西塞罗：《国家篇 法律篇》，沈叔平、苏力译，商务印书馆1999年版，第41页）

[②] Sallust, *The War With Catiline*, XI.

[③] 同上。

[④] 科瓦略夫：《古代罗马史》，第242页。

[⑤] 同上书，第427页。

庄稼人"的称号已为显贵所不齿。即使是在撒路斯特的书中，也提到"不想把宝贵的时间浪费在耕作和狩猎这样的事情上，使自己的生活像奴隶一样"。① 从老加图（前234至前149）到撒路斯特（前86至前35）只有一百多年的时间，罗马的道德观念就已发生了巨大的转变。促成这种转变的原因是多方面的。很多人都对这一问题作出了自己的解释。撒路斯特在他的书中认为迦太基的陷落导致了罗马道德的衰败，道德的衰败反过来又激化了罗马内部的派别斗争。"当罗马统治的对手迦太基被彻底毁灭，所有的海洋和陆地都畅行无阻的时候，命运却开始变得残酷起来，把我们的全部事务弄得毫无秩序。"② 迦太基的覆灭意味着罗马没有了可以惧怕的外来威胁，罗马人健壮的体魄和振奋的精神都萎靡了下去。再加上苏拉从亚细亚带来的骄奢的生活，从此廉洁、勇敢、正直这些美德离罗马而去，取而代之的是贪婪、胆怯和狂妄自大。③ 在这个问题上，著名的启蒙思想家孟德斯鸠的看法更为现实一些。他认为罗马能够保持强大的主要原因是由于土地的平均分配，而且国家的收入是在士兵中间分配的。④ 也就是说他把罗马衰亡的主要原因归结为土地的集中和贫富的分化。除此之外，导致罗马共和国衰亡的其他原因是军队的士兵失去了公民们应有的爱国精神，他们只听从自己的将领，把自己的一切希望都寄托在将领的身上，这样他们同罗马国家的关系越发疏远了。他

---

① Sallust, *The War With Catiline*, XI.
② 同上书，X.
③ 基弗在《古罗马风化史》中也提到，"大规模的西征和东征却是另一种结局……胜利归来的军队，特别是从东方归来的，带回大量财富和奢侈品"。（《古罗马风化史》，姜瑞璋译，辽宁教育出版社2000年版，第43－44页）
④ 孟德斯鸠：《罗马盛衰原因论》，婉玲译，商务印书馆1962年版，第12页。

们不再是共和国的士兵，而是苏拉、马略、庞培和恺撒的士兵了。[1] 再者，孟德斯鸠还指出城市的伟大也足以毁掉共和国。[2] 罗马在意大利各民族的支持下征服了全世界，它也在不同的时间把公民权授予了这些民族。这时的罗马就不再是从前的罗马了。因为人们不再是由于特殊的法律上的规定才成为罗马公民的，人们不再有同样的高级官吏、同样的城墙、同样的神、同样的庙宇、同样的坟墓，因此人们不再用和先前相同的眼光看待罗马，人们也不再像以前那样地爱自己的祖国，对罗马的依恋之情也不复存在了。[3] 把所有公民维系在一个国家里的凝聚力消失了，罗马的混乱就是不可避免的事情了。

平民是罗马军队的主要支柱，稳定的自耕农集团是公民兵的来源。公民的利益同国家的利益紧密相连，这是军队有坚强战斗力的保证，军队的团结和勇敢又能带来更多、更大的军事胜利。布匿战争后，罗马国土面积扩大了，社会财富急剧增加，但经济的繁荣并没有给罗马带来长久的稳定。相反，繁荣反而成为罗马共和制衰败的温床。随之而起的是大土地所有制兴起；富人享受着安逸的生活，崇尚奢华社会风气开始盛行；贫富差距加大，许多农民失去了自己的土地，他们除了罗马公民权外一无所有，很多人流入罗马城依靠政府的救济和富人的施舍维持生活。于是在罗马形成了一个无产者阶层，他们没有财产，也丧失了罗马人基本的道德观，为了生存下去他们可以无视道德和法律规范，昔日

---

① 孟德斯鸠：《罗马盛衰原因论》，第48－49页。
② 同上书，第49页。
③ 同上书，第50页。

农民质朴的品质在他们身上已荡然无存。所有这些变化都腐蚀着罗马人的爱国心、荣誉感和进取心。这一切印证了孟德斯鸠所说的话："每一个民族都有一种总的精神，而权力本身就是建立在这一精神之上的：当这个民族侵害这一精神的时候，它自己就受到了侵害，结果必然就停顿不前了。"[①] 罗马的公民不再是有共同民族精神的人民，因而罗马国家的衰亡也是必然的事情。在罗马，勇敢被怯懦所代替。朱古达战争时，朱古达把奥路斯引出了苏图尔之后，包围了奥路斯的营地。当朱古达对营地发动袭击时，许多罗马的将士贪生怕死纷纷抛掉自己的武器逃跑了。于是朱古达和奥路斯进行了一次会谈。朱古达说他完全可以使奥路斯和他的军队被饿死或是被处死，然而鉴于人间事物的变幻无常，如果奥路斯和他缔结一项条约，那么罗马军队在从轭下走过之后，他可以释放他们所有人，条件是奥路斯要在十天之内离开努米底亚。虽然条件十分苛刻并且是屈辱性的，然而不接受就有送命的危险，于是罗马的军队同意了朱古达的条件。[②] 以前的罗马人为了国家的利益可以不顾惜自己的个人利益。现在却恰恰相反。无论是在贵族还是平民中都存在着这种观点：个人的利益才是最重要的。

罗马奴隶制经济的繁荣和商品货币经济的发展带来的另一个后果就是罗马开始崇尚奢侈。在老加图时，他以节俭自豪，认为耗费金钱还不是我们要指责的最大的坏事，严重的事实是它腐

① 孟德斯鸠：《罗马盛衰原因论》，第130页。
② Sallust, *The War With Jugurtha*, XXXVIII.

蚀了士卒们固有的淳朴品质。[1] 加图自己就以身作则，他像祖辈
一样靠自己的双手劳动过活，甘于吃些冷食，正餐也是简简单
单，衣着朴素，住所简陋，想的更多的是尽量保持最低生活而不
是追求过多的享受。[2] 他不仅自己这样做而且要求他的同胞也这
样做。在他担任监察官时就被多数政敌憎恨，[3] 加图采用种种办
法来限制罗马生活的腐化：对首饰、宝石等贵重物品征收高额的
税收；把公众建筑的费用降到最低点；尽量抬高公用土地的租金
等。[4] 通过这些措施，加图希望能够使国家复兴。但事与愿违，
由此我们可以看到，在加图所生活的时代，罗马社会的腐败已十
分严重。最有名的例子就是卢库卢斯。虽然卢库卢斯曾取得赫赫
战功，但当他返回罗马后，他也同其他贵族一样追求奢华和享
受。以至于普鲁塔克在评论他时用了这样的一句话："卢库卢斯
的一生就如同读一部古代的喜剧一样，我们可以看到在上半部中
他的政治措施和军事策略，而下半部却尽是宴饮征逐，追欢作乐
以及火炬竞赛等轻浮无聊的活动。"[5] 据说有一次他自己用餐，
他的仆人只给他准备了一道菜，他很生气，仆人说今天没有客
人，卢库卢斯却说："你不知道今天卢库卢斯与卢库卢斯一起进
餐吗？"[6]

　　伴随生活上的奢侈腐化而来的往往就是政治上的贪污堕落。

---

[1]　Plutarch, *Lives, Marcus Cato*, III, London：Harvard University Press, 1997.

[2]　同上书，IV.

[3]　同上书，XVIII.

[4]　同上书，XIX.

[5]　Plutarch, *Lives, Lucullus*, XXXIX, London：Harvard University Press, 1997.

[6]　同上书，XLI.

早期罗马国家的政治家像马尼乌斯·库里乌斯、老加图等人，他们的生计都是依赖农庄，他们从不期望能够从自己的政治生涯中获得多少物质上的回报。到撒路斯特生活的时代，罗马政坛却贿赂盛行、结党营私、围绕政治权力争斗不休。在公元前60年的执政官选举中，恺撒为了竞选成功，便和另一候选人鲁克乌斯约定：既然鲁克乌斯资望低而钱多，那么他就得出钱以自己和恺撒的共同名义对森都里亚选举者贿选。其他的贵族得知这个消息后，也给候选人之一的比布路斯同样多的钱，因为他们害怕恺撒当选后会对他们不利，许多贵族为比布路斯捐款，甚至加图也不否认，在这种情况下贿赂有利于国家。① 罗马在努米底亚的战争久拖未决，原因之一就是罗马将领和元老院某些贵族的贪婪。在朱古达杀害了希延普撒尔之后，罗马人非常愤怒，朱古达于是派遣使节到达罗马并按照他的命令把大批的礼物送给他的友人以及当时很有实力的其他元老，当完成这一切时，朱古达面临的已不是罗马贵族的公然的敌视态度，而是他们的关照和支持了。② 朱古达的贿赂在卡尔普尔尼乌斯、斯考茹斯身上屡试不爽。以至于当他离开罗马时竟然会这样说："这是一座准备出卖的城市，而如果它碰到一个买主的话，它注定很快会灭亡的！"③

虽然撒路斯特在书中嘲笑了对狩猎和农活的传统追求，但他还是提到罗马的贫富分化也是造成罗马社会纷争的主要原因之一。

---

① Suetoius, *Lives, The Deified Julius*, XIX, London：Harvard University Press, 1998.

② Sallust, *The War With Jugurtha*, XIV.

③ 同上书，XXXV. 相似的话在阿庇安的书中也可以看到（参见Appain, Roman History, VIII, Numidian Affairs, I）。

一些个人夷平了山地，甚至还在海上营造。在我看来，对这些人来说，财富除了是一个玩具外什么也不是；因为当他们可以体面地享用这些财富时，他们却忙着可耻地浪费它。[①]

撒路斯特强调，在罗马贫穷和令人不满的贵族特权开始蔓延，它们使格拉古兄弟担心的社会问题由于内战而日益恶化。撒路斯特是反对寡头政治的，他也反对政治上的派别斗争。所以格兰特在《古代历史学家》一书中评论这一事件时说："喀提林所做的一切表明社会各阶层之间的财富的显著差别已拉响了犯罪的铃声。"[②]

当美德不再是人们追求的目标时，国家利益可以抛在一边，人们更关心的是个人或是派别的利益，党派之争也随之而来。马略和苏拉之间的斗争就是最好的说明。罗马城市的进攻者居然是自己的军队，这在苏拉攻打马略派占据的罗马城之前是从来没有过的，也是不可想象的。正如阿庇安所说："廉耻心或法律，制度或国家对于暴行都失去了约束力。"[③] 到恺撒时，他甚至可以指定一半的官员。他给每个部落发去短信："独裁官恺撒致贵部落：我向你们推荐某某某，以便他们经你们之选举出任官职。"[④] 罗马共和早期的政治体制在这时已基本上失去了它存在的价值。

---

① Sallust, *The War With Catiline*, XIII.
② Michael Grant, *The ancient historians*, 203.
③ Appian, *Roman History, The Civil War*, I.60.
④ Suetoius, *Lives, The Deified Julius*, XLI, London：Harvard University Press, 1998.

第二章

阴谋与战争
——撒路斯特著作的立足点

第一节

《喀提林阴谋》

　　撒路斯特从政坛中引退之后，就开始了史书的写作。除了我们前面提到的三部史书之外还有一些文章流传下来，其中有《给恺撒的书信》《对恺撒发表的演说 论共和国》《对玛尔库斯·图利乌斯·西塞罗的抨击》等。《喀提林阴谋》《朱古达战争》这两部史书完整地保留了下来，而通常认为最能体现撒路斯特史学思想的《历史》却只保留下一些片段——几篇演说词和一些书信。至于《对玛尔库斯·图利乌斯·西塞罗的抨击》这篇文章，西方史学界对文章的作者是否确为撒路斯特是有争议的，有人认为这是中世纪时人们为了学习拉丁语而模仿撒路斯特的风格写作的，但在没有确凿的证据能够证明这篇文章不是他所写之前，我们暂且认定文章的作者还是撒路斯特。

一 《喀提林阴谋》的内容

《喀提林阴谋》是撒路斯特最先完成的著作，全书共61章。主要以公元前66年至前63年罗马政治斗争为背景，以喀提林的政治野心为主线，描述了公元前1世纪罗马政坛的腐败和政客之间的钩心斗角。史书中运用演说、书信和插叙等写作形式再现了西塞罗、恺撒和加图等人的生动形象。

在与喀提林阴谋有关的重要的人物都陆续去世之后，撒路斯特开始了他的历史写作。[①] 这种环境给了他较为宽松的写作条件，他在写作中主要使用了西塞罗留下的演说资料，因为西塞罗的演讲详细地叙述了喀提林阴谋的过程。此外还有一些重要的文件，譬如苏拉的自传、努米底亚国王希延普撒尔的书籍、阴谋参与者朗图路斯写给喀提林的信件等。[②] 尤其是这封信的内容同西塞罗演说中提到的是一样的，可以证明他们两人都知道信件的准确内容。

（一）喀提林和喀提林阴谋

路奇乌斯·塞尔吉乌斯·喀提林（Lucius Sergius Catilina，前108至前62）是罗马贵族。在保留下来的有关喀提林的史料中，对他的描述基本是差不多的。一般说来，都认为喀提林出身

---

① 公元前62年，喀提林在与罗马军队的战斗中战死，加图在公元前46年自杀，恺撒在公元前44年3月被暗杀，西塞罗在公元前43年12月被杀，约在公元前42年时撒路斯特开始写作《喀提林阴谋》。
② Sallust，*The War With Catiline*，XLIV.

高贵，但却品质恶劣。阿庇安在《罗马史》中对喀提林及其阴谋有着较为详细的叙述。用阿庇安的话说，喀提林是"一个著名的人物；但他是一个疯狂的人"①。公元前68年喀提林任罗马的行政长官，公元前67年时出任阿非利加行省长官，公元前66年返回罗马，后因勒索罪受到指控，因而没有资格参加公元前65年的执政官选举。而当选为公元前65年执政官的普布利乌斯·奥特洛尼乌斯·帕伊图斯和普布利乌斯·科尔涅利乌斯·苏拉也因在竞选中存在贿赂行为而被取消了执政官的职位和元老资格，这一切引起他们的强烈不满。因为在当时的罗马，通过贿赂竞选官职是司空见惯的事情，把他们的贿选作为惩戒的目标是他们所不能容忍的，于是他们同喀提林、皮索等密谋想在公元前65年元旦时在皮卡托利乌姆山上杀死执政官和元老院的元老，但这次阴谋由于喀提林的失误再加上武装的阴谋者的人数不足，最终失败了。②在苏维托尼乌斯的《罗马十二帝王传》中提到了这次阴谋，但过程却与撒路斯特所描写的不同。苏维托尼乌斯认为是恺撒、克拉苏、普布利乌斯·奥特洛尼乌斯·帕伊图斯和普布利乌斯·科尔涅利乌斯·苏拉有过密谋。他们想在公元前65年年初进攻元老院，要把他们认为优秀的人物全都杀掉；然后克拉苏僭取独裁权，任命恺撒做他的骑兵长官，当他们已经按照自己的意愿组织好国家后再恢复苏拉和奥特洛尼乌斯的执政官职位。但这一阴谋由于苏拉的原因而没有实现。③撒路斯特和苏维托尼乌斯的记载里对这个

① Appian. *Roman History, The Civil War*, II.2.
② Sallust, *The War With Catiline*, XVIII.
③ Suetonius, *Lives, The Deified Julius*, IX.

阴谋的叙述是有差异的，尤其在关于喀提林是否参与这次阴谋以及他在阴谋中所起的作用等几个问题上他们的叙述是截然不同的。考虑到当时喀提林处境艰难，他正因勒索罪受到指控，而且对他的审判久拖未决，在这种情形之中，他是有可能孤注一掷的。[①] 但由于没有更多有价值的史料来证明喀提林在这次阴谋中的作用，因而我们对所谓的第一次喀提林阴谋姑且存疑。

公元前64年，保民官塞维里乌斯·儒路斯向公民大会提出了一个经全体保民官谨慎拟定的内容极其广泛的土地法案。根据这一法案，国家将动用在战争中掠夺来的战利品，以及出售行省国有地、矿山等所得的资金购置土地，分给无地贫民；法案还具体规定了行省城市和公社赎买赋税和徭役的各项措施。与此同时，喀提林也提出了自己的纲领。他们主张取消债务，分配土地，推翻贵族寡头统治。这些纲领因为比塞维里乌斯·儒路斯法案更激进、更直接，因而得到了罗马和意大利平民的广泛拥护，甚至一部分破落的贵族和一些骑士也因负债过多而对法案给予支持。喀提林及其同伙希望借竞选执政官的机会，以和平的方式夺取政权，实施他们的纲领。[②] 但是西塞罗和元老院极力阻止喀提林竞选执政官，喀提林在看到以和平的方式无法获得实施自己法案的希望时，他孤注一掷，派亲信到罗马之外的地方组织拥护他的武

---

① 关于喀提林是否参与第一次喀提林阴谋可以参见撒路斯特的叙述：The War With Catiline, XVIII. 苏维托尼乌斯的《罗马十二帝王传》中也提到这一次阴谋。另外，中文译者王以铸有不同的看法，在《喀提林阴谋　朱古达战争》中，王以铸提出第一次喀提林阴谋的主角其实并不是喀提林，喀提林只是一个参加者，王以铸还认为所谓的第一次喀提林阴谋算不上阴谋，而是一种表示不满的武装威胁，只是想给新执政官一点颜色而已。（参见《喀提林阴谋　朱古达战争》，商务印书馆1995年版，第20页）
② 李雅书、杨共乐：《古代罗马史》，北京师范大学出版社2004年版，第205页。

装力量，企图以暴力的方式夺取政权。由于喀提林集团的计划被西塞罗提前获知了，公元前63年10月21日，西塞罗在元老院发表了演说，说服元老院的元老们同意授予他至高无上的权力——"执政官应注意不使共和国遭受任何损害"，他有权征募军队，发动战争，可以用任何办法迫使联盟者和公民负起他们的义务，允许他在国内和战场上行使无限的行政权和军事指挥权。[①] 11月8日，喀提林被要求到元老院接受质询，在元老院会议上，西塞罗发表了第一篇反喀提林演说，随后喀提林为自己做了辩解，但受到了其他元老们的指责，喀提林愤怒地冲出了会场，他在会后不久就带领部分随从离开了罗马。11月9日，在得知喀提林离开罗马投奔支持他的军队后，西塞罗发表了第二篇反喀提林演说。喀提林走后，他留在罗马城内的亲信普布里乌斯·翁布列努斯设法同来到罗马的阿洛布罗吉斯人的使节会晤，因为他认为阿洛布罗吉斯人正承受着罗马人的沉重债务负担，而且高卢民族本身就是好战的，再加上普布里乌斯·翁布列努斯曾在高卢人那里经营过银钱业，他个人同那个地方的显要人物熟识，因而他希望能够说服阿洛布罗吉斯人的使节，让这些人帮助喀提林实现他们自己的目的。但是很快阿洛布罗吉斯人就意识到过分地卷入整个阴谋对自己并没有什么好处，在权衡了可能得到的好处和面临的罗马元老院的强大实力后，他们决定把自己知道的阴谋泄露给他们在罗马的保护人桑伽，桑伽随后又转达给西塞罗，西塞罗指示阿洛布罗吉斯人假装对阴谋依然感兴趣以便了解更多内情。

---

① 撒路斯特：《喀提林阴谋 朱古达战争》，第117页。

　　12月2日夜里，阿洛布罗吉斯人的使团离开罗马，按照事先的安排，西塞罗已经在他们必经的穆尔维乌斯桥那里设下埋伏。当使节们来到这里的时候，他们被罗马军队包围，喀提林留在罗马城内的同伴朗图路斯写给喀提林的信件在沃尔图尔奇乌斯身上被搜了出来，信件成为证明喀提林阴谋的最好证据。第二天，也就是12月3日，西塞罗把朗图路斯、伽比尼乌斯等阴谋者召集到元老院，宣读了朗图路斯给喀提林的信件，告知这些人阴谋已经败露，随后西塞罗向民众发表了第三篇反喀提林的演说。

　　当朗图路斯等人被关押后，他们释放的奴隶和门客试图发动起来挽救他们，侥幸逃出罗马的阴谋参与者凯提古斯也召集他的部下，想要公开制造社会动乱。面对这样危急的形势，12月5日，元老院召开会议对阴谋者进行审判。会上第一个发言的执政官西拉努斯的意见是把他们处以死刑。但后面恺撒的发言改变了很多人的初衷。恺撒在辩论中提出：不经公民大会允许而处死罗马公民是不合法的。他建议允许罪犯被囚禁在意大利最强大的城市里，他们中的任何人都不能把他们的案件提交元老院或提交给罗马人民，否则元老院便认为这样做的人企图危害国家的福利和社会的安全，而且他们的财产应当充公。随后，加图针对恺撒的意见发表了自己的看法，他认为恺撒的提议是用漂亮而讲究的语言谈论生与死的问题，现在关键的问题是罗马人必须表现地强有力，如果元老院表示出一点点的示弱，对方就会更加肆无忌惮地反扑过来。所以加图主张对这些叛国罪犯按照祖先的方式对待他们——处死他们。执政官西塞罗发表了第四篇反喀提林演说，他支持加图的提议，认为一个人如果有反对祖国的行为，那么他就成了公敌。公敌没有权利受到保护公民权利的那些法律的保护，元老院可以把他作为一个敌人加以审讯和判刑。会后，在西塞罗的监督下，朗图路斯等五人被处死。

与此同时，喀提林带领他的队伍同前来镇压他的罗马军队在皮斯托里亚附加的山谷中发生会战。会战之前，喀提林对他的士兵发表了最后的战前演说，在演说中他依然鼓励自己的士兵要勇敢，要为自己的自由、为活命而战斗。在随后的决战中，喀提林同他的3000名战士一同战死，喀提林阴谋到此结束。

从古至今，一直都有学者认为所谓的喀提林阴谋由于执政官西塞罗的原因其危险性被明显地夸大了，狄奥·卡西乌斯在他的《罗马史》中也提到了这次阴谋，他说，"喀提林的名声同他的所作所为是不相称的，这要归功于西塞罗的名望和他所发表的反对喀提林的演说"[1]。塞姆在他的《撒路斯特》中赞同狄奥的观点，认为由于西塞罗的特殊身份，他有意夸大了喀提林阴谋，以此来显示自己在这个本不十分重要的事件中的关键作用。而撒路斯特简单地接受了西塞罗的故意。这甚至可以说是他的一个过失。[2] 同这个时期发生的其他政治事件比如苏拉的独裁、斯巴达克起义和庞培在东方的战争相比，喀提林阴谋的确算不上是能影响罗马社会发展的至关重要的事件。

喀提林阴谋之所以会在这个时候发生是有其社会原因的，罗马共和末期平民身上沉重的债务是遍布意大利的不满因素产生的

---

[1] Dio, *Roman History*, XXXVII, London：Harvard University Press, 1984.
[2] Ronald Syme, *Sallust*, 1964, p.136.

一个原因。加入喀提林阴谋的人中有很多是负债的人，不管他们是在放荡的生活中把祖业挥霍掉了还是其他原因使他们处于贫穷的境地，他们都希望通过孤注一掷来获得成功。很多人没有忘记苏拉的胜利，苏拉的成功使他的士兵发了大财，这些人也希望通过跟随喀提林而获得类似苏拉的胜利果实。而且连阿洛布罗吉斯人也是因为债务负担过于沉重而来到罗马，期望罗马元老院能够减轻他们的债务，但他们却差一点成为喀提林阴谋的支持者。

一般人都认为恺撒是同情并支持喀提林的，我们无法确定恺撒是否卷入喀提林阴谋以及卷入到何种程度，但是可以知道的是，在撒路斯特、苏维托尼乌斯和阿庇安的书中都不约而同地提到，当元老院开会就如何处置喀提林在罗马城内的同伙时，恺撒明确地表达了自己的态度：他反对处死这些贵族，只主张把阴谋者的财物充公，把阴谋者一个人一个城市地分别监禁起来。[①] 恺撒表现出对阴谋参与者的同情和宽容，但他的意见遭到了西塞罗和加图的强烈反对。在撒路斯特的书中，加图以一篇有理有据的演说最终说服了多数元老，主张对普布利乌斯·朗图路斯等人处以极刑，加图在演说中甚至还暗示恺撒可能与喀提林是同谋。[②] 苏维托尼乌斯也提到在加图发表演说后，恺撒还不放弃最后的努力，直到在会场周围担任警卫的武装骑兵威胁他说，如果他坚持反对态度就要杀死他。骑兵们甚至还拔出短剑要刺他，这时恺撒才让步了，而且在这年的其他时间里恺撒没有再出席元老院的会

---

① 恺撒提出的处理参与喀提林阴谋的人的意见可以参见：Sallust, *The War With Catiline*, LI；Suetonius, *Lives, The Deified Julius*, XIV；Appian, Ronan History, VI. 在这些书中，可以看出恺撒是坚决反对处死这些阴谋参与者的。

② Sallust, *The War With Catiline*, XVIII；LII.

议。① 有人认为撒路斯特作为恺撒的部下而对恺撒的所作所为有所顾忌；苏维托尼乌斯有搜罗掌故的爱好，他的记载被看成是有闻必录，可信度值得怀疑，而阿庇安的《罗马史》中的记载相对来说会更加客观。阿庇安写道："恺撒不免和这些人有牵连的嫌疑，但是他这样深得民众的欢心，西塞罗不敢与之发生争议。"② 但是从时间上来说，撒路斯特是喀提林和恺撒的同时代人，苏维托尼乌斯和阿庇安距离喀提林阴谋的时间更远，考虑到这个因素，我们更倾向于采用撒路斯特的说法。暂不讨论阴谋的细节问题，他们三人的叙述都可以证明恺撒对喀提林这些人的态度同西塞罗、加图对这些人的态度是不同的，他是同情西塞罗所谓的阴谋参与者的。

另外，史学界对喀提林阴谋这一称谓也是有争议的。在拉丁版本中，书名是BellumCatilinae，按照字面意思翻译的话就是"喀提林战争"；在哈佛大学出版的洛布丛书中，对喀提林事件的称呼也是"喀提林战争"（The war with Catiline），中文翻译者王以铸先生在中文版中翻译为"喀提林阴谋"。在撒路斯特的叙述中，喀提林事件一开始的确是秘密的，但是西塞罗通过库里乌斯的情妇富尔维娅的告密逐渐了解了喀提林的野心，尤其是在元老院授予西塞罗"有征募军队、发动战争"的最高权力之后，实际上喀提林的事情起码在元老院已是公开的事情。喀提林派自己的亲信曼利乌斯到埃特路里亚组织军队时，按照常理来说，他想通过暴力来实现自己的理想已是众所周知的事情了。而"阴

---

① Suetonius, *Lives, The Deified Julius*, XIV.
② Appian, *Roman History*, The Civil War, II.6.

谋"这个词的含义是暗中策划、秘密计划的事情，所以当喀提林的事情在西塞罗和元老院知道后就已经谈不上是什么"阴谋"了。因而在国内也有史家在著作中称"喀提林阴谋"为"喀提林运动"或是"喀提林事件"。①

（二）《喀提林阴谋》的内容

《喀提林阴谋》是撒路斯特写的第一部作品。全书共61章，约有10724个单词（拉丁文，根据哈佛大学出版社The Loeb Classical Library 1995年版本统计）。文本叙述了喀提林阴谋的全部过程，在著作中出现了两个相互敌对的人物：阴谋的主角喀提林、揭露阴谋的执政官西塞罗。撒路斯特花了相当的笔墨来描述这两个人的个性，对他们的描写也难分伯仲。对人物性格的表现是通过事件的一步步深入逐渐展开的。尤其是喀提林，撒路斯特虽然在文本开始时并没有掩饰其对喀提林的厌恶之情，但非常有意思的是，在著作的最后一章他却用这样的口气说道：喀提林被发现在他的士兵的最前面，在一群被杀死的敌人中间，还有些微的呼吸，他的脸上显露出不屈服的精神，在他活着的时候这种精神使他充满活力。② 这表明他在叙述中对人物的描写还是客观而公正的。

1. 撒路斯特两部著作的序言即使是那些认为撒路斯特的写作充满了政治偏见的史家也会有钦佩之感。《喀提林阴谋》的第1—13章是文本的序言，在序言的第1—2章中撒路斯特深入地探

---

① 李雅书、杨共乐：《古代罗马史》，北京师范大学出版社2004年版，第207页。
② Sallust, *The War With Catiline*, LXI.

讨了精神与肉体、命运与机遇的关系。他首先论述了精神在追求荣誉过程中的作用，提出这样的观点：人不同于动物就是因为人有精神或者说有头脑，这种精神能够引导着他控制着他，而身体只是为精神服务。① 撒路斯特还用居鲁士、希腊雅典人和拉西第梦人疯狂地征服城市和国家的实例来证明：在危险的征服中，精神的作用是最有用的。② 精神是人与神共有的，而肉体是我们与禽兽共有的。③ 随后他还谈论到命运和机遇，撒路斯特认为命运的改变并不取决于外部世界，恰恰相反，命运掌握在自己的手中，"当懒惰一旦取代了勤奋，无法无天和傲慢取代了自制和公正，国王们的命运就随着他们的品质而改变了"④。

在他之前柏拉图、亚里士多德和伊索克里特这些人都探讨过人与其他动物的区别在于人是有精神或者说是有思想的，因而一些史家认为这些序言体现了撒路斯特对斯多葛派哲学思想的偏爱。⑤

第3-4章对于全文来说仍然是一个引子，只不过把话题从第1—2章讨论肉体和精神的作用转到了撒路斯特撰史目的这个方面。因为撒路斯特在文本中非常重视道德在社会中的作用，因而在开始先表明自己的写作态度是很自然的事情。在第3章中，撒路斯特提到：

---

① Sallust, *The War With Catiline*, I.
② 同上书，II.
③ 同上书，I.
④ 同上书，II.
⑤ M.L.W.Laistner, *The Greater Roman Historians*, Berkeley and Los Angeles: University of California Press, 1963, p.52.

对我而言，尽管我清楚地知道叙述者的行为无论如何也不可能同实干家的所作所为相提并论，但我还是认为撰述历史也是最困难的事情之一。[①]

他还说道：

年轻的时候，像其他人一样，我也倾向于参与公共活动，在那里我也遇到了许多的困难，毫无廉耻、贿赂和贪婪代替了谦虚、清廉和正直……在这么多的恶习之中，我年轻的软弱还是使我误入歧途，并受到野心的支配；尽管我没有参与其他人邪恶的行为，但是对升职的渴望还是使我和他们一样成为坏名誉和嫉妒的受害者。[②]

在这里撒路斯特为自己辩解的倾向是十分明显的，之所以这么写原因就在于撒路斯特担心别人会因为他的人品而质疑他史书的公正性与客观性。因为我们注意到，按照西塞罗的说法，撒路斯特的个人品行是让人厌恶的，"撒路斯特，你一定会感到很满意……在最初孩提时期就没有做过这样卑鄙恶行，这些恶行足以同所有伤风败俗的行为相媲美；你的话都和你的性格保持一致"[③]，西塞罗还说道："在他父亲在世的时候，就卖掉了他父亲的房子。还有谁会怀疑是他加速了他父亲的去世，在他双亲去世之前，他就继承了所有的财产？"[④] 西塞罗甚至还进一步评论

① Sallust, *The War With Catiline*, III.
② 同上。
③ Cicero, *An Invective Against Sallustius Crispus*, V.
④ 同上。

道："他（指撒路斯特的父亲）对这个国家做的伤害最大的事情就是有了你这样的儿子。"[1]

正是出于对自己品行的顾虑，他的担心是很自然的事情：

> 当你批评别人的缺点时，有人会认为这是因为你的怨恨和嫉妒。而且在你记录值得尊敬的人物卓越的美德和声望时，只有当你所说的事情在他看来可以很容易就做到时，他才会相信，而一旦这些事情超出了他的想象，他就认为是编造的了。[2]

但是我们也要看到，这样的顾虑不仅是在罗马、撒路斯特会有，在希腊同样也会出现，修昔底德在《伯罗奔尼撒战争史》中，就借伯里克利之口说出了意思相近的话：

> 当发言者无法让其听众相信他所说的就是实情的时候，他是很难说得恰如其分的。一方面，熟悉死者事迹的亲友，以为这个发言还没有他自己所知道的和他所希望听到的那么多；另一方面，那些不熟悉有关情况的人，当听到他们自己的能力所不及的功绩时，会对死者感到忌妒，会认为发言者过分颂扬死者。[3]

在这里撒路斯特同修昔底德不约而同地道出撰史者在撰史过程中要保持公正和客观是非常不容易的。这既需要客观的材料，譬如对事件经过是否了解、熟悉，同时还受到主观因素的制约，

---

① Cicero, *An Invective Against Sallustius Crispus*, V.
② Sallust, *The War With Catiline*, III.
③ Thucydides, *History of The Peloponnesian War*, II. 35, London：Harvard University Press, 1988.

这里的主观因素不仅仅是撰史者个人的素质，而且还涉及读者的品位和素质。

在第5章中，撒路斯特作品的主人公之一喀提林出场了，他先介绍了喀提林的出身，并且说喀提林"在年轻的时候，他就沉醉于内战、暗杀、掠夺和政治纠纷，他的成年时期就是在其中渡过的"①。从撒路斯特对喀提林的介绍中可以看出，撒路斯特对喀提林是非常厌恶的，对他的人品也是不屑一顾的。但是撒路斯特也提到了这样一句话："路奇乌斯·喀提林……在精神和肉体上都具有非凡的活力"②，而且喀提林还"有相当的口才"③。

在对喀提林做了简短而明晰的介绍后，撒路斯特的笔锋转向了罗马社会风气的转变。第6、7、8、9、10、11、12、13章这8章的内容主要是概述了罗马发展的历程。第6—9章追溯罗马最初的建立；④ 罗马人的勇敢；⑤ 罗马人的政治体制（王政）；⑥ 罗马人崇尚的美德：维护自己的尊严、对光荣的渴望、⑦ 实现公正等 ⑧。在第8章中撒路斯特把罗马同希腊做了简单的比较，他认为希腊那些具有非凡才能的作家使得希腊人的功绩在世界上被认为是无法超越的。但是罗马人就不一样了：

　　他们从来就没有这样的有利条件，因为他们中最有

---

① Sallust，*The War With Catiline*，V.
② 同上书。
③ 同上书。
④ 同上书，VI.
⑤ 同上书，VII；IX.
⑥ 同上书，VI.
⑦ 同上书，VII.
⑧ 同上书，IX.

才能的人总是从事社会事务，他们的精神从来没有同自己的身体分开过，最优秀的公民更愿意付诸行动而不是只说空话，所以他自己的勇敢行为应该由别人来赞美而不是让他来叙述其他人的英勇。①

在这里，撒路斯特对罗马美德的欣赏溢于言表。

撒路斯特在第3章和第8章分别提到撰史，一方面要求撰史者有较高的素质，要满足不同人的需求，要准备接受其他人的挑剔；另一方面，他也提到撰史还不如自己直接投入到政治活动中去更加受人尊重。同时他也顾忌到自己在道德方面的缺陷会成为别人质疑他史书价值的口实。在这样的两难境地中，撒路斯特还是坚持要完成这部史书。这两章的内容同前面第4章关于自己撰史目的的表白相互对应，撒路斯特在写作过程中，再次重申自己撰史的客观性和公正性。

从第10—13章开始，撒路斯特笔锋一转，从罗马城的最初建立、发展进而评论罗马的社会风气的堕落，撒路斯特分析了罗马社会堕落的主要原因，在他看来首先是迦太基的灭亡使罗马丧失了对危险的警惕性：

这个罗马在远方的对手，一旦被彻底摧毁，所有的海洋和陆地对罗马敞开了大门，但这时的命运却开始变得残酷起来并把我们的事情弄得毫无秩序。②

---

① Sallust, *The War With Catiline*, VIII.
② 同上书，X.

这种毫无秩序就体现在对金钱和权力的渴望上，这使得"这个政府首屈一指的公正和优秀变为残暴而让人无法忍受"[1]。罗马社会风气转变的第二个原因是路奇乌斯·苏拉的独裁：

> 在路奇乌斯·苏拉通过武力控制了这个国家后，所有的事情在有了一个好的开端后都被带入了坏的结局，所有的人都开始了偷窃和掠夺。[2]

在撒路斯特看来，野心"确实是一个缺点，但并没有太违背美德"[3]。只要把这样的野心放在对光荣、荣誉和权力的正当追求上，并没有什么不对，但苏拉掌握权力之后，野心也开始从好的开始带入了坏的结局之中。而且苏拉为了满足自己士兵的需要曾"让他的士兵大肆劫掠"[4]，对那些反抗他的城市采取报复行为，他对城市的处罚是多种多样的，"或者毁坏它们的卫城，或者拆掉它们的城墙，或者处以罚款，或以繁重的捐税摧残他们"[5]。他还在许多城市中，"安插自己的军事殖民团，使整个意大利在他的驻军之下，没收它们的土地和房屋，分配给他的士兵"[6]。罗马的社会秩序变得混乱起来。撒路斯特认为罗马社会风气转变的第三个原因是对奢侈生活的追求。以前罗马人民关注的是如何凭自己的勇敢赢得荣誉，他们对金钱的态度是"看重财富"、"挥霍

---

[1] Sallust, *The War With Catiline*, X.
[2] 同上书, XI.
[3] 同上。
[4] Appian, *Roman History, The Civil War*, I.94.
[5] 同上书, I.96.
[6] 同上。

财富"，但这些财富"是通过体面的方式获得的"①。可是迦太基陷落后，尤其是苏拉掌握政权后，这样的状况就改变了：

> 一些个人夷平了山地，甚至还在海上营造。在我看来，对这些人来说，财富除了是一个玩具外什么也不是；因为当他们可以体面地享用这些财富时，他们却忙着可耻地浪费它。②

这些人一旦没有了可供挥霍的钱财，失去了舒适的生活，他们会变得肆无忌惮和不择手段。在这样的环境中，出现喀提林这样的人物也是不足为怪的。

2. 第二部分，第14—17章撒路斯特在第14章中回到了对喀提林的描写上来。第15章的第一句话：

> 甚至在喀提林年轻的时候，就做出了许多可耻的行为——同贵族阶层的一个少女私通，还与维司塔贞女私通——还有其他同样非法和邪恶的事情。③

同第5章的第一句话"路奇乌斯·喀提林……在精神和肉体上都具有非凡的活力，但他的本性却是邪恶而堕落的"在含义上是相同的。随后在第16、17章中撒路斯特较为详细地描述了喀提林以及他的同伴是如何策划这次所谓阴谋的。撒路斯特在第17章中还特别提到：

---

① Sallust, *The War With Catiline*，VII.
② 同上书，XIII.
③ 同上书，XV.

　　玛尔库斯·利奇尼乌斯·克拉苏对这个阴谋并不是完全不知道；因为他的敌人盖乌斯·庞培正统帅着一支大军，他希望看到有谁的势力能够发展起来与他对手的权力相抗衡，这时他完全相信如果这个阴谋可以成功的话，他很容易地就能够成为其中的领袖。[1]

在这里至少可以得出这样的看法，撒路斯特个人认为克拉苏实际上是了解并支持这次阴谋的。

3. 第18—19章主要介绍了所谓的第一次喀提林阴谋的经过。阿庇安的书中也提到了这次事件，但在苏维托尼乌斯的书中，对这次事件的描述却与阿庇罗和撒路斯特的说法大相径庭。后者的叙述中没有提到喀提林的参与，只是恺撒和皮索之间的策划；而且西塞罗在给阿克西乌斯的书信中也提到是恺撒而非喀提林参与了这次阴谋。[2] 苏维托尼乌斯只是说道："恺撒曾被怀疑同玛尔库斯·克拉苏这位前执政官密谋，他还同样与普布利乌斯·苏拉和路奇乌斯·奥洛托尼乌斯密谋，这两个人在当选为执政官后被人发现有贪污的行为。"[3]

苏维托尼乌斯在书中强调是恺撒导演了这次阴谋，只是由于克拉苏在阴谋开始的关键时刻临阵脱逃使得恺撒没有"让托加袍从他的肩上落下"[4]——这是他们提前商定的阴谋开始的信号。

---

① Sallust, *The War With Catiline*, XVII.
② Suetonius, *Lives, The Deified Julius*, IX, London：Harvard University Press, 1998.
③ Suetonius, *Lives, The Deified Julius*, IX.
④ 同上。

在这里苏维托尼乌斯只字未提喀提林。正因为如此，后来学者对所谓的喀提林阴谋是否存在是有争议的。撒路斯特对第一次阴谋一笔带过，并没有很详细地讨论这次阴谋，这样的态度使得许多后来的学者怀疑他是刻意地为恺撒掩饰。①

4. 第20—22章在上面的插叙结束之后再次回到对喀提林阴谋过程的描述上。主要介绍了喀提林和他的同伙在密室中的谈话和与会者的起誓。在第20章中喀提林的演说是非常生动的。在这个演说中，喀提林首先赞扬这些与会者的勇气和忠诚，接下来为了给这些人以胜利的信心他又重申这次行动是伟大而光荣的事业。除此之外，喀提林再次提到现在的罗马社会是一个不公平的社会：

> 因为我们的国家被置于少数强有力人物的管辖和支配之下……其余像我们这样精力充沛、有能力的人，无论是贵族还是平民，都只不过是乌合之众，没有影响，没有势力，只得屈从于这些人，而在这个自由的国家，我们本来应该是这些人害怕的对象。②

而且在经济上，有的人"挥霍钱财在海上建造，还夷平山地，而我们却没有钱财来购买我们最起码的生活用品"③。在说明了这些不幸之后，喀提林认为一旦他们的事业获得成功，他们以后的生活将会是非常美好的，"你们一直在渴望的自由、财富、

---

① M.L.W.Laistner, *The Greater Roman Historians*, Berkeley and Los Angeles：University of California Press, 1963, p.47.

② Sallust, *The War With Catiline*, XX.

③ 同上。

荣誉和光荣都会在眼前出现"[1]。喀提林的话使许多人跃跃欲试，于是在会议的最后，喀提林要求与会者起誓以进一步增强他们的信心。

5. 第23—24章介绍了克温图斯·库里乌斯和他的情妇以及喀提林在密室会议后的一些活动：喀提林积极地准备以武力行动来达到自己的目的。对克温图斯·库里乌斯和他的情妇的介绍为下面富尔维亚向西塞罗告密做了铺垫。

6. 第25章是一个插叙。这一章形象地描述了显普洛妮娅这个贵族妇女，撒路斯特没有像在第15章中描写喀提林的相貌一样来描写显普洛妮娅的面貌，而是更看重她的品行。撒路斯特认为在她的心目中"没有什么比诚实和纯洁更不值钱的东西了"，[2]但同时她又是"一个有天赋的人，她会写诗、妙语连珠，她还会用端庄的、温柔的、放肆的语言，总之，她是一个机智而富有魅力的女人"[3]。这个人物的插叙并不是可有可无的，显普洛妮娅虽然在喀提林阴谋中并没有起什么重要的作用，但是撒路斯特还是特别描写了这个人物，它在文本中的作用更多的不是为阴谋这个主题服务，而是为撒路斯特的道德主题服务，显普洛妮娅是罗马道德堕落的一个注释。

7. 第26—36章中西塞罗当选为执政官，他通过富尔维亚知道了喀提林阴谋的细节，喀提林因而准备把自己的行动由秘密转为公开。喀提林开始派他的同伙到罗马各地去组织能够发动战争

---

①   Sallust, *The War With Catiline*, XX.

②   同上书，XXV.

③   同上。

的队伍，这些人包括去费祖来的盖乌斯·曼利乌斯、到皮凯努姆地区的赛普提米乌斯、到阿普利亚去的盖乌斯·优利乌斯。[①] 与此同时他在罗马也开始准备夺取政权。其中最危险也是最关键的一步就是要杀死西塞罗，因为西塞罗是这一年的执政官，也是密切关注他们行动的人。在掌握了喀提林行动计划后，西塞罗把这些情况通知给了元老院，不久之后，在元老院的安排下，费祖来、阿普利亚、卡普亚、皮凯努姆和罗马附近都部署了罗马的军队：

> 元老院还决定：任何人如果提供了这次危害共和国的阴谋的情况，如果他是奴隶的话，可以获得自由并得到十万塞斯退斯，如果是个自由人，就赦免他参与阴谋的罪行，还可以得到二十万塞斯退斯。[②]

在做完这些准备后，元老院接着传讯了喀提林，针对执政官玛尔库斯图利乌斯的话，喀提林发表了演说。在这个演说中，喀提林先是否认自己参与了任何阴谋，说自己对罗马人民作出过巨大贡献。但是元老院的元老并没有相信他的话，于是喀提林在盛怒之下喊道：

> 既然我的敌人让我陷入困境，使我绝望，那我将用彻底的毁灭来扑灭我的怒火。[③]

---

① Sallust, *The War With Catiline*, XXVII.
② 同上书，XXX.
③ 同上书，XXXI.

喀提林意识到自己的行动已被公开，所以在公元前63年11月8日离开了罗马到曼利乌斯的营地去，但他还是留下了自己的亲信以便配合他们在罗马以外的行动。

8. 第37—39章主要分析了喀提林阴谋参与者的组成和喀提林阴谋出现的直接原因。撒路斯特提到公元前70年由于恢复了保民官的权力，一些年轻人开始煽动民众抨击元老院，而几乎所有的贵族都向他们展开斗争，"表面上是为了元老院的利益，但实际上却是为了扩大他们自己的权力"[1]。这一章的内容同朱古达战争第41章的内容对比一下可以看到，撒路斯特都强调在派别斗争中，无论是罗马平民还是贵族都只为自己的利益考虑而不会顾及国家的荣誉：贵族滥用他们的地位，人民滥用他们的权利，每个人都在为自己打劫、抢夺和抄掠。[2]

9. 第40—49章描写了喀提林同西塞罗的交锋。通过争取阿洛布罗吉斯人的信任，西塞罗终于获得了喀提林阴谋的直接证据，并根据这一证据抓捕了喀提林在罗马城内的同伙。在这10章的叙述中，撒路斯特逐渐把故事推向了高潮。喀提林和西塞罗——这两位不同阵营的代表人物，在撒路斯特的笔下始终在斗智斗勇，但最终的结局是喀提林功亏一篑。元老院同时也注意到这一事件涉及了众多的显要人物，尤其是有人告发克拉苏和恺撒也参与了喀提林阴谋。在这种情况下，为了稳定局势，对于前者，根据西塞罗的提议，元老院全体会议决定塔尔科维尼乌斯的证词看来是虚假的，要把他看管起来不再听取他的意见，直到揭

---

[1]　Sallust，*The War With Catiline*，XXXIII；XXXVIII.

[2]　Sallust，*The War With Jugurtha*，XLI.

露出唆使他在这个重要问题上撒谎的人的名字。^① 对后者，虽然西塞罗和阿洛布罗吉斯人都拒绝为克温图斯·卡图路斯和盖乌斯·皮索做伪证认为恺撒参与了这次阴谋，但是还是有人相信恺撒同这件事并不是毫无关系的，所以，一些在和协殿周围担任武装警卫任务的罗马骑士也因为这个巨大的危险或是因为他们的激动而控制不住自己的情绪，当恺撒离开元老院时，他们向恺撒拔出了剑。^② 由于富尔维亚的告密和阿洛布罗吉斯人的配合，西塞罗对喀提林一方的行动了如指掌。

10. 第50—52章以及第55章可以看成是一个整体。这四章的主要内容是元老院讨论该如何处置阴谋参与者。其中的高潮也是这个文本的高潮即第51、52章中恺撒和加图发表的演说。这一年是公元前63年12月5日，当时恺撒38岁，加图32岁，西塞罗是44岁，撒路斯特是23岁，撒路斯特不可能直接听到恺撒和加图在元老院的演说，但是他们是同时代的人而且当时的撒路斯特已经成年，他有机会通过其他的渠道了解两人演说的主要内容，所以他记录下来的恺撒和加图的演说是可信的。这两篇演说各具特色，恺撒的演说充分体现了他的宽容，在感情和理智的天平上他更趋于理智；在追溯罗马先人的功绩时，强调仁慈这一美德；叙述希腊在"三十僭主"统治时，由于不经审判就处死了受到憎恨的公民、征服者苏拉下令处死达玛西普斯等人时，其余的人都是欢欣鼓舞，但是事情过后他们也为此付出了惨痛的代价。所以恺撒最后总结理智而宽容地处置这些阴谋参与者最好就是保留他们的生

---

① Sallust, *The War With Catiline*, XXXIII；XLVIII.

② 同上书，XXXIII；XLIX.

命，而不是处死他们。因为在恺撒看来：

> 在所有的悲痛和伤心中，死亡是从悲哀中的解脱，而不是一种惩罚；它结束了所有人间的痛苦，也不再有忧伤或是欢乐了。①

而加图的演说没有直接去评价恺撒的意见是否正确、是否可行，他从另外一个角度阐述了自己的看法：

> 我从不允许自己由于冲动和放任而犯罪，也不会愿意宽恕其他人由于任性而犯下的罪行。
>
> ……
>
> 挥霍别人的财富被叫做慷慨，做错事情的鲁莽被称之为勇敢，共和国被逼到了绝境……但是不要让他们也挥霍我们的鲜血，不要因为宽恕这几个恶棍而给所有的好人带来毁灭。②

加图在演说中旗帜鲜明地表明了自己的观点，他没有回溯罗马的历史，只是强调罗马当前所面临的危急形势，最后他提出了自己的主张：处死五名被抓的阴谋参与者。应该看到在当时的情况下，恺撒发言之后，一些元老也随即改变了自己的看法开始附和恺撒，甚至当选的执政官德奇姆斯·尤尼乌斯·西拉努斯也表示在表决时可以重新考虑对阴谋参与者的处罚。③ 在有人动摇的情况下，加图仍然坚持自己的意见，由此可见加图的勇气和正直。

---

① Sallust, *The War With Catiline*, LI.
② 同上书，LII.
③ 同上书，L.

11. 第53—54章是一个插叙，这个插叙是前面恺撒和加图的演说引导出来的。在第53章中，撒路斯特由恺撒和加图的演说而发出感慨，他深入地分析了罗马发展壮大的原因：

> 我确信，这是少数有杰出能力的公民的成就，正是由于他们，贫穷战胜了富足，少数战胜了多数。①

撒路斯特在第54章中比较了恺撒和加图的性格。因为撒路斯特曾是恺撒的战友和朋友，所以他对恺撒的评价历来是众多学者关心的问题。但从文本看来，撒路斯特基本上持公正而客观的立场，他并没有过分地赞扬恺撒，相反他对加图的品德、才能却更加欣赏，他说加图"不和富人斗富，不和有野心的人比阴谋诡计，而是和有进取心的人比贡献，和有自制力的人比节制，和洁白无私的人比清廉"②。

12. 第56—61章叙述离开罗马的喀提林和曼利乌斯扩充队伍并在得知罗马方面的阴谋暴露后，喀提林同罗马军团的决战。在第58章中，喀提林的战前动员演说是非常精彩的，在没有如何胜利希望的情况之下，喀提林仍能够通过演说来鼓舞士兵的勇气，第59—61章介绍了双方决战的情况，尤其在最后一章，撒路斯特有关喀提林的描写极为动情：

> 喀提林被发现在他的士兵的最前面，在一群被杀死的敌人中间，还有些微的呼吸，他的脸上显露出不屈服

---

① Sallust, *The War With Catiline*, LIII.
② 撒路斯特：《喀提林阴谋 朱古达战争》，王以铸译，第148页。

的精神，在他活着的时候这种精神使他充满活力。①

撒路斯特对作为阴谋者的喀提林是不屑一顾的，但最后勇敢战死在疆场的喀提林，无论他的对手是谁，喀提林都表现出了无比的英勇，可能正是由于这一点使得撒路斯特在写作的时候也会情不自禁地流露出对喀提林的尊敬。

二 《喀提林阴谋》的结构

喀提林阴谋是撒路斯特的第一部作品，通过对这部作品内容的分析，我们可以看到文本的结构有这样一些特点：

首先，全文61章，序言13章，序言也就是撒路斯特对罗马政治的评价就占了文本的近五分之一，而且这一部分的主要内容就是叙述罗马社会的腐败和堕落。这样的篇幅很容易给人留下这样的印象：撒路斯特非常重视写史的现实意义，事实上也确实如此。

其次，他在描述整个事件时基本上是按照事件发展的时间顺序来进行的。叙述中间的插叙是对一些问题的说明，但不显得生硬，这是因为他所插叙的文本同他本来要叙述的文本是有内在联系的。譬如第6—13章的插叙介绍了罗马的历史，揭示了罗马社会风气的转变，这是为了给第15章以后详细描写喀提林其人和喀提林阴谋做铺垫做准备。第25章的插叙是对显普洛妮娅的介绍，这更进一步说明喀提林阴谋的出现并不是偶然的，而是有社会原因和社会基础的。显普洛妮娅出身于显普洛尼乌斯家族，罗马历史上有名的格拉古兄弟也属于这个家族。在撒路斯特后来的描写

---

① Sallust, *The War With Catiline*, LXI.

中，她并没有卷入阴谋，但是作者为什么还要这样重点介绍这个人物，这一直以来是许多学者关注的问题。现在比较公认的看法是，插叙显普洛妮娅这个人物是对喀提林的一个补充，作者要表明，他们都是贵族出身，但也只有他们的出身是唯一值得让人羡慕的东西了。在他们身上找不到罗马的美德。妇女应该是贤妻良母，而她的行为连一般的男人都望尘莫及。显普洛妮娅的出现只是为了强调罗马道德堕落到何种程度。① 第53—54章的插叙最为精彩，它既是对恺撒和加图二人性格的分析，同时也体现了撒路斯特的道德观。相信撒路斯特在写作这两章时也是非常慎重的。在评价恺撒和加图的品德时，撒路斯特与恺撒的特殊关系就成为一种障碍。撒路斯特在这个插叙中对两人的评论十分谨慎：对两人所具有的美德都加以赞扬，没有褒此抑彼，② 而且撒路斯特只叙述了二人的优点并加以比较而没有对他们的不足做任何说明，回避缺点就可以回避对不同意见的攻击。虽然这只是他的第一部作品，而且这部作品同后来的《朱古达战争》相比，无论在结构上还是在细节的处理上都要逊色许多，但在评价加图和恺撒时，撒路斯特显示了其政治家的眼光和史家的客观态度。

---

① Barbara Weiden Boyd, Virtus Effeminata and Sallust's Sempronia, *Transactions of the American Philological Association* (1974-), vol.117.(1987),pp.183-201.

② 加图是早期共和政体的坚决拥护者，他因正直和廉洁而在罗马有较高的声望，他在政治上是极端的保守主义者，他拒绝妥协的意志使得在同僚中独树一帜，他还是反对恺撒的最坚定分子，在支持西塞罗对喀提林阴谋参与者处死的辩论中，加图试图说明恺撒也是阴谋的支持者和参与者。结果在公元前59年时，加图被流放到塞浦路斯。在庞培与恺撒的斗争中，他支持庞培，公元前46年恺撒打败了斯奇比奥后，加图遣返了他的追随者并自杀。在他死后，西塞罗和玛尔库斯·布鲁图斯都为他写了颂词，恺撒也写了反对他的文章，加图的悲剧也是罗马共和国的悲剧，他成为共和国正直的象征。(参见大英百科全书，电子版，北京师范大学数字资源)

再次，前面我们说到这个文本是按照事件发展顺序写作的，所以除了刚才提到的必要插叙外，基本上没有提到其他多余的人物或是事件。这是一个优点，因为这样的处理使得结构比较紧凑，不拖沓，叙述的节奏与故事的进程密切配合，再加上撒路斯特出色的文字功底，使整个文本读来井井有条，非常干净。《喀提林阴谋》的结构并不复杂，但撒路斯特还是做了精心的处理。这个文本在一个时间顺序之下还有两个平行描述的人物——喀提林、西塞罗。这两个人物在同一事件中的作用又都是非常重要的，喀提林是暗，而西塞罗是明；喀提林是邪恶的化身，而西塞罗是正义的代表，一暗一明，一邪一正，撒路斯特在写作这两个人物时没有简单地处理他们，而是从他们的性格、社会背景、道德等多个方面展开描述，所以西塞罗应对喀提林时所表现出的果断和机智、喀提林在最后决战时的勇敢都给我们留下了深刻的印象。

在撒路斯特的文本中，喀提林的堕落和腐败当然有他个人的原因，那么喀提林为什么还有那么多的支持者和同情者？这个问题是撒路斯特必须回答的。撒路斯特在文本中开始了对罗马历史的调查，从埃涅阿斯一直到喀提林生活的时代。他希望借助对这个问题的探讨来分析罗马社会风气堕落的原因，他更希望把这种争论置于对喀提林个人品德的质询之上来分析罗马国家的弱点，是什么导致了这样一场反叛的兴起和发展？[1] 撒路斯特认为，随着罗马对外扩张的进行，罗马军队的来源不再局限于罗马城，来

---

① Ronald Millor, *The Roman Historians*, London and New York：Routledge, 1999, p.38.

自意大利等地的共和国士兵不再把罗马看作是自己的祖国；对迦太基的战争胜利后，罗马对帕提亚和非洲的战争就缺少了光荣，撒路斯特看到了人类的本性不仅热爱自由也热爱财富和权利。[1]撒路斯特在书中总是流露出一种悲观情绪，所以有学者评论到：《喀提林阴谋》是一部悲剧。[2]

---

[1]　Sallust, *The War With Catiline*, X.

[2]　Ronald Syme, *Sallust*, 1964, p.66.

第二节

《朱古达战争》

一 《朱古达战争》的内容

在完成了《喀提林阴谋》之后，撒路斯特很快转向了另一个关于贪婪和腐败的故事。这个故事同喀提林阴谋不同，它揭示了罗马海外征服同国内政治腐败之间的联系。

朱古达战争发生在公元前111年至前105年。撒路斯特的文本共114章，全文字数是21251个单词（拉丁文，根据哈佛大学出版社The Loeb Classical Library 1995年版本统计）。在他的描述中，朱古达是一个老谋深算的国王，是非洲战争和罗马官员腐败的操纵者。这样撒路斯特就可以在朱古达战争中继续他在喀提林阴谋中提出的论点，即罗马的衰败要归于贵族的贪污和拙劣的工作。[①] 这场战争之所以引起撒路斯特的注意是因为它首先是一场长期的、血腥的、胜负难分和反复无常的战争；其次因为这在当

---

① Ronald Mellor, *The Roman Historians*, p.38.

时是第一次对贵族的横傲进行抵抗的战争——它是这样一场斗争的开始：这场斗争打乱人和神的一切事物，并且其激烈程度使得国内的争端发展成战争并使意大利化为一片焦土。①

但很多学者还是认为早先的格拉古兄弟改革才可以看做是对"傲慢贵族"一系列挑战的开始，那次改革预示了即将发生在各阶层中间的暴力斗争。撒路斯特则更愿意强调在反对朱古达的战争中，贵族的腐败表现得更为突出。

1. 第1—4章中撒路斯特还是像在《喀提林阴谋》中一样，讨论了精神对人的作用，他在两部作品中都认为精神是比肉体更重要的东西，在《喀提林阴谋》中撒路斯特说到：

> 财富和美貌带来的名声是短暂而脆弱的；精神上的优秀才是卓越和永久的财富。②

在《朱古达战争》中，这样的话还可以看到：

> 引人注目的美貌和巨额的财富如同身体的活力这些天赋一样，很快就会消失，但是智力的卓越成就就像灵魂一样是永恒的。③

在含义上这两句话如出一辙。但是在《朱古达战争》中，撒路斯特在某些方面表述得更加成熟了，譬如，在《喀提林阴谋》中，撒路斯特提到：

---

① Sallust, *The War With Jugurtha*, V.
② Sallust, *The War With Catiline*, I.
③ Sallust, *The War With Jugurtha*, II.

这两个方面（精神和肉体）中的任何一个方面都是不完整的，都需要其他一方的帮助。①

到了《朱古达战争》那里这样的话就变成了：

身体方面和财富方面的优点总是有始有终的，有起有伏，有盈有亏，但是精神却是纯洁的，永恒的，它是人类的统治者，驱使并控制所有的事情，而自己却不受任何事情的控制。②

同在《喀提林阴谋》中一样，撒路斯特在讨论完精神与肉体的关系后又谈到了命运：

它（指精神）不需要命运，因为命运不能把诚实、勤奋和其他的好的品质带给任何人，也不能把它们带走。③

命运在撒路斯特的书中是一个非常重要的概念，它包含着很多的含义——譬如幸运、机会、神佑等，但有一点是可以肯定的，在作者看来，命运是掌握在人手中而不是人被它掌握。④随后，撒路斯特表达了对公职的看法，在他看来：

---

① Sallust, *The War With Catiline*, I.
② Sallust, *The War With Jugurtha*, II.
③ 同上书，I.
④ 同上。

> 在这时最不值得做的就是公职，因为荣誉不会授予有功者。而那些通过不正当的手段获得了荣誉的人既不会因此而得到安全也不会让人觉得更加可敬。①

而在《喀提林阴谋》中，撒路斯特对公职的看法却是另外一种态度：

> 服务于我们的国家当然是光荣的，用文字来为国家服务也是不能被轻视的。②

撒路斯特对命运的态度始终是一致的，但对待公职前后截然相反的看法值得探究。按照现代史家的观点，《喀提林阴谋》的写作时间是公元前42年或41年，《朱古达战争》的写作时间约为公元前41或前40年，不论采用公元前42年和前41年、公元前41年和前40年这两种说法中的哪一种，这两部史书的写作时间间隔最多都不会超过两年。公元前43年屋大维被宣布为执政官，他还和安敦尼、雷比达三人结成了三头同盟。公元前42年，恺撒在被暗杀后被宣布为神，但是庞培派的势力还继续保留着，③可以说，这时的罗马正处于权力争夺的关键时刻，撒路斯特虽然在恺撒遇刺后便过着隐居的生活，但曾是恺撒支持者的撒路斯特一定会关注罗马政局的动荡，撒路斯特的心情从刚引退时的不平静到写作《朱古达战争》时的失望，在他这两本书中是可以体会到的。

在第4章中，撒路斯特同在《喀提林阴谋》的第3章一样，陈

---

① Sallust, *The War With Jugurtha*, III.
② Sallust, *The War With Catiline*, III.
③ 李雅书、杨共乐：《古代罗马史》，第236－238页。

述了自己写作史书的意图，他反驳了某些人认为写作是懒散的表现并辩解道：

> 他们一定会相信我改变自己的看法是有理由的而不是因为懒散，而且我的懒散较之其他人的活跃更能给我们的国家带来好处。①

撒路斯特本人就是一个"新人"，但他在书中毫不隐讳地批评道：

> 甚至是以前总是在德行方面超过贵族的那些"新人"，现在也通过阴谋和公开的欺骗而不是通过高尚的行为来获得权力和荣誉。②

2. 第5—10章撒路斯特开始了对朱古达的介绍，他为我们描述了一个充满活力、富有智谋的努米底亚人的形象。国王米奇普撒担心朱古达的能力和威信会威胁到儿子的地位，于是朱古达被国王以经受考验的名义派到努曼提亚去，国王希望朱古达在战场上战死，但是事与愿违，朱古达在努曼提亚的锻炼为他带来了连国王也意想不到的荣誉。而且按照撒路斯特的说法，正是在同罗马军队的并肩作战中，朱古达学到了他以前不知道的东西：如果国王去世，他就可以在努米底亚独揽大权，因为按功劳算的话，他是首屈一指的，而且在罗马任何东西都可以用钱买到。③ 正是受到了罗马军队中新人和贵族的煽动，朱古达在思想中埋下了夺

---

① Sallust, *The War With Jugurtha*, IV.
② 同上。
③ 同上书，VIII.

取努米底亚权位的想法。这是米奇普撒当初预想不到的，本来派出去的还是一个正直、勇敢的年轻将领，回来的却是一个将要夺去自己两个儿子性命的危险人物了。撒路斯特希望通过朱古达个人品德的转变这个角度抨击罗马道德的败坏。朱古达到底是一个什么样的人，由于保留下来的资料多是罗马人的著作，对朱古达的描写是否客观、准确是值得考虑的。但是，在撒路斯特的文本中，朱古达从受人爱戴、作战英勇而有智谋的将领很快地就在罗马人的影响下成为邪恶的罪犯，而且这个转变过程又完全是在罗马人的教唆之下进行的，显得未免太戏剧化也太简单了。

在第10章中，朱古达站在了即将过世的米奇普撒面前，这时两个人的地位出现了彻底的逆转。在朱古达去努曼提亚之前，米奇普撒处于强势，朱古达只是一个完全依靠国王的王子，现在朱古达在军队有极高的威望，国王一旦去世，他自己的两个儿子无论在功业上还是在声望上都不及朱古达。于是国王被迫改变了态度，转而祈求朱古达在他去世后能够看在血统关系上善待自己的儿子并能够同他们一道齐心协力治理好国家。①

3. 第11—16章的主要内容是朱古达在米奇普撒去世后开始夺取希延普撒尔和阿多儿巴尔的权力。朱古达把目标首先放在希延普撒尔的身上，因为希延普撒尔敢于公开蔑视朱古达的身份，而且他还提出朱古达被老国王过继并许诺分享王国的事情还需要重新讨论。朱古达趁三人分配财产时设计杀死了希延普撒尔，并组织军队准备使自己成为整个努米底亚的统治者。阿多儿巴尔和

---

① Sallust, *The War With Jugurtha*, X.

朱古达都派出使者到罗马去寻求支持。在这一部分中，阿多儿巴尔在罗马元老院的演说占了较大的篇幅，在他的演说中，阿多儿巴尔先是强调他的父亲曾告诫他，无论在和平时期还是在战争时期，都要尽可能帮助罗马人民，把罗马人民看作是自己的族人和亲属。[1] 然后阿多儿巴尔才指控朱古达在努米底亚对希延普撒尔的屠杀和对自己处境的担忧。他还在演说中说出了这样的话：

> 因为你辽阔的疆域使你们要在所有的地方、所有的事情上都要主持公道。[2]

阿多儿巴尔的演说有讨好罗马以争取元老院支持的想法，从一个侧面我们看到罗马的强大，即使是努米底亚的王子也必须倚仗罗马的势力来维护自己的权利（但也有学者指出，当时罗马同努米底亚的关系并不像撒路斯特所描述的那样，努米底亚对罗马完全是言听计从。我们现在还没有准确的史料来证明罗马同努米底亚当时的关系如何。现代史家通常都认为努米底亚是罗马的保护国，但当朱古达同他的兄弟们发生第一次冲突时，努米底亚并不在罗马的直接控制之下。无论如何，罗马都不可能宣称对努米底亚的事务有管辖权，除非努米底亚人自己直接向罗马人请求或是罗马人的利益直接或间接地受到了牵连，[3] 罗马元老院最后决定派出一个委员会来主持阿多儿巴尔和朱古达之间的领土分割。

---

[1] Sallust, *The War With Jugurtha*, XIV.
[2] 同上。
[3] 有关方面的观点可以参见Kurt von Fritz, *Sallust and the Attitude of the Roman Nobility at the Time of the Wars against Jugurtha(112-105B.C.), Transactions and Proceedings of the American Philological Association*, vol. 74.(1943), pp.134-168.

当然朱古达的贿赂在罗马人身上屡试不爽，路奇乌斯·欧皮米乌斯在接受了朱古达的礼物和许诺后，在分割努米底亚王国时采取了对朱古达有利的分割方式，努米底亚同毛里塔尼亚相邻的部分分配给了朱古达，这部分土地更加肥沃，人口也更多；而将表面看来比实际更好的、有更多的港口、有更多的建筑的那部分分配给了阿多儿巴尔。①

4. 第17—19章介绍了阿非利加的地理、民族。这个插叙一是使读者了解阿非利加的风土人情、努米底亚的兴起和发展，同时也带出了文本中的另一个重要人物——波库斯。这个插叙在文本中是非常重要的，首先是所使用的史料，按照撒路斯特的说法，他参考了努米底亚国王希延普撒尔用布匿语书写的著作，②毕竟这是来自当地人的资料，比其他的史料更有价值，但同时他仍然声明自己不能保证史料的真实性。③其次，撒路斯特担任过新阿非利加（**Africa Nova**）的长官，他对非洲地理和民族的介绍是非常珍贵的史料。

5. 第20—26章是朱古达对阿多儿巴尔的处置。在送走了罗马委员会成员后，朱古达开始了自己的下一步计划：把整个努米底亚置于自己的统治之下。阿多儿巴尔自然就成为朱古达前进道

---

① Sallust, *The War With Jugurtha*, XVI.

② 关于这个材料是否是国王希延普撒尔所写还有争议。有的学者认为拉丁原文中用的是dicebantur，而不是dicuntur。那么这句话应该翻译为"the Punic books which were said to be by King Hiempsal's"。于是对这句话的理解产生了分歧，塞姆在《撒路斯特》一书中认为其意思是这些书是国王希延普撒尔所写。（Ronald Syme, Sallust, p.153.）也有学者认为这句话还可以解释为"the Punic books belonging to King Hiempsal"。即这些书并不是国王所写而只是属于国王。（参见Vicror J.Matthews, *The Livri Punici of King Himepsal, The American Journal of Philology*, vol. 93.No.2.(Apr., 1972). pp.330－335.）

③ Sallust, *The War With Jugurtha*, XVII.

路上的障碍。他想凭借自己的实力公开征服阿多儿巴尔，阿多儿巴尔还是希望能够倚仗罗马的势力压制朱古达，两人的性格在这一章中形成一个强烈的对比，阿多儿巴尔是一个安静、爱好和平、有着平和的性情，容易受到攻击，宁愿害怕也不愿成为害怕的对象的人。[①] 他的对手朱古达是一个精力充沛而好战的人。[②] 而且朱古达对罗马的态度也不像阿多儿巴尔一样一味地祈求支持，朱古达在面对最初罗马派来的三个年轻使节时甚至还说，如果罗马人民不给予他万民法的权力，那么他们就不公正而且也不合理了。[③] 不仅如此，朱古达还反戈一击对罗马使者说，他发现阿多儿巴尔背信弃义地阴谋图害他的生命，所以他才要反抗这个罪恶的企图。[④] 朱古达成功地阻止了罗马使者会见阿多儿巴尔并在送走这些使者后继续攻打阿多儿巴尔，阿多儿巴尔走投无路只好再次请求罗马说服朱古达，但斯考茹斯的到来仍于事无补。阿多儿巴尔最后的结局同他的兄弟是一样的。不仅如此，在攻陷了奇尔塔之后，朱古达还杀死了所有成年的努米底亚人和手中有武器的商人。[⑤] 在撒路斯特的描述中可以看到，朱古达对希延普撒尔和阿多儿巴尔兄弟领地的兼并没有使元老院下定决心干涉努米底亚事务，奇尔塔战役后朱古达的屠杀才激起了罗马人的愤怒。可以得出这样的结论：罗马出兵并不仅仅是为了制止朱古达兄弟间的战争，而是出于自身利益的考虑。但撒路斯特对此的解释却走向了另一条道路：朱古达的贿赂和罗马贵族的贪婪、无能才是战争迟迟没有爆发的主要原因。但不管怎样，撒路斯特在写作中还是

---

①   Sallust, *The War With Jugurtha*, XX.
②   同上。
③   同上书，XXII.
④   同上。
⑤   同上书，XXVI.

给后人了解事情的真相提供了线索。

6. 第27—32章中有关事件的发生地点转到了罗马，时间是公元前111年。当罗马人得知朱古达对商人的屠杀后，在保民官盖乌斯·美米乌斯的坚持下，元老院作出了向努米底亚派出军队的决定。军队的统帅是路奇乌斯·卡尔普尔尼乌斯·贝斯提亚和埃米利乌斯·斯考茹斯。这时撒路斯特对斯考茹斯的评价发生了变化，斯考茹斯在第15章中第一次出场，那时斯考茹斯看到朱古达明目张胆的贿赂，担心罗马会因此而受到伤害，他是一个精力充沛的贵族，有派性，渴望权力、名望和财富，而且很善于掩饰他的缺点。① 后来（前111）他跟随贝斯提亚来到了努米底亚，他的思想也发生了转变：我们的执政官在精神和身体上拥有许多优良品质，但是他们都被贪婪所抵消了。② 两个人都接受了朱古达的贿赂并同朱古达演出了一场假投降的戏作给罗马人看，这是朱古达的第一次投降。盖乌斯·美米乌斯在元老院针对贝斯提亚和斯考茹斯的受贿和朱古达的假投降作了一次精彩的演说。他在演说中虽然对朱古达的人品不屑一顾，但他更担心的是罗马官员们的道德败坏：

> 元老院的尊严被无情的敌人践踏，国家的主权被出卖，你们的国家无论在国内还是在国外都可以出卖。③

美米乌斯说服人民同意派路奇乌斯·卡西乌斯到努米底亚去

---

① Sallust, *The War With Jugurtha*, XV.
② 同上书, XXVIII.
③ 同上书, XXXI.

把朱古达带到罗马来接受质询。

7. 第33—35章是朱古达在罗马的活动，时间是在公元前110年。朱古达在罗马依然采用同在努米底亚一样的办法贿赂官员，而且取得了他所希望的效果。在这一部分中，朱古达在元老院的表现和离开罗马时的演说给人留下很深的印象。到达元老院之前，他已经收买了保民官盖乌斯·巴埃比乌斯，然后他在出席元老院会议时又"把皇帝的华丽服装换成了特别设计的让人怜悯的装扮"①，先前对朱古达进行猛烈抨击的美米乌斯这时也只不过劝说朱古达"尽管罗马人民知道是谁怂恿和帮助国王作出了这些事，但他们还是希望能够从他的嘴里得到更清楚地证词"②。而且自始至终没有任何一个元老说要让朱古达为他在努米底亚所犯的罪行负责。在这里我们可以看到罗马对处理努米底亚的事务是非常慎重的，之所以不轻易干涉努米底亚的事务，并不像撒路斯特所说的那样是由于很多贵族被朱古达收买而不能通过对朱古达战争的决议，恰恰相反，撒路斯特文本中的一些细节告诉我们罗马元老院对朱古达并不是简单的纵容而是有自己更多的考虑的。③努米底亚是罗马在阿非利加的一个重要同盟，朱古达对阿多儿巴尔和希延普撒尔土地的兼并对罗马的利益并没有特别的影响，至少当时罗马的元老们还看不到朱古达在努米底亚的统一对罗马会产生什么样的危害，所以罗马根本不会为了朱古达与他兄弟之间的争斗而同他发生任何冲突，因为一旦战争兴起，罗马要劳师远

① Sallust, *The War With Jugurtha*, XXXIII.
② 同上。
③ 撒路斯特前面已经提到是在奇尔塔战役后元老院才决定出兵，而不是在朱古达兄弟之间的争斗开始时就插手努米底亚事务的。

征，要浪费大量的金钱。况且在罗马看来，朱古达曾帮助过罗马，是一个有能力也有智谋的国王，与其帮助阿多儿巴尔还不如袖手旁观，静观努米底亚内战的结果，这恐怕才是罗马元老院迟迟不出兵的重要原因。而且罗马当时面临的更大威胁并不是朱古达而是金布里人。①

朱古达这样一个有智谋的人不见得看不出元老院的意图，这也可能是他敢于在到达罗马之后依然大肆贿赂保民官的原因，在元老院的会议过程中与其为自己做不必要的辩解还不如以沉默来尽快结束这次审问。同样还是由于这个原因，在元老院会议之后朱古达竟敢派出波米尔卡暗杀玛西瓦，甚至在波米尔卡被抓住之后朱古达还在罗马找了50位朋友作为保证人，并找机会把波米尔卡放回了努米底亚。在罗马人的眼皮底下就可以把谋杀玛西瓦的凶手带出罗马城，如果罗马真的是想惩罚朱古达的话，是不可能让朱古达这么容易地完成这些事情的，虽然撒路斯特在他的文本中没有解释波米尔卡是如何逃出罗马的，但是我们不难想象至少罗马是不准备对朱古达采取什么过激措施的，所以朱古达和波米尔卡能够顺利地返回努米底亚也是顺理成章的事情。

8. 第36—40章主要描写了朱古达同斯普里乌斯·波斯图米乌斯·阿尔比努斯带领的罗马军队之间的战斗。在空间上叙述从罗马转到了努米底亚，时间是公元前110年。阿尔比努斯同他的

---

① 因饥饿和其他部落对他们的威胁等诸多原因，金布里人要寻求新的、更有前途的土地，因而他们常常对罗马的北部边境造成威胁。公元前113年，金布里人在与罗马军队的战斗中给罗马造成了一定的损失。随后金布里人又在多瑙河一带徘徊，同当地的凯尔特人接触。公元前112年在同罗马派出的军队再次交锋后，金布里人继续向西转向高卢，他们渡过莱茵河并威胁到了属于罗马的阿洛布罗吉斯人的地域。（参见大英百科全书，电子版，北京师范大学数字资源）在普鲁塔克的《马略传》中也提到了金布里人对罗马的威胁。

前任一样在对朱古达的战争中没有明确的目的，也不知道要采取什么样的有效措施，反而被朱古达的计谋所制约，只是拖延战争。阿尔比努斯返回罗马后，军队的指挥权交给了奥路斯。奥路斯在攻打朱古达财库所在地苏图尔时被朱古达突袭了罗马军队的营地，罗马军队毫无战斗力，纷纷逃亡。奥路斯只好接受朱古达的建议：如果奥路斯和他签订一个条约，在他们从轭下走过之后，就可以释放所有的人，而且奥路斯要在10天之内离开努米底亚。[①] 努米底亚的这个消息很快传到罗马，罗马的保民官盖乌斯·玛米利乌斯·利美塔努斯提出要追究那些唆使朱古达漠视元老院法令的人；要追究在担任使节和指挥官期间接受朱古达钱财的那些人；追究把大象和逃兵送还给朱古达的那些人；要追究那些同敌人达成和平或是战争协议的人。[②] 最后元老院作出决定组成一个调查委员会，本来这个委员会是为了查清在同朱古达作战过程中将领和使节的受贿行为的，但是罗马严重的派系斗争使得本应是调查对象的人——斯考茹斯——成为调查委员会的成员。这个任命使得撒路斯特在下面的章节中不得不插叙对罗马政治体制缺陷的思考。

9. 第41—42章是撒路斯特的插叙。表面上看它是撒路斯特针对调查委员会的粗暴调查而发的感慨，但实际上这是撒路斯特借这一事件来表达自己对罗马派别对立的不满。他提到：

在迦太基被摧毁之前，罗马人民和元老院一起和平而适度地统治着共和国。他们既不会为了荣誉也不会为

---

① Sallust, *The War With Jugurtha*, XXXVIII.
② 同上书，XL.

了权力而发生冲突；对敌人的恐惧使这个国家保持了良好的道德。但是当人们内心的恐惧释放出来的时候，在繁荣中滋生的罪恶：堕落和傲慢自然而然地产生了。①

在这里撒路斯特再次提出罗马社会风气的转变是在公元前146年迦太基被灭亡之后。在《喀提林阴谋》中，撒路斯特就已经提出过这样的看法：

这个罗马在远方的对手，一旦被彻底摧毁，所有的海洋和陆地对罗马敞开了大门，但这时的命运却开始变得残酷起来并把我们的事情弄得毫无秩序。②

并且他还说道：

自从路奇乌斯·苏拉确立了自己的统治地位后，这个人被控制国家的强大欲望所支配，只要能获得至高无上的权力，他就完全不考虑达到目的的手段。③

除在书中屡次强调迦太基的陷落对罗马的直接影响外，撒路斯特还在《喀提林阴谋》中提到苏拉的统治给罗马道德带来的破坏作用。在《朱古达战争》中，他虽然没有再提到苏拉的统治，但是他却对罗马占领迦太基后公民内部之间的权力争夺做了详细的描述。在第41章中，撒路斯特认为罗马的权力是掌握在少数人手中的，"国内和战场上的事务都是由少数人的意志所决定"④。

---

① Sallust, *The War With Jugurtha*, XLI.
② Sallust, *The War With Catiline*, X.
③ 同上书，V.
④ Sallust, *The War With Jugurtha*, XLI.

撒路斯特认为这就是罗马当时的现状：贵族滥用自己权力的同时人们也在滥用着他们的自由。[1] 在第42章中他开始回顾从格拉古兄弟之后罗马的社会状况，撒路斯特明显是同情格拉古兄弟的，只是对他们推行政策的方法有不同的意见。他认为罗马社会风气的转变是在迦太基陷落之后，尤其在苏拉的独裁期间，为了追求个人利益而不择手段的做法越来越盛行。在第42章中，撒路斯特提到格拉古兄弟改革之后，贵族和平民之间的斗争、贵族内部不同政见者之间的斗争就已经越来越激烈了，也就是说，在迦太基陷落之前，罗马社会内部已出现了明显的分化，只不过迦太基的陷落更加激化了这个矛盾。这一部分同第1—4章中的内容是相互呼应的，在那一部分中撒路斯特提到以前在德行方面超过贵族的"新人"也已经开始堕落，在迦太基被罗马征服之前，罗马社会内部已不是铁板一块了，社会各阶层之间的矛盾日益加深，一旦迦太基这个外在威胁失去之后，罗马的贵族和平民为了争夺权力而进行的政治斗争就变得更加肆无忌惮了。

　　10. 第43—53章的内容是新当选的执政官梅特路斯接替了阿尔比努斯指挥罗马在努米底亚的军队（前109），他的副帅是马略。应该说朱古达遇到梅特路斯才算遇到了真正的对手，梅特路斯的到来给朱古达一个提醒：并不是所有的罗马人都是可以被收买的。撒路斯特用大量的篇幅来描写他们两人之间的斗智斗勇。梅特路斯到达努米底亚后做的第一件事情就是整顿军队作风，这使朱古达感到威胁和悲观，开始了第一次真正的投降，这是文本中提到的第二次投降。通过梅特路斯接待朱古达的使团代表的描

---

[1]　Sallust，*The War With Jugurtha*，XLI.

述，我们看到了梅特路斯的精明：

> 他（梅特路斯）把这些外交使节们分开，一个接一个地同他们接触。通过逐渐地探询，他发现可以利用他们来实现自己的计划，他慷慨地许诺以引诱他们把朱古达交到他的手中，如果不能生擒，死的也可以。但是在公开的场合，他却命令他们带回了一个按照国王的意愿所做的答复。①

当罗马军队在努米底亚境内行军时，努米底亚人甚至还对他们表示出归顺的意向，梅特路斯并没有认为努米底亚人是值得信赖的。第47章中提到了两个事情：一是提到了瓦伽，梅特路斯把瓦伽作为自己的粮食和军需贮备地；另一个事情是朱古达再次派使者向梅特路斯请求投降，这是文本中提到的第三次投降。撒路斯特并没有说明朱古达屡次派遣求和使者的真正意图，但是从文本上下文中我们可以看到梅特路斯不相信朱古达有投降的诚意，实际上朱古达也没有投降的想法，他之所以在梅特路斯到达努米底亚之后两次派使者请求和平主要还是试探梅特路斯对他的态度，因为他已经知道新来的执政官是不能够被收买的，这就需要他采取更加稳妥的办法保护自己，即便要同罗马军队开战也必须清楚梅特路斯在努米底亚的作战方针和策略。朱古达曾跟随普布利乌斯·斯奇比奥作战，并在战争中赢得了斯奇比奥对他的赞赏，他是一位非常有经验的军事指挥官，他不会盲目地同梅特路斯开战。梅特路斯一方对朱古达的试探意图也是明了的，他也不相信朱古达会这么轻易的放弃已经到手的成果，所以他只是劝

---

① Sallust, *The War With Jugurtha*, XLVI.

说、分化朱古达的人而并不同朱古达谈论有关投降的具体事宜。

从第48章开始，朱古达在综合考虑到"他失去了最重要的一座城市，敌人正在熟悉这个国家，臣民对他的忠诚正受到侵蚀"时，①朱古达决定同梅特路斯进行正面的交锋。第48—53章介绍了朱古达同梅特路斯在穆图尔河进行的战役，这是一场伏击战。朱古达预先在罗马军队经过的地方占据了有利的地形，设下埋伏，当梅特路斯的军队经过时，朱古达下令突袭罗马军队，并且派波米尔卡带领象队袭击在河边驻扎的茹提利乌斯，以拖住这部分罗马军队使之不能援助梅特路斯，这是朱古达根据实际情况制订的战术：梅特路斯拥有勇敢的士兵但是没有有利的地理位置，而朱古达除了士兵之外在所有的方面都有优势。②朱古达和梅特路斯都抓住了对方的弱点而利用了自己的有利条件，在朱古达同梅特路斯的交战时，③梅特路斯派出茹提利乌斯到河边驻军以保证军队有充足的水源，④此时朱古达也派出了波米尔卡的象队去阻挠他，⑤茹提利乌斯同波米尔卡之间的战争从时间上看同主战场的战斗是同时进行的，从空间上看它们是一场战役的两个部分。战役的过程也是有起有伏的，先是朱古达的军队凭借地理位置（他们埋伏在山上而梅特路斯的罗马军队是在山下经过）在战斗中占有优势，⑥但是当罗马军队最初的恐慌过去后，梅特路斯先前对士兵训练的成果显现了，⑦这场战斗非常激烈，持续了一

① Sallust, *The War With Jugurtha*, XLVIII.
② 同上书，LII.
③ 同上书，XLIX.
④ 同上书，L.
⑤ 同上书，LII.
⑥ 同上书，L.
⑦ 同上书，LI.

天的时间，最终罗马军队获得了胜利。

11. 第54—60章的内容是梅特路斯在穆图尔河战役之后意识到罗马军队在努米底亚作战所不具备的优势：不熟悉地形、粮食补给困难等。所以他决定改变在努米底亚的作战策略：他长驱直入努米底亚最富饶的地方，洗劫乡村，夺取和烧毁了许多匆忙设防或是没有留下守卫者的要塞和城镇，处死所有的成年人并把所有的东西作为战利品送给他的士兵。① 这个政策击中了朱古达的要害，一方面梅特路斯可以较为方便地得到粮食，不用等待从罗马运来军需；另一方面对努米底亚人民的屠杀动摇了他们对朱古达的忠诚。所以朱古达在发现梅特路斯的新政策后感到了恐惧。② 但朱古达也很快就采取了应对措施：命令大部分军队留在原地，而他自己则带领一队精选的骑兵跟在梅特路斯的后面。③ 一旦发现机会朱古达就会发起袭击。梅特路斯针对朱古达的这种变化再次改变了进攻方法：在朱古达的伏击战后，他不再毫无秩序地掠夺农村了，当他需要粮草时，大量的步兵和所有的骑兵担任警卫；他自己带领一部分士兵而马略带领另一部分，改用放火而不是抢劫的方法来摧毁这个国家。④

在这一段时间中朱古达同梅特路斯几个回合的较量是环环相扣的，梅特路斯总是能够在朱古达之前制订对敌的政策，而朱古达也能够根据梅特路斯的安排作出合适的回应，因为朱古达熟悉地形，所以在这个阶段与梅特路斯的较量中在军队的人员上并

---

① Sallust, *The War With Jugurtha*, LIV.
② 同上。
③ 同上。
④ 同上书, LV.

没有什么损失，但是他的臣民及其国家所遭受的经济损失是他所不能继续承受的；在梅特路斯这一方面，虽然他在同朱古达的周旋中始终占有优势，但是罗马军队在努米底亚境内也是处于疲于奔命的状态，双方的试探终于再次引发了另一次规模较大的战役——扎玛之战。撒路斯特对这场战役的描写是十分详细的，尤其对马略在战斗中所表现的机智做了特别的说明。

12. 第61—62章的重要内容是梅特路斯放弃同朱古达继续交战的想法。一是因为气候的原因，[①] 夏天已经过去，而按照罗马的做法冬天是休整的时间；二是因为梅特路斯认为在朱古达内部寻找可以利用的人来为罗马服务可能是更有效的办法。[②] 在第62章中朱古达在波米尔卡的说服下，向梅特路斯提出了投降的意愿，这是朱古达第4次提出投降。

13. 第63—65章是文本中很重要的一个部分，在前面第46、50、55、56、57、58、60章中已经多次提到马略，而且可以看到马略在穆图尔河战役和扎玛之战中表现得非常勇敢和机智。从第63章开始马略取代梅特路斯成为文本中最重要的人物，两人围绕马略竞选执政官这一问题产生了矛盾。梅特路斯表露出的贵族天然的傲慢激起了马略的反感，马略在先前被描述为"新人"的代表，他作战勇敢、机智，但是在恼怒之下，他使自己受到了最坏的顾问、野心和愤懑的摆布。[③] 马略为了自己能够竞选执政官而诋毁梅特路斯的名誉，[④] 罗马公民内部的权力斗争也在远离罗马的阿非利加展开了。

[①]　Sallust, *The War With Jugurtha*, LXI.
[②]　同上。
[③]　同上书，LXIV.
[④]　同上。

14. 第66—69章中撒路斯特描写了瓦伽叛乱和梅特路斯对叛乱的平定。

15. 第70—72、74—76、80—83章这10章虽然在文本中被两次插叙分隔，但从内容上看却是连贯的，描写的仍然还是朱古达同梅特路斯之间的斗争。其中在第70—72章中撒路斯特把视线转向了朱古达一方，朱古达第四次投降但也第四次改变自己的主意；波米尔卡和纳布达尔撒密谋推翻朱古达但被朱古达发觉，朱古达处死了波米尔卡，但他对参与阴谋的纳布达尔撒却网开一面，[①]朱古达虽然及时地处置了波米尔卡，但是他自己也处于前所未有的紧张状态之中。[②]第74—76章叙述了朱古达在同梅特路斯的遭遇战之后被迫逃往塔拉，[③]梅特路斯带领罗马军队在经过40天的激战后占领了塔拉。[④]朱古达在失去了塔拉之后，在努米底亚已经没有立足之地，于是他逃往邻近的盖土勒人的国家。在朱古达忙于拉拢波库斯共同对付罗马时，梅特路斯得知马略成功地竟选为执政官并接替他领有努米底亚行省，他把马略的成功看做是自己的耻辱：

既没有忍住自己的眼泪也没有控制住自己的舌头。[⑤]

撒路斯特在第82章中加上了自己的感慨：

① Sallust, *The War With Jugurtha*, LXII.
② 同上。
③ 同上书，LXXIV.
④ 同上书，LXXVI.
⑤ 同上书，LXXXII.

我个人确信马略的荣誉而不是对他的侮辱使他感到更加的痛苦，如果从他那里夺走行省的不是马略而是其他的任何人，他都不会那么烦恼。[①]

在这之前，撒路斯特提到梅特路斯拒绝马略竞选执政官并侮辱了马略：

开始他很吃惊这一不寻常的请求，他对马略的计划表示了惊奇，他假装以朋友的身份来建议马略不要卷入如此愚蠢的事情中去或是抱有越过他地位的想法。[②]

马略没有按照梅特路斯的意图行事，他努力地争取人心，如愿以偿地当选为罗马的执政官，这时撒路斯特又对梅特路斯表示了同情和理解，赞扬了他在战斗中的机智和勇敢，同时也不避讳马略在竞选执政官时所采取的阴谋手段，这从一个侧面印证撒路斯特在叙述人物时已经做到了他在《喀提林阴谋》中所说的：

我对这一决定抱有信心是因为这样的事实，我内心不再有期望、不再有恐惧、不再有党派之争。[③]

但是这里也出现了一个非常有意思的变化：本来是描写罗马同努米底亚的国际战争却转变为对国内派系斗争的分析。撒路斯特所掌握的写作技巧使他能够很熟练地把话题转移到对元老阶层

① Sallust, *The War With Jugurtha*, LXXXII.
② 同上书，LXIV.
③ Sallust, *The War With Catiline*, IV.

的道德的尖锐批评上来。同前面他提到的一样，罗马元老院之所以不愿意开始朱古达战争是由于非洲人对元老们的贿赂，这些事情都让撒路斯特证明了一件事情，那就是贵族的傲慢自大和贪婪是罗马派系斗争的主要原因。

16. 第73章是对马略竞选执政官的描写，这一章的内容同第65章的内容遥相呼应。在撒路斯特的笔下，马略作为一个"新人"却也具备了以阴谋手段来夺取权力的伎俩。在第65章中，他请求回到罗马去竞选执政官的要求遭到梅特路斯的拒绝后，他就有意识地利用伽乌达：

> 有些是通过他个人的影响，但更多的是出于对和平的希望，他劝说伽乌达和罗马的骑士，这些骑士有的在军队有的在城镇经商，马略让这些人写信给他们在罗马的朋友，批评梅特路斯在战争中的指挥，要求让马略出任指挥官。①

在第73章中，马略回到了罗马，罗马民众和贵族对马略和梅特路斯的态度是撒路斯特特别关心的问题。在这一章中，撒路斯特提到：

> 统帅的贵族地位，以前对他来说是一种荣耀现在却成为不受欢迎的原因，而对马略来说，他卑微的出身带给了他更多的支持；但是在这两个人身上，好的或是坏的品质还没有派别情绪的影响更大。②

---

① Sallust, *The War With Jugurtha*, LXV.
② 同上书，LXXIII.

在这两章的叙述中可以看到撒路斯特对马略的这种做法是不满的。但是马略却擅长说服民众，最后，这些民众是如此的激动，以致那些靠自己双手劳动得到繁荣和荣誉的工匠和农民都放下了他们的工作而关注马略，他们把马略的成功看的比自己的需要还重要。[①] 这些话可以看做是对撒路斯特在第41章内容所做的注解，在那一章中，撒路斯特写道：当民众内心的恐惧释放出来之后，堕落和傲慢这些由繁荣而产生的恶习便自然而然地出现了。[②]

17. 第77—79章是一个插叙。由列普提斯人对梅特路斯的请求转而介绍列普提斯城的形成。尤其是撒路斯特在79章中插叙了一个看似同文本主要内容完全不相关的事件：迦太基腓莱尼兄弟以国家利益为重的故事。本来这也是罗马人崇尚的品德，在《喀提林阴谋》中，撒路斯特就曾写道：

> 在我看来，在一个人一生中的大部分时间都投身于某一个事业，通过光荣的行为或是高尚的职业来追求声望。[③]

在《朱古达战争》第4章中，撒路斯特再次强调：

> 我经常听说克温图斯·马克西米乌斯、普布利乌斯·斯奇比奥还有我们国家其他一些杰出的人物都习惯于宣称，只要他们看到自己祖先的面具时，他们的心中

---

① Sallust, *The War With Jugurtha*, LXXIII.
② 同上书, XLI.
③ Sallust, *The War With Catiline*, II.

就会燃起追求美德的熊熊烈火……而回忆起这些伟大的行为时，在他们胸中燃起的激情就不会平静，直到他们也通过自己的才能获得与自己祖先一样的声望和荣誉。[①]

上面两段文字和腓莱尼兄弟的故事告诉我们撒路斯特对从前的美德是十分留恋的。在结构上，腓莱尼兄弟的故事同马略、梅特路斯在竞选问题上的矛盾形成对比，前者为了国家的利益可以牺牲自己的生命，而马略和梅特路斯只是个人之间的恩怨就可以置国家利益于不顾。缺少了腓莱尼兄弟这个榜样，读者对马略和梅特路斯之间的钩心斗角就不会有更深的感触；腓莱尼兄弟的故事又反衬了罗马共和后期道德的沦丧。在内容上，这个故事也符合撒路斯特的写作目的，撒路斯特随处提醒人们不要忘记对牺牲精神的尊重。前者描述中表现的赞赏语气，后者叙述中体现的矛盾心情清晰可见。

18. 第84—94章、96—101章记录了马略在罗马的竞选过程。马略如愿以偿地成为执政官（公元前107年）。元老院同意马略招募军队，因而马略在第85章中的演说就成为他的施政纲领。这篇演说共计1143个字，在整个文本中是字数最多的一篇演说。在演说中马略首先说明自己有能力做好执政官并取得努米底亚战争的胜利，然后他把演说的重点放在对贵族的抨击上：

他们（指贵族）轻视我卑贱的出身，我则认为他们是卑鄙的；他们嘲笑我的命运，而我讥笑他们可耻的行

---

① Sallust, *The War With Jugurtha*, IV.

为。对我来说，所有的人都有同样的本性，只有最勇敢的人才是最优秀的。①

马略的这篇演说激起了罗马民众的热情，他很快筹集到足够的兵力和物资并运送到努米底亚，马略成为努米底亚战场上的关键人物。

马略再次返回努米底亚后，把获得的所有战利品都给了士兵，还进攻一些自然条件不好或是士兵防卫不好的要塞和城镇，在各地进行了许多小的战斗。同时，马略开始训练这些没有经验的士兵要勇敢地进行战斗。② 罗马这两位将军对自己的军队采取了不同的训练方法：梅特路斯的重点在于整顿罗马军队的作风，马略的重点在于培养士兵的经验。撒路斯特用了较多的笔墨来描写马略对卡普撒的进攻和巧夺穆路卡要塞。第96—101章中出现了一个新的人物——苏拉，苏拉在争取波库斯同罗马合作的过程中起了重要的作用，尤其苏拉跟随波库斯的儿子去见波库斯时，在路上遇到了朱古达的军队，他果断而冷静的处置使得他们能够顺利地到达目的地，苏拉在波库斯国王那里的游说和活动使波库斯最后下定决心背叛朱古达。③

19. 第95章又是一个插叙。主要是对苏拉的介绍，撒路斯特

① Sallust, *The War With Jugurtha*, LXXXV.
② 同上书，LXXXVII.
③ 有学者考证这部分资料来自苏拉的自传，这是撒路斯特可以看到的最直接的有关朱古达战争最后阶段的记录。虽然撒路斯特在作品中明显地表露出对苏拉品德的不屑，但是他还是利用了这部分史料。后来的作家中，譬如苏维托尼乌斯、李维、塔西陀、阿庇安等人，由于生活的年代距离朱古达战争发生的时间已经非常久远了，他们书中使用的许多东西很明显来自撒路斯特的作品。（参见Ronald Mellor, *The Roman Historians*, London and New York：Routledge, 1999, p.39.）

公开表明自己对他的不满。对苏拉的描写和对朱古达的描写有共同之处，就是他们并不是天生邪恶的人，也不是一无是处的人，相反，这两个人身上都有着一般人不及的长处。朱古达智力超群，① 苏拉有高度的智慧。② 撒路斯特在文本中描写了朱古达的堕落过程，最后一个出场的苏拉却只用这样的一句话就把他的结局一笔代过了：

在提到他后来的所作所为时，不知应感到羞耻还是应该感到难过。③

二 《朱古达战争》的结构

《朱古达战争》一书在单词数量上要比《喀提林阴谋》多一倍多，而且在结构上这本书比《喀提林阴谋》更加复杂。朱古达战争发生在努米底亚，而朱古达与罗马贵族的联系同时存在于努米底亚和罗马，这场战争把努米底亚和罗马联系在一起，也就是说全书有两条发展脉络：一是努米底亚的战争，这是作者浓墨重彩加以叙述的；一是罗马城内贵族的派系斗争，这是撒路斯特尤为关注的。战场上的战争同罗马政坛上的钩心斗角互相呼应，相互影响。上至罗马贵族、努米底亚国王，下至罗马一般的士兵、商人都在撒路斯特的写作范围之内。

从《朱古达战争》文本的结构上看，它有三个插叙。这三个插叙分别是：关于非洲的地理和种族（17—19章）；罗马政治冲

① Sallust, *The War With Catiline*, VI.
② Sallust, *The War With Jugurtha*, XCV.
③ 同上书，XCV.

突的起源（41—42章）；列普提斯城腓莱尼兄弟的故事（78—79章）。

插叙这种写作形式出现在古代希腊和罗马作家的著作中是很普遍的事情。例如修昔底德在《伯罗奔尼撒战争史》中也多次使用插叙，一次是在叙述公元前416年雅典开始西西里的远征时，修昔底德插入了对小岛地理和种族的介绍，[①] 目的是为了帮助读者清楚地了解西西里及其矛盾出现的原因。另外在叙述科西拉党派斗争的起源和过程时，修昔底德又加入了一个插叙，他写道，科西拉革命是残酷的，它影响了整个希腊世界；修昔底德还探讨了人性对这些事件产生的影响。他对人性的某些特征发表了自己的看法，他评论了人性的贪欲和野心并提到贪欲和野心对法律和秩序的破坏；人性中的丑恶使得希腊世界爆发了革命，革命的结果反过来又导致品性的进一步堕落，淳朴的品质消失了，取而代之的是相互的怀疑和敌对。[②] 这不仅是作者对科西拉革命原因的分析，更是对希腊各城邦动乱根源的思考。另外雅典在召亚西比德回国时，修昔底德又写下了有关哈摩狄阿斯和阿利斯托斋吞的插叙，[③] 证明雅典人民出于对僭主统治的恐惧，有时也会歪曲一些事实。阿利斯托斋吞害怕西帕库斯会利用自己的权力占有他的爱人哈摩狄阿斯，因而同哈摩狄阿斯一起袭击了西帕库斯并杀死了他，阿利斯托斋吞和哈摩狄阿斯也为这次袭击付出了生命的代价，此后西帕库斯的兄长、雅典僭主西比亚加强了对雅典的统治。本来是由于个人感情矛盾而导致的争斗被人有目的地解释为

---

① Thucydides, *History of the Peloponnesian War*, BookⅥ, Ⅰ−Ⅵ.
② 同上书，Ⅲ，82−84.
③ 同上书，Ⅵ，54−60.

政治派别斗争的起因。这个插叙是为了说明出于某种目的的一些很明显的事实也会被人篡改。亚西比德被召回雅典，其实在某种意义上就是由于雅典人过于轻信一些告密者的怀疑。修昔底德通过这个插叙对雅典的政治弊端提出了自己的批评。

此外，在希罗多德的《历史》[①]、塔西陀的《历史》[②]中我们都可以看到插叙的使用。由此可见，插叙在古代作家的作品中不仅是普遍的而且起了非常重要的作用。首先，在结构上它可以把文本的不同内容区分开来；其次，插叙这种写作技巧还可以为文本的叙述添加变化和色彩，它可以改变文本的节奏，使文字、结构富于变化，从而吸引并娱乐读者；第三，插叙还是一种有效的手段，使读者通过插叙的内容了解作者更多的观点。在现在的作品中，作者完全可以通过注释或是附录来补充一些与正文有关的内容，而在撒路斯特那个时代，注释或是附录的作用就由插叙替代了。

撒路斯特在文本中围绕着和谐、合作和不和谐、嫉妒这两极展开叙述，这两者之间的对立通过米奇普撒临终前对儿子的话生动地表现出来：

> 和谐可以使小事成为伟大，但是伟大的事情却会被不和谐带走。[③]

他使用的三个插叙也是为这个主题服务的。

第一个插叙之前的主要内容是朱古达在米奇普撒去世后，夺

---

① Herodotus, *The Persian War*, London：Harvard University Press, 1995. pp. 311－313.

② Tacitus, *Histories*, London：Harvard University Press, 1992. pp. 163－165.

③ Sallust, *The War With Jugurtha*, X.

取希延普撒尔和阿多儿巴尔的领地。① 在插叙的开始撒路斯特先说明了北非的地理环境，他声称自己的史料来自国王希延普撒尔用布匿语所写的著作，撒路斯特在这里加上了一句话：

> 但是它（指被引用的著作）的真实性要由这本书的作者来负责。②

撒路斯特认为自己没有必要对这个史料的内容是否真实负责，这和修昔底德在他著作中的做法是不一样的。③ 撒路斯特还在插叙中强调了非洲的分裂和不和，他认为赫邱利斯死后，统帅这个由多个民族组成的军队就成为许多人渴望的目标，但是没有多久这支军队就解体了。组成军队的民族分别在非洲寻找合适自己的生活方式。④ 从这时开始一直到文本的结尾，撒路斯特对非洲的叙述贯穿着这样一个基调：非洲总是处于争执之中。在朱古达战争的最后一个阶段中这种不和谐表现地更是突出：摩尔人和盖士勒人的骑兵开始向罗马军队进攻，他们没有什么秩序，也没有什么作战计划，只是蜂拥而上，就像是随便凑合到一起的一样。⑤

---

① 关于米奇普撒去世的时间在史界是有争议的，有的学者认为朱古达第二次进攻阿多尔巴尔的时间可以确定在公元前112年，朱古达暗杀希延普撒尔的时间不会在公元前117年之前，这样的话，朱古达同阿多尔巴尔之间战争的爆发就不会在公元前116年之前。参见Kurt von Fritz *Sallust and the Attitude of the Roman Nobility at the Time of the Wars against Jugurtha(112 - 105BC)* .Transactions and Proceedings of the American Philological Association ,vol .74.(1943),pp.134 - 168.

② Sallust, *The War With Jugurtha*, XVII.

③ 修昔底德在《伯罗奔尼撒战争史》的开始就谈到自己在叙述时决不是拿到什么材料就写下来，甚至不敢相信自己的观察就一定可靠。对于所使用的材料修昔底德都要用最严格和最仔细的方法予以检验。（见*History of the Peloponnesian War*，London：Harvard University Press, 1991, I.22）

④ Sallust, *The War With Jugurtha*,XVIII.

⑤ 同上书，XCVII.

第二个插叙在文本上可以很容易地从上下文中区别开来，在第41章中，撒路斯特先用这样的话来引入自己的评论：

> 现在社会中的派系和集团，还有伴随而来的罪恶，几年前在罗马就产生了，它们都是人类极为珍视的和平和充裕所带来的结果。①

在插叙结束时撒路斯特写道：

> 因此，我要回到我的主题上来。②

上面两句话把插叙部分同文本的其他内容分割开来，在内容上看这个插叙同修昔底德在书中有关科西拉爆发内部争端时对人性的分析是很相似的。修昔底德在书中分析科西拉革命爆发的原因时提到"贪欲和野心所引起的统治欲是所有这些罪恶产生的原因。一旦党派斗争爆发的时候，激烈的疯狂情绪发生作用，这也是原因之一"③。撒路斯特在插叙中也提到"伴随着权利而生的就是贪欲，没有约束，没有限制，破坏着所有的事情，不尊重任何神圣的东西，直到它把自己带入毁灭"④。修昔底德叙述了科西拉革命经过后，还说破坏法律和秩序最早的例子发生在科西拉。在那里，有过去被傲慢地压迫而不是被贤明地统治的人，一旦胜利了的时候就实行报复；有那些特别为灾难所迫，希望避免他们惯常的贫困而贪求邻人财产的人所采取的邪恶决议；有野蛮而残

---

① Sallust, *The War With Jugurtha*，XLI.
② 同上书，XLII.
③ Thucydides, *History of the Peloponnesian War*，III，82，London：Harvard University Press，1988.
④ Sallust, *The War With Jugurtha*，XLI.

酷无情的行动，不是为着图利，而是因为不可抑制的强烈情感驱使他们参加互相残杀的斗争。就是在有法律的地方，人性总是易于犯法的。[①] 这些评论同撒路斯特在第二个插叙中对罗马派系斗争所做的分析是极为相似的。撒路斯特在书中也提到"伴随着权力而生的就是贪欲，没有约束，没有限制，破坏着所有的事情，不尊重任何神圣的东西，直到它把自己带入毁灭"。这个插叙还强调罗马国内的不和谐与贵族和平民双方的为所欲为有关，撒路斯特提到玛米利乌斯法案通过后，委员会进行调查时的状况：调查进行得严厉而粗暴，证据只是未经证实的谣言和群众的反复无常；在那个时候，事情想怎样就怎样，群众非常激动也缺乏克制，正如贵族经常出现的情况一样。[②]

两位史家都在探讨国家纷争产生的原因，而且得出了相似的结论。有人认为撒路斯特无论在写作风格上还是在对罗马衰亡原因的分析方面都模仿了修昔底德，但这只是表面的看法，撒路斯特对插叙的使用的确同修昔底德十分相似，但是在探讨罗马逐渐走向衰落这样一个重要问题上，撒路斯特是不可能随意附和别人的观点的，只不过他对问题的看法同修昔底德的观点碰巧一致罢了。

第三个插叙介绍了布匿人腓莱尼兄弟的事迹，这是对美德的颂扬，尤其是他们可以为了国家的利益而牺牲自己的生命。列普提斯城向梅特路斯的求援给撒路斯特一个介绍腓莱尼兄弟故事的极好借口，"因为列普提斯人的事务把我们带到了这个地方，谈

① Thucydides, *History of the Peloponnesian War*, III, 84.
② Sallust, *The War With Jugurtha*, XL.

谈这两个迦太基人高尚而值得纪念的行为是合适的"①。撒路斯特选择迦太基人的事迹作为高尚行为的典范，不是没有用心的，这个故事所蕴涵的对道德的重视引起了撒路斯特的关注。兄弟之间可以是竞争的对手，兄弟间的合作更是一种美德。在撒路斯特看来这种美德正好可以同罗马的道德衰败做比较。撒路斯特在《朱古达战争》中描述的阿尔比努斯兄弟，他们所具有的美德在撒路斯特看来只是他们贵族的出身。阿尔比努斯离开努米底亚后，把罗马军队的指挥权交给了他的兄弟，奥路斯急于结束战争而盲目采取行动，他的行为却给罗马人带来了灾难。他们兄弟间的行为不能看成是合作，因为阿尔比努斯离开后，奥路斯的行为更容易被理解为通过同他兄弟的竞争以结束战争从而为自己赢得荣誉。②阿尔比努斯再次返回努米底亚后想摆脱奥路斯给他们带来的耻辱，但是他实际上已没有能力再指挥罗马的军队了。③阿尔比努斯兄弟的失败在腓莱尼兄弟的事迹的映衬下显得更加耐人寻味，撒路斯特通过这种对比形象地说明了美德对罗马是多么的重要。在希腊也有这样的例子，在希罗多德的书中，梭伦同克洛伊索斯谈论什么是幸福时，梭伦认为克列欧毕斯和比顿在幸福的排列顺序上可以占第二位的位置，因为他们之间的友好给他们的母亲带来了无上的光荣。④"谁还能比兄弟更加友好，"米奇普撒在他临终前这样问道，然后紧接着就是警告，"如果你们成为自己人的

---

① Sallust, *The War With Jugurtha*，LXXIX.
② 同上书，XXXVII.
③ 同上书，XXXIX.
④ Herodotus, *The Persian Wars*，I.31，London：Harvard University Press，1996.

敌人，外面还会有谁可以值得信赖？"① 但事与愿违，兄弟间的
争执常常比相互的支持还多，这些争执可能会导致相互的残杀。
在罗马，这样的故事也不止这一个，传说中罗慕路斯和勒莫斯为
了争夺王位而竞争，争吵的结果是罗慕路斯杀死了自己的兄弟勒
莫斯并建立了罗马城，这也是兄弟间不和谐的一个典型。② 只是
这样的不和谐到了撒路斯特生活的时代已经成为司空见惯的事
情了。

在结构上，这个插叙除了同阿尔比努斯兄弟的行为形成对比
外，它还可以使读者更好地理解梅特路斯和马略之间的关系。当
梅特路斯得知马略的任命时，

> 他觉得不满，他认为让自己来增进别人的利益是愚
> 蠢的事情，梅特路斯把使者派到了波库斯那里去，让他
> 不要无缘无故地成为罗马人的敌人。③

梅特路斯希望通过这样的行动来暂停战争的进程。在马略
到达努米底亚后，他觉得受到了侮辱，他派出了自己的副帅普布
利乌斯·茹提利乌斯转交了军权，因为梅特路斯避免见到马略，
这样他就不会看到让自己心里不平静的事情了。④ 在梅特路斯那
里，个人的尊严和傲慢是比国家利益还要重要的事情。在他和马
略指挥罗马军队期间，朱古达战争虽然取得了较大的进展但是并
没有从根本上动摇朱古达的统治基础，这就是不和谐的结果。马

① Sallust, *The War With Jugurtha*, X.
② 李雅书、杨共乐：《古代罗马史》，第18页。
③ Sallust, *The War With Jugurtha*, LXXXIII.
④ 同上书，LXXXVI.

略和苏拉接管了罗马在努米底亚的军事指挥权后，马略没有像梅特路斯一样轻视苏拉的才能，他们之间的合作最终结束了朱古达战争。

撒路斯特作品中的三个插叙把战争分割成不同的阶段：罗马的指挥官在每个阶段也是不同的。第一个插叙和第二个插叙之间，罗马在努米底亚的指挥官是贵族贝斯提亚（前111）和阿尔比努斯（前110），由于贪婪和无知，在他们的指挥下罗马军队遭受了灾难性的打击。第二个插叙和第三个插叙之间是朱古达战争的第二个阶段，罗马军队的统帅是梅特路斯（前109），他有指挥能力而且没有受朱古达贿赂的影响，但是他因为自己的傲慢而没有能够充分利用他的部将马略的军事指挥才能，反而因言语傲慢激怒了马略。第三个插叙之后是战争的最后一个阶段，罗马军队的指挥官是马略（前107），他取得了朱古达战争的最后胜利，但这个胜利不是他自己的成功。他依靠玛乌列塔尼亚国王波库斯和苏拉的支持为罗马抓住了朱古达，[①] 撒路斯特在书中没有忘记对苏拉的介绍。[②] 梅特路斯和马略、马略和苏拉的例子证明，最好的贵族指挥官如果忽视了新人他就很难获得成功，而一个有才能的新人能够同有才能的贵族协调一致才会获得成功。

与《喀提林阴谋》中的插叙不同，《朱古达战争》中的插叙在所有方面都涉及政治，也都涉及道德。撒路斯特非常重视和谐这个主题，所以有人认为他挑选的材料都服从了这个标准，至于地理或是年代上的精确，就像评论家们不断提醒我们的一样，撒

---

① Sallust, *The War With Jugurtha*, CXIII.
② 同上书, XCV.

路斯特对它们是没有什么兴趣的。①

在不同的阶段撒路斯特虽然都强调和谐、合作的主题，他使用的插叙也是为这个主题服务的，但是不同阶段还是有自己的侧重点的。这些侧重点与罗马不同的指挥官相联系，这些指挥官之间又形成对比，他们同作战的朱古达一方也是一种对比。

我们可以看到，这三个插叙并没有远离撒路斯特史书的主题。正如塞姆所说："这些插叙使史家能够挣脱时间和空间的束缚，从而让主题更加集中。对他的习惯而言这是最有价值的线索。"② 在文本中撒路斯特始终把"美德"放在讨论的中心，他用巧妙的方式把这三个插叙置入他的文本之中，不仅是叙述的中断和内容的转移，它还起到突出主题的作用。

除了这些垂直插叙之外，撒路斯特还在文本中水平地构筑了许多主题：朱古达战争、贵族与平民之间的矛盾、努米底亚国内的斗争（它又可以分为朱古达同其他两个王子、朱古达同波米尔卡之间的矛盾）、朱古达与邻国国王波库斯之间的相互利用和矛盾等等。垂直的三个插叙连同平行发展着的这些人物间的冲突一起构成了撒路斯特文本的基本内容，也使得整部作品生动而曲折。

---

① Thomas Wiedemann, *Sallust's Jugurtha: concord discord and digressions*, Greece&Rome ,2nd Ser., vol.40, No.1 (Apr.,1993), 48－57. 关于撒路斯特在时间上的疏忽在后面的章节中还将要做更加详细的讨论。
② Ronald Syme, *Sallust*, 1964, p.68.

第三章
演说与对比
——撒路斯特的创作方法

第一节
史料的收集和运用

　　对历史学家来说，可供利用的早期罗马历史的资料是很少的。但到了共和国时期，越来越多的文献记录被保留在家族记录中或是在口头流传，人们可以看到和利用国家官方记录、国家间制订的条约、元老院的法律、个人的回忆录等资料。苏拉创建的庞大的公共档案馆（tabularium）至今还屹立在卡庇托奈山丘脚下的广场上；恺撒保留了元老院的会议记录。罗马共和时期的历史基本上都能够通过这些史料得以复原。但是还有这样的观点：尽管有很多罗马史家的兴趣集中在文献上但他们还是更愿意从其他历史学家的著作中而不是从原始资料中获得信息。①

　　有人认为罗马人通常把历史看成是文学写作而不是调查研究。希腊历史学家像希罗多德、修昔底德、波里比乌斯等都认为对原始资料的调查是研究中必不可少的一件事情。但是罗马历史

----

① Ronald Mellor, *The Historians of Ancient Rome*, New York &London： Routledge, 1998, Introduction 9.

学家同希腊人不同，他们在著作中很少讨论调查研究，他们更希望重新整理好得到的资料，其中包括演说和档案。多数罗马的历史学家在他们著作的某一部分中只使用一个资料来源，尽管有时他们会提到其他史家。如果其他作家的观点或是资料来源得不到他们的认同，他们是不会考虑使用这些人所收集的史料的。所以后来有学者把罗马史家同某些现在的学生相提并论，有些学生通过解释某一本书来完成学期作业，并且会从其他书中引用几句话作为文章的补充。当然，罗马的史家会按照自己的想法重新组织安排这些资料，并把它们放进自己的作品里。最伟大的历史学家的观点和风格对这些资料的影响是如此之大以至于有时会从根本上改变这些资料的本来面目。正因为如此，有学者得出这样的结论：在多数情况下，罗马的史家所使用的原始资料很少有真正的调查罗马的历史是来自其他的书籍。[1] 但是实际情况是否如此呢？撒路斯特其实就可以看做是一个反证，他选择喀提林阴谋作为写作的主题就是考虑到这一事件是他所经历过的，他可以忠实地叙述下来。而且从现在保留下来的史料中我们也可以注意到，他对喀提林阴谋和朱古达战争的记录并不是完全照搬其他人的著作。[2]

不能否认有的罗马历史学家在使用原始资料时会忽略对它的调查，撒路斯特在著作中就使用了希延普撒尔国王的布匿语史料，而且声明自己并不对史料的真实性负责，但这种声明并不意味着他会忽视作品的准确性。追求客观、真实是他写作的指导原

---

[1]　Ronald Mellor, *The Historians of Ancient Rome*, Introduction 9.

[2]　Sallust, *The War With Jugurtha*, IV.

则，他的作品中多次强调这一点。实际上，现代学者获得的有关喀提林阴谋、朱古达战争的详细情况很多还是来自撒路斯特的著作。如果仅用他的写作比别人更富有文采这个原因来解释这件事情的话，是没有什么说服力的。他作品强大的生命力证明除了文学才能外，真实和客观是其最重要的特点。

虽然很多人都注意到真实是写作中非常重要的一个基本因素，但口头上对客观事实的重视与在实际写作中真正做到这一点之间还有很长的路要走。与撒路斯特同时代的西塞罗对待史料的态度就非常特殊，他一面在自己的书中强调要重视史书的真实性，提到要关注包含在记录中的谎言，他认为历史的第一个原则就是"一个作者不必叙述全部的事情但必须要说事实。第二个原则是他必须保证说出全部的事实"①。但同时西塞罗又在文章中提到历史的第一个规律就是"一个作家可以说任何事情但就是不能说事实"②。而且让人感到惊讶的是西塞罗还在私人信件中要求他的一位史家朋友"用比你自己感到还要多的热情来赞美我的业绩，既然这样就不要考虑历史的原则……稍微放纵你对我的感情，比严格的历史所允许的更多一些"③。这从另外一个角度提醒我们高尚的理论和实践的鸿沟在罗马精英高度政治化的世界中是巨大的。

用现代人的眼光看，在古代历史学家中修昔底德和波里比乌斯更关注史料的准确性。一些希腊或是罗马的历史学家当然也都在作品中强调对真实的渴求，但是他们缺乏适当的批评技巧来评

---

① Cicero, *De Oratore*, II.XV, London：Harvard University Press, 1988.
② 同上书，II.XV.
③ Cicero, *Letters to Friends*, V.

价他们的证据，他们也没有严肃地区别第一手和第二手资料。①
他们更关心的不是真实而是逼真。他们当然也渴望拒绝神的解
释，并把注意力放在关注人这一方面，但还是有许多人在写作时
更关心的是让作品更加精彩，从而吸引读者。②

　　实际上，从撒路斯特的作品中我们能够感觉到他关心的除
了客观之外还有道德问题。而他出色的文学写作技巧使他的书籍
被人看成是传记、回忆录甚至是小说。③ 以至于有人认为撒路斯
特的写作原则就是准确性必须服从生动的效果，为了设想的理
论可以牺牲事实。④ 但是在后面的分析中我们可以知道，作为史
家，他的工作当然包括挑选合适的主题并把他掌握的史料生动地
呈现给读者，史书不一定就同枯燥和没有趣味联系在一起。这不
是撒路斯特一个人的想法，当时在罗马很多人都认为他们的作品
还应当具有娱乐的功能，昆体良把历史描绘成"像诗歌一样的散
文"，西塞罗把历史学家看成是"事件的润色者"，通过对事件
的描写给读者带来快乐。应该说还是有人在努力地做着这样一件
工作，那就是为了准确性而不放弃文学技巧，他们要运用丰富的
体裁和修辞技巧把历史事实更有说服力地表现出来。撒路斯特
在《喀提林阴谋》和《朱古达战争》中就坚持了这个原则。正如
塞姆评论《朱古达战争》时所说，撒路斯特提供了一幅在任何时
代都有根据的关于非洲战争的场景。生动的语言唤醒了沙漠、灌

---

① 　Ronald Mellor，*The Historians of Ancient Rome*，Introduction 10，New York &London：Routledge，1998.
② 　撒路斯特的书中就没有把神放在重要的位置，而且当他提到命运的时候，往往更强调人的作用。这个问题在后面一章将详细讨论。
③ 　D.C.Earl，*The Political Thought of Sallust*，London：Cambridge University Press，1961，p.2.
④ 　M.L.W.Laistner，*The Greater Roman Historians*，p.59.

木、破碎的国家、难以捉摸的敌人、口渴和疲劳、背叛和谋杀。①

　　撒路斯特的优点是明显的而且应该得到承认。他的成功很大程度上应归功于他收集到的史料之广以及对史料的有效组织，这是他尤为擅长之处。围绕主题选择材料，一系列小的事件被巧妙地串联为一个整体，每一个事件依次发生，在结构上非常紧凑，有关撒路斯特这方面技巧的最重要的例子就是《喀提林阴谋》。在喀提林的悲剧中，每一个可能的细节都被利用来创造一个完整的、组织严密的、结构多样、稳定发展到高潮的文本。这是撒路斯特的高明之处，所以他的著作从古代罗马、中世纪一直到现在都吸引了大批的读者。他对主题的选择也是之前罗马没有被广泛使用的，撒路斯特的史料只是为了一个专题服务，在这个范围内他能够游刃有余地把它们组织成为一本书：这本书有前言、事件的起因、过程和一个高潮的结尾。当然对撒路斯特或是他的作品的不同评价很早就存在了，这种争论到现在也没有结束的迹象。②归纳起来，其中最主要的分歧就是撒路斯特是否客观。要回答这个问题，依然要回到他对史料的收集和运用上来，总的说来撒路斯特对史料是重视的，他自己在书中就提到在叙述非洲的地理和民族时，没有使用当时罗马人都接受的观点，而是采纳了努米底

① 　Ronald Syme, *Sallust* , Berkeley. Los Angeles. London：University of California Press, 1964, p.150.
② 　马提雅尔认为撒路斯特是罗马最伟大的历史学家和伟大的修辞学教师；昆体良在他的书中称赞撒路斯特是罗马的修昔底德。但是也有人不喜欢撒路斯特的文风，苏维托尼乌斯在书中就借阿西尼乌斯·波里奥之口说撒路斯特的作品因过分爱用古词而受到损害，并且劝人避免使用撒路斯特式的那种模糊的词汇及异想天开的词类。近现代对撒路斯特的评价也存在不同的分歧：蒙森认为撒路斯特的书是为恺撒和平民派辩护的，而舒尔茨则持相反的看法，他主张撒路斯特是严肃的史家；塞姆在《撒路斯特》一书中坚定地认为撒路斯特是伟大的罗马历史学家，但是他的著作中还存在着许多的缺陷。

亚国王希延普撒尔写的史料。① 而且苏维托尼乌斯在他的书中也提到鲁基乌斯·阿泰乌斯·费洛洛古斯在撒路斯特着手编撰历史时，他给撒路斯特写了全部罗马历史的梗概，而费洛洛古斯收集的资料大概有800卷之多。② 此外，他在某些方面还利用了西塞罗的演说。③ 而且据史家考证，撒路斯特在写作中还参考了阿米利乌斯·斯考茹斯、茹弗斯和苏拉的自传作为补充材料。④ 但是不能否认同撒路斯特对战争生动的描写形成鲜明对照的是他在参加战争的人数、战争日期、地理位置和相对距离上都很粗心。

其实撒路斯特在采信史料方面还是比较谨慎的。在《喀提林阴谋》中撒路斯特描述了有关喀提林与同谋在密室中商谈的细节，同时他也意识到这种做法存在的问题：

> 有些人认为这样或是那样的细节都是被人虚构出来的，夸大这些被西塞罗处死的阴谋者的罪行，可以减轻后来出现的对西塞罗的敌意。至于我本人，则没有什么证据可以对这样重要的事情作出判断。⑤

在他的解释中可以看出撒路斯特使用了他人编撰的史料，而且对其中的关键问题——史料是否真实也持怀疑态度，所以他在书中明确地表达出自己的看法，这反映出他出色的史识——虽

---

① Sallust, *The War With Jugurtha*, XV.
② Suetonius, *On Grammarians*, X.
③ 在撒路斯特的《喀提林阴谋》的第44章，朗图路斯让沃尔图尔奇乌斯给喀提林带一封信，信件同西塞罗第三篇反喀提林的演说中提到的这封信除了个别词语之外，在内容上是完全一样的。关于这个问题将在下面一节做详细论述。
④ Ronald Mellor, *The Roman Historians,* London and New York：Routledge, 1999，p.39.
⑤ Sallust, *The War With Catiline*, XXII.

然他可能受到客观条件的限制而没有找到更让他满意的资料，比较保险的办法就是在著作中直接说出自己的怀疑。我们不能简单地以现代的标准来衡量、评价两千多年前的史家，那时的人们由于客观条件的限制，在史料的收集和运用上当然不能和现代社会的人们相提并论，即便是现在的学者要想客观、真实、完整地记录下刚刚发生的事件也不是件很容易的事情，所以用现在的标准来要求古代的作家是不公平的。即便如此撒路斯特的作品中仍然还有许多明显的错误，[①] 我们不应该对他的疏忽或是偏见感到惊讶，每个历史学家都会作出自己的选择：什么应该写而什么不应该包括进去，这些选择是由他自己对历史的想法、他所处的社会环境等因素决定的，同时也受到他个人成见和兴趣的影响。这就意味着复原真实的历史有着极大的难度：历史毕竟不能等同于自然科学。在某种程度上可以这样说，我们所看到的历史都是历史学家的创作，他们选择史料并把自己的观点融入资料中去。然后再把这些资料按照他认为有意义的方式重新呈现出来。[②] 现在的学者意识到客观性、真实性是史书写作中最重要的事情，撒路斯特也意识到了这个问题的重要，但是他还关心另外一个对他来说同样不能忽视的问题，那就是如何使叙述的准确性和文学性达到完美的统一，[③] 他努力地寻求客观，但依然担心自己的文笔配不上他所叙述的事情。[④]

---

① 撒路斯特在《朱古达战争》中模糊时间，把朱古达从努曼提亚返回到国王米奇普撒去世15年的时间，只用"几年之后"一笔代过；在地理上，他说奇尔塔离海不远，但实际上，奇尔塔距离海岸线至少还有40英里远。
② E.Duff, The Greek and Roman Historians, p.33.
③ Sallust, The War With Catiline, III.
④ 同上。

第二节

演说的运用

一 演说在史家著作中的作用

历史学家通常认为演说作为写作和分析的方法可以使作者的意图更加清楚地表现出来。现代史家用自己的声音来陈述自己的判断，但是古代的史家更愿意使用带有戏剧化和修辞面具的演说，在他们的笔下历史仿佛就是由一连串的事件和演说组成的。其中最主要的原因就是由于受到当时社会条件的限制，古代社会没有像现代社会这样多的信息传播方式，人们之间的交流更多的还是口耳相传，于是"说"就成为一种很重要的表达自己思想、观点的方法，说话的艺术自然受到高度重视。其次在古代希腊和罗马社会中，演说还同政治生活紧密地联系在一起，国家重要大事的决策往往同一些政治家的演说有很大的关系，因而在希腊和

罗马很多政治家同时也是演说家，这是很自然的事情。① 史家的
作品很多时候是以重要的政治、军事事件作为写作背景或是主题
的，因而在史家的作品中，演说自然而然地成为他们最常用的几
种艺术表现形式之一。

在公元前5世纪希腊史家的作品中，把演说同叙述结合在一
起是很常见的事情，② 而修辞学的发展和兴盛使演说的形式和风
格更加多元化。③ 但是我们也必须注意到，在古代的希腊或是罗
马，当政治家或是将军发表演说时要同时记录下他的发言内容几
乎是不可能的事情。一般史家所使用的演说无论是直接演说还是
间接演说大都是对原来演说内容的大概复制，而不可能复原完全
的内容，而且史家考虑到作品内容的需要，有时甚至会自己创作

①　可以参见Michael Grant的*Roman Literature*一书，在*Cicero's Speeches*和*Attitudes to Public Speaking*两节中，作者详细分析了罗马在西塞罗时代演说术的重要地位，他认为那时的演说是罗马教育和社会生活中最重要的方面。演说也吸收了社会其他领域的研究成果，它是罗马实际需要和希腊思想的产物。

②　把演说插入到叙述中的情况可以追溯到《荷马史诗》，从希罗多德、修昔底德等史家的著作中，我们可以看到这种传统的延续。（参见E. Duff，*The Greek and Roman Historians*，p.33）

③　演说家一般都认为自己是荷马的学生，在荷马的作品中有关英雄演说的记录被看作是演说的证据。实际上，由于社会和政治的需要，传授修辞学在公元前5世纪就在叙拉古和雅典出现了。最早的教学模式是身教，不过早期演说家的成就不能归因于早期修辞学教学的成果，这主要要归功于个人的天赋和政治上的原因。伊索克里特写作了一本有关修辞学的教科书，他认为，修辞学的哲学体系不同于诡辩者的逻辑，他希望传授给学生的是公正的道德和政治态度。而柏拉图的观点不同于伊索克里特，他认为伊索克里特的教学方法并不比诡辩者的方法更有效。亚里士多德在修辞学方面的贡献是写作了《修辞学》，针对修辞学中的理论问题做了解释。罗马演说术的发展比修辞学要早，老加图就是有名的演说家，西塞罗认为阿米利乌斯（公元前137年的执政官）因其流畅而有规律的结构而足以同希腊的学者媲美。在公元前2世纪后期的演说家演说的残篇中，可以看到文章的节奏受到了同时代希腊习惯的影响。西塞罗就是一位著名的演说家，他注重把自己的哲学观点融入到演说中，他的著作《论演说家》（*De Oratore*）以对话的形式评论了演说的各种风格，他的书对后来的演说者有指导性的作用。西塞罗的演说重视字句的修辞和节奏。但在西塞罗之后罗马的演说更多的是在法庭上而不是在政治活动中。（参见*The Oxford Classical Dictionary*，Third Edition Revised，Edited by Simon Hornblower and Antony Spawforth，Oxford University Press，New York，2003.）

演说，这种由作者创作的演说一般是根据当时的背景、演说者的特点写作的。[①] 演说术中的遣词造句和情节交织在一起，这些描写连同公式化的背景（死亡、战争、审判）感染了读者并达到了丰富历史叙述的目的。

希腊的修昔底德在《伯罗奔尼撒战争史》中非常出色地运用了大量的演说来重构希腊民主政治的真正面目。在很多后来的史家看来，罗马撒路斯特的作品在很多方面模仿了修昔底德的写作方式，尤其是演说的运用。

演说的作用一般来说主要有以下几个方面：首先演说本身就是重要的史料。无论是保留下来的原始演说还是复原的间接演说都是对某一事件或人物的议论、评价，这是写作史书的重要资料来源之一。对读者来说，史书中出现的演说可以使他们更清楚地了解事件发生、发展的过程。其次，演说可以避免写作的单调和枯燥。演说一般都比较重视修辞，因而插入的演说在内容和形式上通常更能吸引读者的兴趣。所以也有人把历史著作中的演说比作是雅典悲剧中的合唱队，当剧情发展到高潮时，为了烘托气氛、突出主题，合唱队就用歌唱来表达。[②] 演说的作用也是这样的。第三，演说插入的时机、演说的内容特别是作者自己写作的演说词的内容可以让读者知道作者对事件和人物的理解、诠释，这些演说往往体现着作者的历史哲学思想。

---

① 譬如撒路斯特提到的朱古达在离开罗马时有名的演说："这是一座准备出卖的城市，而如果它碰到一个买主的话，它注定很快会灭亡的！"（Urbem venalem et mature peritram，si emptorem invenerit！）这句话后来也出现在阿庇安、李维等人的书中。
② 修昔底德：《伯罗奔尼撒战争史》译序，徐松岩、黄贤全译，广西师范大学出版社2004年版，第9页。

希腊的希罗多德已经开始运用演说，① 修昔底德继承了这一传统，甚至他还自己创作一些重要的演说，② 这些演说在修昔底德的历史著作中占了很大一部分，修昔底德在他著作的第一卷中就陈述了他关于演说的著名看法："至于书中引用的那些在不同时间发表的演说，有的是在战争之前，有的是在战争期间，有的是我自己听到的，有的是别人告诉我的，要很准确地记下这些演说是非常困难的。但我将考虑到特定的环境，把每个演说者可能会说的话写下来，尽可能的接近他们所说的要旨。"③

这样就会出现一个问题，历史书中使用的演说很多都是事后凭记忆记录下来或是作者创作的，因而后来的人们必须慎重对待这些演说的内容。对那些迷恋修辞技巧的人来说，为了使写作风格多样、描写的人物更加生动或者只是为了显示自己的修辞技巧而在作品中大量使用演说，这种做法在某种程度上会导致历史的失真。公元前4至前3世纪的作家就提醒人们要注意这个危险，像波里比乌斯 ④、狄奥多洛斯 ⑤、狄奥尼修斯 ⑥ 在他们的著作中都批评过这样的事情。罗马的史家继承和发展了使用演说这一传统，他们充分利用对文学和历史知识的了解，运用演说这种文学表现形式，在作品中使用它以适应叙述的需要。在罗马较早的史家作

---

① Herodotus, *The Persian Wars*, 3.80－82.
② 当雅典人重新讨论对米提列涅人的处置办法时，克里昂和狄奥多图斯对雅典人的演说就是修昔底德的杰作。见Thucydides, *History of the Peloponnesian War*, London：Harvard University Press, 1988, 3.37－48.
③ Thucydides, *History of the Peloponnesian War*, 1.22.
④ Polybius. *The Histories*, XII. 25a－25b, London：Harvard University Press, 1993.
⑤ Diodorus Siculus, *Library of History*, XX, 1, London：Harvard University Press, 1996.
⑥ Dionysius of Halicarnassus, *Critical Essays*, On Thucydides, 16－18, 1974.

品中就已经出现了演说，例如李维在他的著作中就提到老加图在《起源》中收录了他自己关于罗得斯人的演说。①

二　演说的分类

按照演说的形式我们可以把古代希腊、罗马史家作品中的演说分为直接演说和间接演说两种。直接演说一般是演说者原话的记录，多以直接引语的形式出现，在《朱古达战争》中，阿多儿巴尔为了争取罗马对他的支持，制止朱古达入侵他的领土，在罗马元老院发表的演说就是直接演说。② 间接演说是对演说者原始内容的复述，这类演说往往更多地加入了作者的想法，在写作形式上通常体现了作者的写作特点。而且由于这些演说并不是作者直接听到，一般也较少有保留下来的有关演说内容的客观记录，因而作者可以根据当时的形势来安排演说发表的时间、地点和演说的内容等等。在《朱古达战争》中，朱古达被派到努曼提亚协同普布利乌斯·斯奇比奥作战，在战争结束后，斯奇比奥对朱古达的赞扬和善意的提醒就是间接演说。③ 但是在演说的实际运用中，史家为了写作的需要和记叙的方便，往往把直接演说和间接

① Livy, *History of Rome*, London：Harvard University Press, 1988.
② Sallust, *The War With Jugurtha*, XIV. 阿多儿巴尔在元老院的演说、加图和恺撒在元老院辩论的演说，由于听众较多而且影响较大，所以其内容与实际上的演说会更贴近一些；但是作者有时为了写作的需要也会虚构一些直接演说，《喀提林阴谋》中记录的公元前64年喀提林在家中对阴谋参与者的鼓动，虽然以直接演说的形式出现，但其可靠性是值得怀疑的。同时也要考虑到，在古代的希腊或是罗马没有现代这么发达的录音或是速记手段，即便作者记录下的演说是他亲耳听到的，等他凭记忆再写作时，也不能保证复述的内容和词语同演说者原始的发言完全一样。因而所谓的直接演说在某种意义上说只是比间接演说在内容上更接近真实演说的一种方式。所以在使用直接演说和间接演说时同样都要谨慎。
③ Sallust, *The War With Jugurtha*, VIII.

演说穿插使用，《喀提林阴谋》中喀提林在阴谋开始时与参与阴谋的人在家中密室的谈话就是这样的例证，前面喀提林对同伴的动员和说服是直接演说，[①] 后面在叙述阴谋的计划和成功后想要采取的措施时，使用的是间接演说。[②]

　　按照演说内容分类的话，演说可以分为以下四种[③]：一是公共集会上，人们的讨论或是辩论，它可以让读者了解演说者的观点、态度和信仰，修昔底德尤其擅长运用这种演说，并认为这类演说能最大限度地影响公众的思想和行为。[④] 在撒路斯特的书中，加图和恺撒为了如何处置喀提林在罗马城内的同谋而进行的辩论就是这类演说的典型代表。[⑤] 第二种演说是将军对士兵的训词，它们的作用通常是为了鼓舞士兵的斗志。撒路斯特的《喀提林阴谋》中，喀提林的军队同安托尼乌斯军队在最后决战时刻，喀提林对士兵的演说就属于这一类。[⑥] 第三种演说是在特殊场合发表的，譬如在某种仪式上的演说。最著名的例子就是修昔底德书中伯利克里在阵亡将士葬礼上的演说。[⑦] 最后一种是在法庭或是审判时所做的演说。底比斯人和普拉提亚人在接受斯巴达人审判时，双方所做的辩论就是典型的例子；[⑧] 另外李维在他的著作中还提到了贺雷修斯因为杀死他的姊妹而受审时，他的父亲为他

---

① Sallust, *The War With Catiline*, XX.

② 同上书，XXI；XXII.

③ Charles T. Murphy, The Use of Speeches in Caesar's Gallic War, *The Classical Journal*, vol. 45, no.3.(Dec.,1949), pp.122.

④ 修昔底德书中，公元前433年，科西拉人和科林斯人在雅典的辩论，科林斯人和雅典人在斯巴达的发言，以及斯巴达国王阿基达马斯和监察官斯提尼拉伊达的演说等都属于会议上的辩论式演说。

⑤ Sallust, *The War With Catiline*, LVI；LVII.

⑥ 同上书，LVIII.

⑦ Thucydides, *History of the Peloponnesian War*, 2.35－46.

⑧ 同上书，3.53－59；3.61－67.

所做的辩护也属于这类演说。[①]

　　总的说来，在不同的历史时期和不同的史家那里，直接演说和间接演说的使用方式是不同的。有的史家愿意使用直接演说，而有的史家在书中更倾向于间接演说。但是无论是直接演说还是间接演说，在采用它们时都必须慎重分析其内容，不能因为是直接演说而盲目相信，是间接演说就对其内容报以怀疑的目光。正如我们前面论述到的，由于时间久远或是无法保留下完整的文字资料，史家所用的演说即使是直接演说也不会是演说内容的精确复原，甚至有时作者会有意识地虚构直接演说。譬如《喀提林阴谋》中喀提林在家中与同伴的密谋就是一例。"尽管他同他们都经常有单独地、长时间的谈话，但他认为最好对所有的人讲话并鼓励他们。所以，他们进到房子的一间密室中，没有任何目击者，他说了下面的话。"[②]下面就是喀提林的演说，在这里就有一个明显的矛盾，既然是密室中的谈话，而且没有外人参与，作为后人及外人的撒路斯特又是如何知道这些谈话的内容呢？而且还是以直接演说的形式表现出来，由此可见我们对史家所使用的演说是要持谨慎态度的。

　　很多学者认为撒路斯特作品中的演说在很大程度上模仿了修昔底德的演说。修昔底德书中出现的演说是有自己标准的，"我亲自听到的演说词中的确实词句，我很难记得了，从各种来源告诉我的人也觉得同样的困难；所以我的方法是这样的：一方面尽量保持实际上所讲的话的大意；同时使演说者说出我认为每个场

---

①　Livy, *History of Rome*, I.26, London：Harvard University Press, 1988.

②　Sallust, *The War With Catiline*, XX.

所要求他们说出的话来"。其实撒路斯特在某种程度上也遵循了同样的原则。

三　撒路斯特著作中的演说

对撒路斯特来说，历史的写作是件非常严肃的事情，他的文笔不仅要配得上他所叙述的事情。"当你批评别人的缺点时，有人会认为这是因为你的怨恨和嫉妒。而且在你记录值得尊敬的人物卓越的美德和声望时，只有当你所说的事情在他看来可以很容易就做到时，他才会相信，而一旦这些事情超出了他的想象，他就认为是编造的了。"① 因而撒路斯特在写作时为了显示自己的公正和客观特别注重人物性格的描写，而且我们可以注意到他的描写不是简单地通过人物的事迹介绍，而是通过能够给人们留下深刻印象的冲突、行动和演说来完成的。

撒路斯特在他的作品中就比较喜欢使用演说。以撒路斯特的《朱古达战争》为例，其中约23%的篇幅是演说，这些演说中72%是直接演说，28%是间接演说。② 直接演说的内容比间接演说要丰富，它们都是作者精心安排的。直接演说包括斯奇比奥发表的演说（9章）、米奇普撒临终前对朱古达和自己儿子的遗言（10章）、阿多儿巴尔在罗马元老院的演说（14章）、阿多儿巴尔给元老院的信件（24章）、美米乌斯在元老院的演说（31

① 　Sallust, *The War With Catiline*, III.
② 　本书对撒路斯特《朱古达战争》中演说的分类参考了N. P. Miller的Dramatia Speech in the Roman Historians (*Greece & Rome*, 2nd Ser,. vol. 22, No.1. (Apr.,1975), pp.45-57)一文。文章中有关演说和作品字数的比例，是按照拉丁文统计出来的；下面有关《喀提林阴谋》中演说的分析也同样参考了这篇文章。

章）、朱古达离开罗马时的讲话（35章）、马略对罗马人民所做的演说（85章）、苏拉劝说波库斯帮助罗马抓住朱古达而做的演说等（102章）和元老院对波库斯使者的答复（104章）、波库斯同苏拉的谈话（110章）。文本中的间接演说通常都比较短而且相当概括，同文本的其他内容混合在一起。这些演说或是使节们的传话（15章），或是战争双方军队间达成的协议（83章），或是敌对双方将领之间的谈话（106章）。不同的演说有不同的目的，但它们共同的作用就是把撒路斯特所描写的罗马与努米底亚之间的战争生动地展现在读者面前。

在《朱古达战争》中，朱古达的演说是文本中一个有趣的例子。朱古达是一个非常重要的人物，他有大量的较短的间接演说，但却几乎没有机会发表自己的直接演说。美米乌斯让他到罗马来回答对他的指控，[①] 当他来到罗马后，接受了贿赂的保民官巴埃比乌斯向他提出建议，在元老院会议上一直保持沉默以逃避对他的质询。所以在元老院会议上朱古达没有任何的直接或是间接演说，当他离开罗马时，整个文本中朱古达唯一一次直接演说出现了："这是一座准备出卖的城市，如果找到一个买主的话，它注定很快要毁灭的！"这个演说是全文中最短的一个演说，只有8个字，（**Urbem venalem et mature perituram, si emptorem invenerit！**）但是它给读者留下的印象却是深刻的。这句话更像是撒路斯特对罗马道德堕落的抨击，撒路斯特的所有的叙述都是为了让人们相信这个城市已经堕落了而且正走向毁灭。在后来阿

---

①   Sallust, *The War With Jugurtha*, XXXIII.

庇安、李维的作品中都可以看到这句话，① 很多学者认为这个直接演说是撒路斯特的创作。这未尝没有道理。因为很明显，朱古达离开罗马时，身边并没有罗马人跟随记录。这种绘声绘色的描述更像是文学虚构，它符合撒路斯特批判罗马社会道德堕落的基本思路。② 书中最长的演说是马略在当选为执政官后所发表的演说，它有1143个单词。在演说中马略抨击了罗马贵族的腐败、贪欲和无能，阐述了自己对荣誉的理解，提出"勇敢的人才是生来最高贵的人"③，鼓动平民追随他去争取胜利。从书中演说的安排来看，我们可以得出这样的结论：《朱古达战争》毕竟不是朱古达的传记，撒路斯特虽然擅长使用演说来帮助他刻画人物，但他并没有单纯地运用直接演说这个写作手段来突出朱古达在战争中的作用。

同《朱古达战争》相比，在《喀提林阴谋》中撒路斯特对演说的运用发生了一些变化。演说所占的比例更高，超过了全篇的31%，而且在文本中，直接演说占全文的85%，间接演说占15%。这是由于《喀提林阴谋》的主题是政治而不是战争，它记录的主要内容很多都是私人之间的谈话和元老们之间的辩论。文本描述的是阴谋，这个阴谋就是由一连串的谈话和交流组成的。它表现的是一次政治危机，在时间、内容上比朱古达战争要更集中而戏剧化。在时间上，朱古达战争持续了七年，撒路斯特在文本中还追溯到朱古达被国王米奇普撒派到斯奇比奥那里帮助罗马

---

① Appian, *Roman History*, VIII, Part II, Numidain Affairs, I, 1988.

② D.S.Levene, Salluss Jugurtha An Historical Fragment ,*The Journal of Roman Studies*, vol. 82. (1992), p.64.

③ Sallust, *The War With Jugurtha*, LXXXV.

人进行努曼提亚战争。在撒路斯特看来这既是朱古达建功立业的开始，也是他受到罗马腐败道德影响的开始，努曼提亚战争的时间是公元前143至前133年。^① 这样算来《朱古达战争》的时间跨度长达近40年。《喀提林阴谋》所描写的事件主要集中在公元前65至前63年之间，虽然在介绍喀提林的性格时也追溯到喀提林年轻时的一些事情，但撒路斯特着重叙述的是喀提林同西塞罗在公元前63年的较量。在内容上，《朱古达战争》不仅包括罗马军队在努米底亚同朱古达的作战，而且还涉及罗马内部的派别斗争；而《喀提林阴谋》只是阴谋的整个过程。所以两书在演说数量上相比较的话，《喀提林阴谋》中演说所占的比例更大：在《喀提林阴谋》的61章中，共有45个演说，《朱古达战争》的114章中共有演说49个。^② 第20章中喀提林的直接演说是文本中的第一个直接演说，它详细解释了阴谋发动的原因和步骤，显示了喀提林作为阴谋领导者的特殊地位；第58章中喀提林的战前动员是文本中的最后一个直接演说，它赋予了喀提林英雄主义的气概。文本中的第一个和最后一个直接演说都是喀提林发表的，而且篇幅都比较长。相形之下，他在元老院的演说或是对朋友的陈述都很简短，其中的演说也多是概括性的间接演说。喀提林在文本中的演说占全部演说的31%，其中80%是直接演说，^③ 但我们不能说《喀提林阴谋》就是一本喀提林的传记，因为除喀提林的三篇直

---

① Sallust, *The War With Jugurtha*, VIII.
② 参见附录四和附录五。
③ 对撒路斯特《朱古达战争》中演说的分类参考了N．P．Miller的Dramatia Speech in the Roman Historians (*Greece & Rome*, 2nd Ser,. vol. 22, No.1. (Apr,.1975), pp.45－57)一文。

接演说之外，在文本中还有曼利乌斯给元老院的信件（33章）、翁布列努斯同阿洛布罗吉斯人的谈话（40章）、朗图路斯给喀提林的信件（44章）、恺撒和加图之间的辩论（50—53章）等，尤其是恺撒和加图的演说历来被看成是作品中最出色的演说。但是比较《朱古达战争》中朱古达的直接演说还是可以看到，撒路斯特对喀提林个人的熟悉程度甚于朱古达，至少他所获得的有关喀提林的资料要比朱古达的多，这是由于无论在时间还是空间上，撒路斯特与喀提林阴谋的联系都更密切些，这也从另外一个侧面印证了这样的事实：要完全、准确地记录下过去政治家或是将军的公开演说是不可能的事，保留下来的演说就更少，插入的直接演说都不可能是原始演说准确无误的复原，因而在严肃的史家那里，谨慎地使用演说是必须做到的事情。撒路斯特对喀提林的熟悉程度以及对所谓喀提林阴谋的了解程度远超过对朱古达战争的了解，其著作中演说的运用就从另一个侧面证明了这一点。

　　《喀提林阴谋》中最著名的演说就是恺撒和加图的辩论。这两篇演说是文本中篇幅较长的两篇演说，分别有1021和859个单词。[1] 加图和恺撒在政治观点上是完全对立的，在撒路斯特看来他们是超越了这一时代的其他人的："在我的记忆中，出现了两位虽然性格不同，但都有杰出才能的人物，这就是加图和恺撒。"[2] 罗马造就了这样两个令人敬畏的人，他们的才能在堕落的社会环境中显得尤其突出。因此撒路斯特在如何处理喀提林同谋的辩论中详细记录了两人的演说，他们的演说被看成是文本的

---

① 按照洛布丛书中《喀提林阴谋》的拉丁版本中的演说统计的数字。
② Sallust, *The War With Catiline*, LIII.

高潮。

加图与恺撒在政治观点上是完全对立的，在撒路斯特看来他们是超越了他这一时代的其他的人的："但是根据我的记忆，却出现了两位虽然性格不同，但都是功业非凡的人物。这就是马尔库斯·加图和盖乌斯·恺撒。"①撒路斯特承认当时的罗马已经被奢华和懒惰所腐化了，在这样堕落的环境中，加图和恺撒的才能显得更加突出。把他们两人关于如何处置喀提林同谋的辩论放在一起，连同辩论后面撒路斯特有关两人出身、年龄和口才，尤其是性格的比较，使我们看到无论是作为恺撒的助手和追随者，还是作为加图政治上的对手，他对两人都同样充满了敬意和崇拜。

按照常理，撒路斯特应该可以知道恺撒和加图在元老院演说的大概内容。前面提到撒路斯特写作《喀提林阴谋》的时间一般认定在公元前42年，这时与阴谋有关的主要人物都已去世，撒路斯特选择这样一个时间写作《喀提林阴谋》，除了他在书中声称的理由之外，可能还有一个原因就是他现在可以比较自由地使用加图、西塞罗和恺撒等人留下来的资料。但同时我们也不能肯定地知道当时是否保留下了恺撒和加图辩论演说的完整记录，因为那时的演说多数是即席发表的，事后是否保留了演说的全部记录也是没有证据可以证明的。有学者分析，恺撒和加图的演说体现着撒路斯特式的成熟风格，可能是撒路斯特知道恺撒和加图演说内容的摘要，而措辞、语言却都是撒路斯特自己的东西了。②在

---

① 撒路斯特：《喀提林阴谋 朱古达战争》，第147页。
② L.A.Mackay, Sallust's "Catioine"：Date and Purpose, *Phoenix*, vol. 16.NO.3. (Autumn. 1962). pp. 181－194.

文本中我们看到这两人的唇枪舌剑体现了不同的性格特征：恺撒表现为温和、仁慈，他的观点更有眼光，更有政治家的风度；[①]加图是一个坚定的罗马传统和法律的拥护者，但在演说中我们看到加图更像是一个考虑国家利益重于顾及法律原则的人。撒路斯特对两人细致而生动的性格描写与演说融合在一起，既强调两人之间的差别，同时也告诉读者这两人都具备了罗马的美德。在元老院讨论是否处死被囚的阴谋者时，撒路斯特认为加图的作用更加重要，两人的演说让人回忆起修昔底德在《伯罗奔尼撒战争史》中记载的科西拉人和科林斯人的辩论，[②]像修昔底德一样，撒路斯特也是自己写作演说词。[③]他把辩论放在对加图和恺撒美德的比较之中，而且给了这两个人物不同寻常的公平评论。实际上加图的理想看来更加接近撒路斯特的理想，这并不奇怪，因为撒路斯特看到加图虽然轻视贵族但他后来却成为贵族的精神领袖。

与撒路斯特详细叙述恺撒和加图的演说不同，撒路斯特对西塞罗的演说很少提及。按说西塞罗作为执政官在处置喀提林事件的过程中所起的作用是至关重要的，在撒路斯特的作品描述中可以知道他在处理喀提林及其阴谋参与者问题上同加图的观点是一致的。西塞罗针对这个阴谋所做的演说是在整个事件发生三年之后才发表的，[④]在第一篇演讲中，西塞罗警告元老院喀提林是个

---

① L. A. Mackay, Sallust's "Catioine": Date and Purpose, *Phoenix*, vol. 16. NO. 3. (Autumn. 1962). pp. 181 – 194.

② Thucydides, *History of the Peloponnesian War*, 2. 32 – 43, London：Harvard University Press, 1991.

③ Michael Grant, *The Ancient Historians*, London：Duckworht, 1970, p. 205. 在此书中作者认为撒路斯特的这两篇演说是撒路斯特的风格而不像是恺撒和加图本人所说的。

④ Michael Grant, *The Ancient Historians*, London：Duckworht, 1970, p. 206.

危险的人物，撒路斯特在文本中没有引用这篇演讲，他不必这样做的原因是因为读者已经了解了演说的内容，所以他这样写道：

> 接着执政官西塞罗或是对喀提林的出场感到害怕或是出于义愤，发表了一篇对共和国十分有意义的、极为精彩的演说，后来他发表了这篇演说。[1]

而撒路斯特却没有提到西塞罗其他几篇反喀提林的演说，虽然他在书中也说到是西塞罗"提出该如何处置已经被监管的人"[2]，并由此引出了恺撒和加图的辩论，但是西塞罗这个人物还是逐渐地、平静地消失在撒路斯特的背景之中。这当然不仅仅因为撒路斯特在政治上是反对西塞罗的，更重要的是，在写作风格上，撒路斯特简洁、用词古朴的特点同西塞罗追求的华丽风格有很大区别。撒路斯特虽然没有轻视西塞罗在处理喀提林阴谋中的作用，但他把恺撒和加图的演说全部复制出来的同时，却没有提到西塞罗四篇演说的内容，尤其是西塞罗最后在元老院的发言也就是公元前63年12月5日的演说，它对整个事件的定性是至关重要的，而且这篇演说同恺撒和加图的辩论是在同一次元老院会议上发表的，这种现象耐人寻味。因而有学者认为撒路斯特之所以不去回忆西塞罗的演说还有政治上的考虑，撒路斯特写作这篇文章时，虽然与所谓阴谋有关的重要人物都已逝去，但是后三头对罗马的控制是撒路斯特看到的现实，西塞罗是这三人的政敌，他被抓住而且被处死，逐渐让自己淡出权力中心的撒路斯特是不打

---

① Sallust, *The War With Catiline*, XXXI.
② 同上书，L.

算同后三头做游戏的，而且他当时也没有任何实力来反对或是嘲讽后三头，因而他不会让西塞罗占据画面的中心，但是毫无疑问他还是给了西塞罗有限但却坚定的赞扬。①

谈到撒路斯特的演说，我们还必须看到撒路斯特对喀提林的态度。尽管在作品中喀提林被描写成一个完全堕落的人，他的罪行不存在任何争议。但喀提林在决战前的演说却是如此高尚，以至于有学者认为这个演说包含着欺骗性的成分，②读者也可以看到喀提林的战死也给他最后的结局带来了些许的英雄主义：当喀提林看到自己的军队被击溃，只有少数人留在他的身边，他没有忘记他的出身和从前的地位，他冲向敌人最密集的地方，战死在那里，他的身上都被穿透了。③喀提林最后的演说和牺牲使喀提林这个人物更加生动。《喀提林阴谋》是撒路斯特的第一部作品，这是他最初的努力，撒路斯特比较出色地完成了把演说与叙述融合在一起的任务。

我们可以指责撒路斯特"忽视实际上说过的话"④；并且创作其他的话⑤；他可能重新编写某些文件⑥；可能对其他的材料不那么准确⑦；他可能喜欢恺撒⑧或是描写了一个有错误但却生动的

---

① Michael Grant, *The Ancient Historians,* p.206.
② Ronald Mellor, *The Roman Historians*, London and New York：Routledge, 1999，p.37.
③ Sallust, *The War With Catiline*, LX.
④ 同上书，XXXI；LII.
⑤ 同上书, XX.
⑥ 同上书，XLIV. 其中朗图路斯给喀提林的信件同西塞罗演说中引用同一信件的内容比较的话，可以知道撒路斯特所写的是对内容的复原，但有些许的改动。
⑦ 同上书，XXXII.
⑧ 同上书，LI.

喀提林^①。但是他并没有纯粹为了文学的目的，也不会仅仅为了证明他掌握了某种修辞形式而把演说当作调料撒在他的叙述中。演说的安排、形式、演说者、演说的内容和主题都显示了撒路斯特正在使用历史写作的一个传统工具，而且使用得相当有效。演说在叙述中所占的适当比例、运用演说来表达自己的某些政治观点，这些特点使人联想起修昔底德对演说的运用。^②

在雅典或是在共和国时期的罗马，演说不仅是一种文学形式，它更是一种政治行动。正因为这个原因撒路斯特记录了恺撒和加图处置喀提林阴谋者的辩论，他希望通过两人的演说来表达自己对他们的崇敬，在他们身上，体现着撒路斯特所尊重的罗马传统美德。演说是为文章的主题服务的，演说的运用是为了揭露罗马当时的道德堕落而不是为了掩盖这个事实。

撒路斯特不仅是文学艺术家而且是政治家和史家。他使用简洁、古朴的拉丁语来揭露政治事实。文字的风格和他所写作的主题是一致的，他不是为罗马歌功颂德而是要暴露罗马的缺陷，而且史家写作当代史更需要讽刺和尖锐的智慧。

虽然撒路斯特并不是一个演说家，但他在著作中能够如此自如地运用演说，以至于两百年以后的罗马作家吕西尼阿努斯（Granius Licinianus）认为应把撒路斯特看成是一个演说家而不是历史学家。^③

① Sallust, *The War With Catiline*, XX.
② N. P. Miller, Dramatic Speech in The Roman Historians, *Greece &Rome*, 2nd Ser.,vol .22, No .1. (Apr,. 1975), pp.45－57.
③ Michael Grant, *The Ancient Historians*, London：Duckworht, 1970, p.212.

第三节

写作特点

一　人物的描写

　　在撒路斯特生活的时代，传记非常流行。[①] 对他来说，历史意味着很多东西。通过他的文本我们可以知道，撒路斯特笔下的人物性格不是通过编年史般的简单记录来表现的，他用一个个事件、一个个激烈的冲突和众多精彩的演说为我们勾画出许多栩栩如生的形象。普鲁塔克在他的书中说过："最杰出的行为并不总能表现出美德或是恶习，更确切地说，一件微不足道的事情像一句话或是一个玩笑常常会比千百次的战争、最好的武器、或是攻城更能揭示人物的性格……我必须让自己把更多特别的注意力放在人类灵魂的标志上，同时我要尽力描述他们的人生，可能忽略掉对他们伟大战争的描述。"[②] 而撒路斯特正相反，他是为了社会这个伟大的目标而挑选写作主题的，他书中的人物只不过是伟

---

① Michael Grant, *The Ancient Historians*, London：Duckworth, 1970, p.207.
② Plutarch, *The Parallel Lives, Alexander*, I, London：Harvard University Press, 1994.

大事件和伟大战争中的角色，对他来说更重要的是阐述道德而不只是描写人物，他不会放过的是道德这个更加重要的人类精神产物，至于人物，他们只不过是被撒路斯特用来说明主题的。因而撒路斯特的《喀提林阴谋》《朱古达战争》中喀提林、恺撒、加图、朱古达、美米乌斯、梅特路斯、马略、苏拉都各有其特点，但《喀提林阴谋》绝不是喀提林的传记，就像《朱古达战争》也不是朱古达的传记一样。

虽然如此，撒路斯特还是用较大的篇幅来描写这些人物。从文学角度上说这些描写丰富了作品的内容，使文本结构更加紧密，升华了作品的主题。下面将分析《喀提林阴谋》《朱古达战争》中人物的描写与道德主题的关系。

（一）对显普洛妮娅的描写

撒路斯特的书中对显普洛妮娅有特别的描写，在文本中显普洛妮娅是与喀提林有联系的女人中最重要的一个，也是除恺撒、加图和喀提林外撒路斯特精心描述的一个人物：

> 在这些女人之中有一个叫显普洛妮娅的人，她经常犯一些大胆的男人才敢犯的罪行。她的出身和美貌、她的丈夫和孩子都受到了命运的宠爱，她熟悉希腊和罗马的文学，她能够弹琴和跳舞，其熟练程度超出了一个诚实的妇女所必需的，她还有许多其他的才能，这可以为她的奢侈逸乐服务。她所拥有的东西中没有什么比谦逊和贞节更不值钱的了；你无法容易地说她更节约她的钱财还是她的荣誉；她的欲望是如此的强烈，以至于她更

经常的追求男人而不是被男人追求。在阴谋之前，她经常食言、拒付她的债务、还秘密参与谋杀；穷困和放纵使她更加轻率。然而，她会写诗、说俏皮话，还会使用或端庄、或温柔、或放荡的语言；总而言之，她拥有较高的才能并极富魅力。[①]

对显普洛妮娅的细致描写为我们勾画出一个极有特点的贵族妇女形象：她聪明、美貌，极富魅力，敢想敢做，只是她的才能都放在背离美德的行为上。在第25章这个女人出现后，只是在第40章中，阿洛布罗吉斯人被带到德奇姆斯·布鲁图斯家中时，才又一次提到显普洛妮娅这个人，说布鲁图斯由于和她的关系而必然同阴谋有关联。[②]在《喀提林阴谋》中，只有这两个地方说到显普洛妮娅，除此之外，撒路斯特也没有明确提到显普洛妮娅参与了阴谋，那么撒路斯特为什么要把这个人物写入文本并且占用一章的篇幅呢？

一些学者像塞姆[③]、厄尔[④]等人都认为《喀提林阴谋》的第25章有关显普洛妮娅的描述是对第5章喀提林描述的一个补充。塞姆在书中推测撒路斯特之所以要插入有关显普洛妮娅描述，是因为显普洛妮娅是德奇姆斯·布鲁图斯的母亲，德奇姆斯·布鲁图斯因为他的忘恩负义而招致了恺撒的不满，他是谋杀恺撒的主

---

① Sallust, *The War With Catiline*, XXV.

② 同上书，XL.

③ Ronald Syme, *Sallust,* Berkeley. Los Angeles. London：University of California Press，1964，pp.133－135.

④ D.C.Earl, *The Political Thought of Sallust*，London：Cambridge University Press，1961，p.90.

要人物之一。① 撒路斯特作为恺撒的朋友，对德奇姆斯·布鲁图斯或是他的母亲都不会有什么好感，所以在写作《喀提林阴谋》的时候，就把对他们的不满带了出来，但这仅仅是个推测。而且塞姆在书中也不得不承认撒路斯特把显普洛妮娅介绍给读者肯定还有其他的原因。从结构上来说，"虽然有关显普洛妮娅的插叙让人感到奇怪，因为她并没有参与阴谋——她的房子在一个场合被使用过，这就是全部（40.5）。这不能不让人感到好奇和疑虑"②。但塞姆对这个现象的进一步解释是，"很欢迎显普洛妮娅来填补这个空间，这可以带来变化，她是喀提林的一个女性对应人物"③。塞姆把显普洛妮娅称为"罗马贵族中犯罪和堕落的典型和模范"④。按照塞姆或是厄尔的观点解释显普洛妮娅的出现时，又带来了这样的一个问题：为什么在最重要的位置上撒路斯特要把一个女人当作是喀提林的补充？厄尔在文章中的看法是："她没有参与阴谋但是却被看做是喀提林的同谋，她是流行的欲望和奢侈的典型和模范，是为了强调这个阴谋的本质。"⑤ 提弗（Tiffou）也感觉到暗藏在这个女人出现中的道德目的，她的出现是为了突出阴谋的可耻。⑥

我们或许可以从撒路斯特的写作目的上去寻找答案。撒路斯

---

① Ronald Syme, *Sallust*, Berkeley. Los Angeles. London：University of California Press，1964，p.134.
② Ronald Syme, *Sallust*, 1964, p.69.
③ Ronald Syme, *Sallust*, 1964, pp.133-134.
④ Ronald Syme, *Sallust*, 1964, p.134.
⑤ D.C.Earl, *The Political Thought of Sallust*, London：Cambridge University Press，1961，p.90.
⑥ Barbara Weiden Boyd, VirtusEffeminata and Sallust's Swmpronia, *Transactions of the Amerian Philological Association* （1974-），vol．117．(1987)，p.185.

特在文本中多次提到他的写作是为了"写作罗马人民的历史，挑选那些看来值得记录的事情"①，而且他还不止一次地说到美德对罗马的重要意义。② 在罗马，奢侈、欲望侵蚀了美德，在他刻画了喀提林这样一个可耻的人物后，为了强调罗马在道德上的彻底堕落，他认为有必要写出这样的一个女性人物作为喀提林的补充，所以显普洛妮娅的女性特征不能被忽视。撒路斯特这样设计的作用有两个：首先强调喀提林阴谋中女性的作用和特点，可以说明当时的罗马社会已经失去稳定性。其次，女性参与到与男性有关的阴谋中，而且显普洛妮娅还成为喀提林阴谋追随者中最有特点的一个，说明罗马社会的传统道德已经被彻底颠倒了。

喀提林和显普洛妮娅的行为意味着罗马美德的消失。③ 显普洛妮娅同喀提林一样并不是出身卑微的人物，她有高贵的血统和杰出的才能，只是她不再具备罗马妇女的传统美德，显普洛妮娅的才能已经超出了一般妇女所必需的，④ 她把自己投入到奢侈的生活中，这种生活控制了她。⑤ 在描写她的欲望时，撒路斯特认为她同一般罗马主妇不一样，她不再是贞节的和被动的女人，她主动地追求男性。⑥ 以显普洛妮娅为代表的女性肆意地表现出通常只有男性才有的侵略性。喀提林的追随者不仅包括有野心的人和

---

① Sallust, *The War With Catiline*, IV.
② Sallust, *The War With Catiline*, VII－IX；*The War With Jugurtha*, IV.
③ 关于这一点，现代作家是有不同看法的。基弗在《古罗马风化史》中提到，在罗马大规模的征服战争后，"旧的家庭结构开始瓦解……新的财富和机遇对妇女性格的影响比对男人的影响强得多"。他认为显普洛妮娅不该是一个受到谴责的人物而是一个解放了的妇女的形象。（基弗：《古罗马风化史》，第45页）
④ Sallust, *The War With Catiline*, XXV.
⑤ 同上。
⑥ 同上。

放荡的人而且还包括妇女，显普洛妮娅身上放荡、挥霍的品性与喀提林身上的恶习是一致的。她由于自己的无耻，而被写入这个阴谋。在撒路斯特看来，显普洛妮娅和喀提林一样，通过使用或是滥用奢侈和欲望来利用他人，他们既是道德堕落的受害者，同时又都是败坏道德秩序的代表。

　　显普洛妮娅在文本结构和叙述中的作用不是微不足道的。与撒路斯特的显普洛妮娅相似，在希罗多德的书中也有这样一位特殊的女性，她就是薛西斯手下的海军将领阿尔铁米西亚。① 我们可以把显普洛妮娅的自信同希罗多德笔下的阿尔铁米西亚的特点做个比较，因为在她们两人的身上都有超出一般女性的勇敢和智慧。

　　就像希罗多德自己指出的，很多人认为阿尔铁米西亚在《历史》中能够得到希罗多德的特殊对待是因为他们都来自赫利卡纳苏斯。② 希罗多德在著作中详细描写了阿尔铁米西亚在海战中的表现。③ 阿尔铁米西亚自己的船被阿提卡的船只追击，在无法逃脱的危急中，她决定做一件对她自己有利的事情，她猛撞同盟的船只以便让希腊人认为她是一个希腊人或是波斯的背叛者。她不仅成功地欺骗了阿提卡的统帅而且还真的击沉了自己同盟的船只，很方便的除掉了所有对自己不利的证人。连薛西斯也被欺骗了，还认为她击沉的是敌人的船只，他说道：

---

① Herodotus, *The Persian Wars*, 7, 99, London：Harvard University Press, 1994.
② 同上书，7，99.
③ 同上书，8，87－88.

　　　　　　我手下的男人变成了女人，而女人却变成了男人。①

　　这个评论非常精彩，它用语言这种形式说明波斯人的一切都
颠倒了，包括道德，所以波斯人最后的失败是不可避免的。

　　希罗多德对阿尔铁米西亚的描述不仅使我们牢牢地记住了
她，还引我们去思考战争之外的事情。她的背叛行为本身就意味
着波斯的衰败，而薛西斯误解阿尔铁米西亚的背叛行为并且对她
表示了赞扬，这是波斯强大的武力即将走向瓦解的前兆。希罗多
德通过对阿尔铁米西亚的描写进而转向叙述道德的衰败，我们在
撒路斯特的书中也看到了同样的写作特点。这两位史家对女性的
描述实际上都暗含着更深远的意义。

　　讨论撒路斯特的显普洛妮娅是否模仿希罗多德的阿尔铁米西
亚这个问题没有什么意义，只不过后者神秘色彩更少，更彻底地
同叙述结合在一起，不像撒路斯特的显普洛妮娅只是文本中的一
个过客。两位史家笔下的女性在某些方面的能力甚至超过男性，
而且她们在道德上都是堕落的。他们的描写是如此的生动，以至
于我们把女性、道德这些概念放在一起时，我们很自然地就会想
起阿尔铁米西亚、显普洛妮娅或是克里奥帕特拉。

　　我们没有确凿的证据证明显普洛妮娅在阴谋中发挥了什么
样的作用，同样我们也没有理由认为有关显普洛妮娅的描写是虚
构出来的。我们通过撒路斯特的描写才知道显普洛妮娅的突出才
能，这些描述也许与实际情况不符。我们可以想象阿尔铁米西

―――――――――――
①　Herodotus, *The Persian Wars*, 8, 88.

亚、显普洛妮娅可能实际上并没有参加这些活动，而是史家写在她们身上的。所以可以这样说，显普洛妮娅能够吸引我们的注意，既不是对她个人的回忆，也不是确凿的历史就是这样，这是撒路斯特为了突出他的道德观念而设计的一种写作方式。①

（二）对朱古达、梅特路斯、马略和苏拉的描写

朱古达、梅特路斯、马略和苏拉四个人先后出现在撒路斯特的《朱古达战争》中。许多学者的文章都讨论过作者对这些人的态度：他支持哪一个，反对哪一个，他又是怎样让这些人物同他的主题相匹配的。② 撒路斯特作品中有关这四人的描写，可以用道德堕落这个链子把他们串起来。

作者在文本的前言中首先提到追求德行是鼓舞罗马人做出丰功伟绩的源泉，对现在罗马的风气表示了悲伤和愤慨，③ 然后才开始介绍朱古达战争。这场战争的社会背景是衰落的罗马。在文本的第六章，朱古达是这样登场的：

> 当他长大后，他有着强壮的身体、英俊的外貌，而且首先他智力超群，他没有让自己受到奢侈和懒惰的侵蚀，而且遵循着本民族的习俗，骑马、投掷标枪、同自己的同伴赛跑，尽管他的名声要超过其他的人，然而他仍赢得了他们的喜爱。除此之外，他还花费许多的时间在打猎上，在杀死狮子或是其他野兽时，他总是站在最

---

① Barbara Weiden Boyd, Virtus Effeminata and Sallust's Sempronia, *Transactions of the American Philological Association* (1974—), vol. 117. (1987), p.201.
② Ronald Syme, *Sallust*, 1964, pp.138—164；p.177；D.C.Earl, *The Political Thought of Sallust*, pp.64—68,71—81.
③ Sallust, *The War With Jugurtha*, IV.

前面或是最前面中的一个，他出类拔萃，但他却很少提
到自己的功绩。①

毫无疑问这是一个全面而肯定的评价，尤其是撒路斯特在
他的前言部分中认为奢侈和懒惰是邪恶的行为，它们同堕落紧密
相连，而朱古达恰恰没有沾染撒路斯特所不齿的种种恶习。在介
绍完朱古达之后紧接着就叙述了米奇普撒对朱古达的担心，他
害怕朱古达会篡夺自己的王位，②但是这种害怕不能证明是正确
的：在叙述中我们看不到朱古达的性格有什么缺陷让人觉得他会
做这样的事情。但米奇普撒还是派朱古达到西班牙去同罗马并肩
作战，希望他会被杀死在战场上③，朱古达在努曼提亚战争中不
仅没有遭受任何失败，反而由于辛苦努力、认真负责而赢得了荣
誉，④我们再一次看到了有关朱古达性格的叙述，这个叙述还是
赞扬的：

此外，他慷慨大度的本质和敏捷的才智使很多罗马
人同他成为亲密的朋友。⑤

很明显，米奇普撒对朱古达的担心是多余的，朱古达用自己
的行为证明了先前米奇普撒对他的害怕是没有理由的。朱古达看
来的确是一个完美的人，但是作者随后写道：

---

① Sallust, *The War With Jugurtha*, VI.
② 同上。
③ 同上书，VII.
④ 同上。
⑤ 同上。

当时，在我们的军队中有许多的新人和贵族，他们关心财富胜过关心美德和自尊；他们在国内时是阴谋家，与其说是尊重不如说是臭名昭著，他们还影响到我们的同盟。这些人煽动朱古达的野心，让他怀有这样的希望，一旦米奇普撒国王去世，他就可以独揽努米底亚的大权，因为他的功绩首屈一指，而在罗马是什么东西都可以买得到的。[①]

米奇普撒的担心终于被证实了，但却极富讽刺意味，因为朱古达的堕落甚至可以说是国王自己的过错。在这一章中，我们知道朱古达在去努曼提亚之前还没有什么恶习；但现在他被腐蚀了，而且这种腐蚀来自罗马。从这之后，尽管撒路斯特还是认可朱古达在精神和身体方面的某些优良品质，但这些优良品质都被他的恶习蒙蔽了。这些恶习包括贿赂和背叛，都是罗马朋友传授给他的。作者通过这些叙述告诉我们，美德是同恶习相对的，堕落随时都会发生。朱古达就是一个典型的例子，在这里有堕落而腐败的个人，他身后有同样堕落而腐败的国家。国家的腐败导致个人的堕落，个人的堕落会使国家更加腐败。撒路斯特在作品中从来没有提到那些腐蚀了朱古达的罗马人的名字，这就使我们得到这样的一个结论：道德的堕落是罗马的一个普遍现象，而不仅局限于某个特定的个人。

现在我们转向梅特路斯。撒路斯特用下面这种方式把他介绍

---

① Sallust, *The War With Jugurtha*, VIII.

给我们：

> 努米底亚分配给梅特路斯，他是一个有勇气的人，
> 而且尽管他是平民派的反对者，但名声一直是清白的。
> ……
> 人民对他寄予希望，不仅是由于他具有一般的品
> 质，尤其是因为他拥有鄙视财富的精神。①

梅特路斯在撒路斯特的笔下近于完美。不同于对朱古达的描述，作者对梅特路斯赢得民众的尊重所做的注解是他的清廉。我们要注意到，梅特路斯出现的位置是在第43章，第42章是一个插叙，主要内容是介绍罗马的党派斗争。梅特路斯虽然站在同平民派对立的立场上，但撒路斯特还是给予他较高的评价，可以看出作为新人，作者对梅特路斯是非常尊重的，在对朱古达的战争中，梅特路斯几乎就要获得胜利，他拥有罗马传统的美德：清廉和公正，他唯一的缺点在外人看来只是他的傲慢，就是这一个弱点让马略抓住了，马略以此作为攻击梅特路斯的突破口。在撒路斯特的描述中，这两个人之间的冲突不是一个好人和坏人之间的矛盾，而是贵族和有能力的新人之间的矛盾。罗马人之间的不团结在撒路斯特看来仍是罗马失败的主要原因之一。

梅特路斯来到努米底亚后恢复了军队的训练和士气，② 在这个过程中作者再次赞扬了他的美德：

---

① Sallust, *The War With Jugurtha*，XLIII.
② 同上书，XLIV－XLV.

但是在面临种种困难和作战时，我注意到梅特路斯表现的既伟大又明智，他巧妙地让自己的进程掌握在放任和严肃之间。①

除此之外，撒路斯特的叙述还有一个特点，他两次把梅特路斯同朱古达进行比较：第一次在第48章，第二次在第52章：

当朱古达比较梅特路斯的言行时，他意识到他正受到自己武器的攻击；表面上看，他赢得了和平，但实际上，最艰苦的战争正在进行。他失去了一座重要的城市，敌人正在熟悉他的国家，臣民对他的忠诚也正被削弱。②

这两个伟大的指挥官正相互进行着较量；就个人来说，他们势均力敌，但在资源上他们却无法比较；因为梅特路斯有勇敢的士兵却不熟悉环境，而朱古达除了士兵外拥有所有的优势。③

这两个比较是直接的比较，而且更多的是对双方军队实力的比较，稍后还出现了一个更加巧妙的对比：

他（梅特路斯）没有像其他人一样把时间花费在休息和消遣上，因为这场战争通过武力只取得了很小的进展，他准备通过国王的朋友来诱捕国王，把他们的背叛作为自己的武器。④

① Sallust, *The War With Jugurtha*, XLV.
② 同上书，XLVIII.
③ 同上书，LII.
④ 同上书，LXI.

撒路斯特对梅特路斯的评价还是着重强调他的清廉，但在作战策略上他也开始放弃严肃的战争而使用背叛手段作为自己的武器，在这一点上他的行为接近朱古达。

迄今为止，撒路斯特对梅特路斯的表现评价基本上是肯定的，但在加入对马略的介绍之后，梅特路斯就变成了另外一个人了。在与马略的交往中，傲慢和仇恨成为梅特路斯性格中占优势的特点了，他在自己力所能及的范围之内可以做任何事情以阻止马略成为执政官，在第64章中作者直接说出了他的缺点：

> 尽管梅特路斯富有勇敢、名声和一个好人所具备的其他品质，但他还是有一般贵族都有的目空一切的傲慢这种缺点。①

撒路斯特没有指出梅特路斯不愿意马略参加执政官的竞选是出于何种原因，但我们可以看看普鲁塔克有关他们的叙述，书中说到梅特路斯最初是马略的保护人，但马略背叛了他。② 梅特路斯反感马略是因为马略安排处死了图尔皮利乌斯，而梅特路斯是图尔皮利乌斯的保护人。③ 撒路斯特的叙述同普路塔克所描写的是不一样的，在普鲁塔克的书中图尔皮利乌斯是瓦伽叛乱中唯一幸存的罗马人，梅特路斯在军事法庭上审判了他，在处以笞刑后被梅特路斯自己处死了。④ 我们无法判断普鲁塔克和撒路斯特

---

① Sallust, *The War With Jugurtha*, LXIV.
② Plutarch, *Lives, Gaius Marius*, IV, London：Harvard University Press, 1994.
③ 同上书，VIII.
④ Sallust, *The War With Jugurtha*, LXIX.

两人的说法哪个是正确的，但至少可以证明撒路斯特不认为图尔皮利乌斯事件是导致梅特路斯和马略结怨的原因。他对马略的敌意完全源于两人出身不同——梅特路斯是个贵族，马略是个新人。按照撒路斯特的说法，在马略之前执政官一职只在贵族中间传来传去，还没有新人可以获得这一职位。[①] 梅特路斯对马略的敌意中更多的是傲慢和轻视。在第82章中叙述了马略被选为执政官（前107），接替梅特路斯成为努米底亚罗马军队的最高指挥官，梅特路斯对此非常懊恼：

> 这个消息对他的影响超出了正常的范围，他无法抑制自己的眼泪也不能控制自己的舌头；尽管他有伟大人物的其他品德，但他在忍受羞辱方面没有表现出坚韧。有人把他的行为归结为傲慢；有的人则宣称这是由于贵族受到凌辱而被激怒；许多人认为是由于要从他的手中攫取他所获得的胜利这个事实。我个人相信，他所受的折磨更多的是由于马略的荣誉而不是对他的冒犯，如果从他那里夺走行省的是其他的人而不是马略的话，他不会感到那么烦恼。[②]

尽管撒路斯特告诉我们梅特路斯在某些方面是一个杰出的英雄，但从这一段叙述中可以很清楚地知道，他在品德方面的不足不仅是贵族的傲慢，之前受到赞扬的克制现在也消失殆尽了。我们应该注意到作者给出的有关他反应的解释：在罗马人看来，怨恨对自己的不公正是可以接受的，但嫉妒别人的荣誉则容易招来

---

① Sallust, *The War With Jugurtha*, LXIII.
② 同上书，LXXXII.

议论。撒路斯特把自己的意见放在最后，强调两人身份的不同是梅特路斯失意的根源。此后，梅特路斯身上不断表现出来的恶习影响了他对战争的指挥。在第83章中，他认为战争不必继续进行下去了，因为取得的任何成果都可能为马略带来好处，于是取而代之的是同波库斯长时间的联系以消磨时间。撒路斯特用这样的话作为这一段的结束："像梅特路斯所希望的那样，这场战争停顿了下来。"[①]我们可以联想到梅特路斯从他的前任接管罗马军队的指挥权时战争就或多或少也是处于这样的状况之中，梅特路斯没有顾及国家的利益，让战争的进程又回到了原点。当他返回罗马时，他发现自己仍然受到欢迎，他的声望又得到了恢复，但作者没有说明他的傲慢性格是否也一如既往。[②]

我们可以把对梅特路斯的刻画同朱古达的做比较：开始时两人都是高尚的人，都有为国家建功立业的雄心，但后来他们都受到了恶习的困扰。其中原因虽然不同，但转变的模式是一样的。在这两个例子中，都是罗马的道德衰落带来了个人的堕落。

马略是一个新人（populares），同样也不是贵族的撒路斯特看到了贵族比如梅特路斯等人对马略的轻视与傲慢，但他也没有简单地作出欣赏后者的决定。他对梅特路斯的描写是客观的，他虽然让马略抓住了傲慢的这一弱点成功地取代了他成为罗马军队在努米底亚的最高指挥官，但是撒路斯特写到他返回罗马后依然受到了人们的欢迎，这多少弥补了梅特路斯受伤的自尊心。但是

---

① Sallust, *The War With Jugurtha*, LXXXIII.
② 同上书，LXXXVIII.

很明显，撒路斯特心目中的新人和贵族是不能等同于好人和坏人的，新人与贵族之间的矛盾也不是好人和坏人之间的冲突。新人在撒路斯特的眼中也已经成为导致罗马政治腐败的重要因素。比如新人作为自力更生的人，以前是完全依靠自己的美德在与贵族的较量中获得胜利的，但现在也不再是通过诚实的手段来追求权力或是荣誉了。[1] 撒路斯特看到派别斗争中，无论是新人还是贵族都在残酷地利用自己所有的优势压倒对方。

马略是一个新人，也是撒路斯特作品中提到的主要人物，就像之前的朱古达和梅特路斯，撒路斯特对他也有一段特别的描述：

> 就在这个时候，马略碰巧在乌提卡向众神献祭时，一个预言者宣称一个伟大而了不起的事业正等待着他；于是这个预言者建议他相信神的旨意，去实现他心中所想的，不管多少次也要试试自己的命运。[2]

后面紧接着是对马略性格的介绍：

> 在这之前他就有竞选执政官的强烈愿望，他拥有所有的品德，只是没有古老的血统：也就是说，他勤奋、诚实、有丰富的军事技巧、作战时巨大的勇气、和平时没有什么野心，他超越了对财富的渴望和诱惑而只追求荣誉。[3]

这又是一个有较多赞扬的评论，然而其中很多的含义值得思

---

① Sallust, *The War With Jugurtha*, IV.
② 同上书，LXIII.
③ 同上。

考。马略最终的毁灭是因为他的野心，他野心的种子贯穿了他生命的始终。在上面撒路斯特的描写中，我们可以看到马略既有野心又相信命运，这让我们回想起作者在前言中抨击那些依赖命运而不是依靠自己的美德的人，而新人马略正好处于这个尴尬的位置。

我们已经看到梅特路斯对马略野心的回答，他嘲笑马略，认为马略想竞选执政官是十分不理智的做法，是抱有超越自己地位的想法。① 现在让我们看看马略是如何对此做出回应的：

> 马略不仅更加渴望荣誉而且对梅特路斯有更深的敌意。于是，他让自己受到最坏顾问的影响，野心和怨恨。②

撒路斯特接着描写了马略如何充分利用他的野心，在军队中阴谋反对梅特路斯。③ 当他返回罗马后，他让自己完全投入到反对权贵的斗争中去；④ 特别要注意撒路斯特这一部分的描写：

> 他不断地大胆抨击那些贵族，或是抨击个人或是贵族群体。他夸耀说他从他们那里夺取执政官的职务是他的战利品，还有其他的一些评论，有意地颂扬自己激怒对方。⑤

---

① Sallust, *The War With Jugurtha*, LXIV.
② 同上。
③ 同上书，LXIV；LXV.
④ 同上书，LXXXIV.
⑤ 同上。

这个表现比他在第85章中发表的演说更加激烈。在这个时刻，我们看到马略是如何卷入派别仇恨的：之前他只是对梅特路斯个人抱有敌意，现在他仇恨所有的贵族。他对贵族的态度就像贵族试图把新人从公职中清除出去是一样的。在新的党派斗争中，个人的美德已不重要了。必须说明的是同梅特路斯、朱古达一样，撒路斯特仍然认为国家政治的腐败是导致马略行为的根本原因。

当然在努米底亚的战争中，马略的美德还是占主导地位的，他成功地指挥了众多的战役。但要特别关注撒路斯特描写的夺取穆路卡要塞的过程。[1] 作者始终认为马略的胜利来自机会或是命运，前面提到的占卜者的预言到后来依靠命运来赢得战争成为撒路斯特人物描写的一个例外，在朱古达或是梅特路斯的描写中没有出现这样的说法。

> 马略在经过了许多天的辛苦努力后，他焦虑的考虑是毫无结果的放弃努力还是命运的眷顾。[2]

> 因而马略的轻率因为运气而弥补了，他判断的错误反而为他赢得了荣誉。[3]

第一句话告诉我们，现在马略更多的是依赖幸运而不是勇敢、诚实、作战技巧这些美德；第二句话则说胜利不是他应得的，而只是机会的产物。马略此时的表现正是撒路斯特在前言中

---

[1] Sallust, *The War With Jugurtha*, XCII－XCIV.
[2] 同上书，XCIII.
[3] 同上书，XCIV.

不屑一顾的做法。[①] 现在的马略在品德上同朱古达、梅特路斯越来越接近了。

通过马略我们再次被提醒，不仅贵族已经腐败了，新人也放弃了美德这条道路。撒路斯特所描绘的马略就是一个极好的例子，他从开始的勤劳，正直，具有杰出的军事修养，作战时百折不挠的精神，和平时期的作风谦虚朴实，生活正派严谨，不喜财货而只是渴望光荣，转而渴望权力并通过反抗和阴谋来达到他的目的。马略最后的胜利不是凭借他所具有的美德而是通过政治斗争。在罗马的派别斗争中，个人的美德已不重要了。

当然我们应该看到，为了达到戏剧化的效果，马略的升迁在撒路斯特的描述中显得比实际情况更为迅速和轻松，实际上马略是正常地按照罗马晋升的模式而升职的。马略当选为执政官不仅是他个人的胜利，很明显是新的政治精英兴起了。马略在当选为执政官后马上实施了一个全新的征募军队的办法——把公民兵制改为募兵制，这使马略自己也成为罗马的一个偶像。就像他之前的加图和他之后的西塞罗一样，他们都是"新人"，他们都没有当过执政官的祖先，自己却成为执政官。所以撒路斯特说马略只能显示他的武力和伤疤，而不是他祖先的蜡制面具。他不会说希腊语，但他仍然成功地打败了朱古达，以后在北方的战斗中，他还成功地阻挡了日耳曼人的入侵。然而梅特路斯并没有那么黑，马略也不是毫无缺点的人，当梅特路斯从北非回到罗马时，他受到了十分热烈的欢迎，他发现自己无论是在元老院还是在人民中

---

①   Sallust, *The War With Jugurtha*, I－Ⅳ.

间都同样是受欢迎的，这一点甚至都超出了梅特路斯自己的预料。

最后出场的是苏拉。其实撒路斯特在描写苏拉时是非常用心的，他对苏拉到努米底亚后的一系列重要行为做了叙述。在他的描写中，苏拉是一个才能出众的强者，他同梅特路斯、马略一样都渴望荣誉和成功。

> 苏拉是贵族血统，他的家庭由于他祖先的堕落几乎到了破灭的地步。他同样精通希腊和罗马文学，还有非凡的智慧，他投身于享乐但更追求荣誉。在他闲暇时，他过着奢侈的生活，然而享乐从来没有妨碍他的职责，除了作为丈夫，他的行为本应该让人更尊敬一些。他能言善辩、聪明并且很快就能和人交上朋友。在尽量伪装自己意图方面，他用心之深令人难以置信，他对许多事情都很大方，尤其是钱财。在取得内战胜利之前，他是所有人中最幸运的一个，但他的幸运从来不会比他应得的更多。至于他后来的所作所为，我不知道人们在提到时是应该感到羞愧还是应该感到难过。[1]

总体上看，这还是一个赞扬多过批评的评价。但若同朱古达、梅特路斯和马略的评价做比较的话，令人不安的成分增加了。苏拉具有了"追求奢侈和享乐"的特点，尽管他通常没有让这两个特点干扰他的事业。他富有魅力、有能力、精力充沛而且慷慨，但是他是狡诈的。因为苏拉后来在与马略的斗争中，以暴

---

[1] Sallust, *The War With Jugurtha*, XCV.

力破坏了国家的政治制度，所以撒路斯特对苏拉公开面具后的真实性格更感兴趣。当然，在撒路斯特的描写中，他最明显的特征就是他的"幸运"——这正是他在前言中所批评的，这也是马略过分依赖的。苏拉会像他的前辈一样堕落吗？他当然会，撒路斯特在这一段就明确告诉了我们，但在他的文本中没有继续描述他的堕落。

把对这四人的描写都放在一起比较时，首先我们看到他们中的每一个人和前任之间一般都有共性的东西，在其他人的身上可以看到其中一个人的特点。其次，我们会发现四个人中的每一位在开始时都具有高尚的品德，都有超过一般人的才能、智慧和勇气，但每一个人都比他的前任少些优点；每个人都有自己堕落的方式，后面三位堕落的原因都同前面一位有相似的地方：梅特路斯身上有朱古达的背叛和口是心非；马略接受了梅特路斯的派别思想；苏拉则同马略一样依赖命运。最后，这四个人的堕落贯穿了整部作品，他们同罗马的堕落联系在一起，与罗马的堕落息息相关。其中朱古达和梅特路斯的演变过程是完整的，在文本中可以看到他们从最初的高尚逐渐堕落到底部，马略和苏拉的演变过程是不完整的，在文本结束时他们的堕落还没有完成，而且撒路斯特根本就没有提到苏拉堕落的开始。

在历史著作的创作过程中，历史学家用语言、插入的叙述和刻画的人物来表达自己的观点。比如修昔底德笔下的伯里克利、德摩斯提尼；塔西陀创作的尼禄和他的母亲阿格里皮娜、提笔略和利维亚；塔西陀书中的赛扬努斯；撒路斯特对显普洛妮娅、朱古达、梅特路斯、马略和苏拉的描写，这些叙述不仅使他们的作品中又多了几个生动、形象的人物，更重要的是通过这些人物的言行，帮助我们了解事件发展的过程。在分析了撒路斯特刻画的人物后，我们可以看到作者在处理任何一个主要人物时同其他史家的不同之处，那就是他都把道德放在首位。这个人是否具有美德，又是怎样失去美德；美德的缺失是单独的现象还是普遍的现象这些问题都可以在文本中的人物身上找到答案。这就是撒路斯特写作中的高明之处：处处体现着他的道德观，处处弥漫着他的说教气息，但是在刻画的人物身上又看不到说教生硬的语气。

二　事件的处理

对事实进行精确的描述并不是撒路斯特写作的突出之处，要列举他在叙述方面的错误是非常容易的事情。《喀提林阴谋》《朱古达战争》中都有明显的年代错误，而且在叙述的内容上也有一些没有经过证实的传闻和含糊、不切题的概括。

《朱古达战争》对战争起因的分析就是不客观的。他认为朱古达个人品德的败坏、罗马贵族道德的衰落是朱古达战争的起因。当朱古达接触到罗马的"新人和贵族，这些人更关心财富而不是美德和自尊"之前，[①] 他是一个勇敢的努米底亚王子，"身体强壮，相貌英俊，但是更重要的是他智力超群，他没有让自己受到奢侈和懒惰的影响，而是遵循着他那个民族的传统……他出

---

① 　Sallust，*The War With Jugurtha*，VIII.

类拔萃，但他却很少提到自己的功绩"①。朱古达在努曼提亚战役之前是一个出色的努米底亚将领，在努曼提亚战役时，他是受到罗马那些新人和贵族的挑唆后才开始有了夺取王位的想法：

> 这些人煽动朱古达的野心：如果国王米奇普撒去世后，他就可以在努米底亚独享权力，因为就功绩而论，他是首屈一指的，而在罗马是什么东西都可以用钱买到的。②

这是朱古达转变的第一步。在米奇普撒去世后，希延普撒尔对朱古达的公开轻视也导致了朱古达的不满，③在朱古达、阿多儿巴尔、希延普撒尔三人参加的会议上，希延普撒尔不想承认朱古达曾被他父亲过继以及获得的分享王国的权利，这激怒了朱古达，"所以从那时起，他就感到又恨又怕，便策划着，只想着能够陷害并智胜希延普撒尔"④。这是朱古达转变的第二步。在分配财库的钱财时，朱古达设计杀死了他最反感的希延普撒尔，从而挑起了努米底亚国内公开的争权夺利的斗争。这是朱古达转变的第三步。阿多儿巴尔先是派使节而后亲自赶到罗马向罗马元老们请求帮助，朱古达这时还没有同罗马作战的打算，于是他也派出使节用大批的礼物来贿赂有势力的元老。阿多儿巴尔动情的演说抵不上朱古达金钱的力量，元老院并没有对朱古达采取任何惩罚措施，反而主张为阿多儿巴尔和朱古达分割努米底亚王国。⑤在

---

① Sallust, *The War With Jugurtha*, XVI.
② 同上书，VIII.
③ 同上书，XI.
④ 同上书，XI.
⑤ 同上书，XVI.

撒路斯特的叙述中，罗马最终不能再忍受朱古达在努米底亚的为所欲为从而派出罗马军队同朱古达作战是由于奇尔塔之战，在这场战役中，朱古达在杀死了阿多儿巴尔之后，又处死了意大利商人，这一行径促使罗马派出了卡尔普尔尼乌斯准备同朱古达宣战。[①]

按照撒路斯特的说法，15年前朱古达在努曼提亚战场上罗马朋友那里得到的建议对他处理同阿多儿巴尔和希延普撒尔之间的关系有着决定性的影响。但是这样的说法是不那么让人信服的。首先，我们很难相信傲慢的罗马贵族会认为这个蛮族王子比他们更优秀，作者这样写的一个原因可能只是为了嘲笑他的罗马同胞。其次，如果真有这样的谈话，撒路斯特又是怎么知道的呢？朱古达自己在公元前111年被召唤到罗马时，并没有提到这些谈话。[②] 这样的谈话也不可能是那些贵族或是他们的后代保留下来的谈话记录，最大的可能就是流传下来的闲谈。撒路斯特在文本中引用这些流言并把它们当做无可争辩的历史事实，这样使用史料说明了他的偏见，撒路斯特至少在这一部分对朱古达的描写中失去了历史的客观性。我们还注意到这一部分的叙述相当的简洁，当然撒路斯特写作的一个重要特点就是简洁，而且他的文本不是朱古达的传记，而是叙述朱古达同罗马之间的关系。但作者用较少的篇幅概括了一个相当长的历史时期，从努曼提亚战争到朱古达公开同希延普撒尔、阿多儿巴尔发生冲突，之间大约有15年时间的间隔（努曼提亚战争结束的时间是公元前133年，米奇

---

①   Sallust, *The War With Jugurtha*, XXVI；XXVII.

②   同上书，XXXIII－XXXIV.

普撒去世时是公元前118年），撒路斯特用他流畅的写作弥补了自己在纪年上的疏忽，读者在阅读这一部分时感觉不到事件之间的时间跨度竟有如此之大。

所以迈克尔·格兰特在他的《古代历史学家》一书中这样评价撒路斯特：对事实进行精确的描述并不是撒路斯特文风的突出之处。要列举他在历史资料方面的错误是非常容易的事情……在叙述非洲早期历史时，尽管撒路斯特宣称这些东西来自努米底亚国王而且他自己也曾是非洲行省的总督，但这都没有什么用途，他对战争的描写比实际的战争更精彩。[1]

那么撒路斯特模糊纪年仅仅是写作上的疏忽吗？我们很难相信这是他无意识的行为。撒路斯特把罗马贵族对朱古达的提醒同朱古达后来的转变联系在一起而不考虑之间的时间间隔是有自己的想法的。他的写作是为了表达自己对罗马道德堕落的不满，他想留给读者这样一个印象：朱古达的堕落是罗马道德堕落的扩展和延伸。

在罗马元老院对朱古达宣战的问题上，撒路斯特认为是朱古达的贿赂使得罗马贵族丧失了自己的立场，从而不顾国家的利益纵容朱古达在努米底亚为所欲为。[2]

实际上撒路斯特的叙述是有偏见的。元老院是否出兵努米底亚不是朱古达的贿赂能够左右的。这既关系到罗马同努米底亚国与国之间的关系，还涉及罗马自身的利益。首先，虽然很多学

---

[1]　Michael Grant, *The ancient historians*, p. 210.

[2]　Sallust, *The War With Jugurtha*, XV.

者都认为努米底亚是罗马的被保护国或是附属国，但实际上当时两国之间的关系如何，有关史料的记载是不同的。在阿庇安的书中，玛西尼撒依靠自己的努力获得了努米底亚的统治权，[①] 由于同斯奇比奥本人以及和斯奇比奥祖父的友谊，玛西尼撒便请斯奇比奥来商量有关他的继承人和国家的重要事情，并在去世前告诉他的继承人要在分配遗产问题上服从斯奇比奥。[②] 无论如何罗马都不可能公开宣称对努米底亚的内部事务有绝对的管辖权，除非努米底亚的当事人向罗马提出请求或是罗马在努米底亚以及非洲行省的利益受到了威胁或伤害。由此看来，罗马之所以对努米底亚的内部事务还有一定的责任，其主要原因在于，一是玛西尼撒和老斯奇比奥、小斯奇比奥之间的友谊，尤其是玛西尼撒在去世之前特别嘱咐他的儿子要服从斯奇比奥的命令。二是罗马的强大。罗马在地中海区域保持着政治和军事上的绝对优势，而且与努米底亚相邻的还有罗马的非洲行省，努米底亚人对罗马的军事力量抱有显而易见的恐惧。[③] 第三个原因是，既然先前朱古达和阿多儿巴尔接受了罗马的帮助，同意罗马替他们重新分割领地，那么一旦朱古达突破了事先划定好的边界开始进攻阿多儿巴尔的领地，那就意味着背叛了罗马。朱古达是米奇普撒指定的合法继承人，是努米底亚合法的统治者。罗马在努米底亚没有驻军，要调查阿多儿巴尔对朱古达的指控如果没有朱古达的配合是不可能

---

① Appian, *Roman History*, VIII, Part 1, *The Punicc Wars*, XVI.105, London: Harvard University Press, 1982.

② Appian, *Roman History*, VIII, Part 1, *The Punicc Wars*, XVI.106.

③ 在《朱古达战争》第25章中提到："当朱古达听得罗马一些显赫而且有影响、很有势力的人物已经到来，并且反对他的企图时，最初他感到极大的不安，开始在恐惧和贪婪之间动摇。他害怕自己不服从使节时元老院的愤怒。"

顺利进行的，事实也证明了这一点。① 而且面对罗马的质询，朱古达也可以用自己所拥有的权力来反驳他们，为自己辩护。② 仅根据阿多儿巴尔的请求元老院就出兵，对罗马来说不是正当而合法的理由，最终决定是否出兵努米底亚还要看罗马在努米底亚的利益是否受到了威胁。在罗马元老院看来，罗马更应该同临近罗马非洲行省的国家保持友好的关系，只有这样才能使罗马在非洲的利益不受干扰。相反一旦出兵，这场战争将会是一场昂贵的战争。为了阿多儿巴尔的利益而让罗马冒犯另一位国王，而且这个国王有着充沛的精力和过人的才智，他还为罗马参加过西班牙战争，而阿多儿巴尔自始至终只是宣称自己祖先对罗马的贡献，对罗马来说朱古达比阿多儿巴尔有更大的利用价值。况且朱古达这时威胁的只是阿多儿巴尔的统治并没有触及罗马在非洲的利益。把这些因素同时放在元老院面前，元老院当然更愿意派出自己的使者对双方进行调解而不是进行直接的武装干预。③ 所以撒路斯特认为元老院的一些贵族拒绝帮助阿多儿巴尔是纵容朱古达，是对努米底亚的不公正，④ 这种说法是不合适的，这种论述只注意到了元老院的贪婪和腐败，却忽视了罗马元老院在处理涉及重要对外关系的问题时，考虑的首要问题是照顾国家的利益，其次它

---

① Sallust, *The War With Jugurtha*, XXII.
② 同上。
③ 实际上在撒路斯特的文本中也多次写到罗马元老院对努米底亚国内事务的处理方式就是进行调解，譬如在第16章中，就提到元老院派出了一个委员会帮助阿多儿巴尔和朱古达分割他们的领地；在第22章中，当阿多儿巴尔再次向罗马求救时，罗马还是派出三人组成的使团让双方放下武器，通过法律而不是通过战争来解决他们之间的争端。当朱古达围攻奇尔塔时，阿多儿巴尔写信向罗马请求帮助，罗马派出斯考茹斯作为使节到罗马的非洲行省以震慑朱古达。（参见The War With Jugurtha, XXV）
④ Sallust, *The War With Jugurtha*, XV.

也要受到法律和惯例的制约和束缚。[①]

三 时间的安排

在叙述非洲早期历史时,[②]尽管撒路斯特宣称这些东西是努米底亚国王希延普撒尔所写而且他自己也曾是非洲行省的总督,[③]但他在涉及一些非洲城市的地理位置时还是出现了错误。他对战争的描写比实际的战争更精彩,而且对人数、日期、地理位置都很粗心。撒路斯特对战争的看法是:它们意味着混乱、不确定、可怕和可悲。[④]有人认为这句话也可以用来说明他对战争的描述,他在文本中也没有把这些战役都弄清楚。[⑤]

撒路斯特在《喀提林阴谋》中所谓的公元前66至前65年的"第一次阴谋"的叙述中就有虚构的成分。[⑥]几个月内发生的事

---

① Stewart Irvin Oost, The Fetial Law and the Outbreak of the Jugurthine War, *The American Journal of Philology*, vol. 75, No. 2. (1954), p.159.
② 关于这一点学者们是有争议的,主要的分歧就在于撒路斯特所说的, quamquam ab ea fama quae plerosque optinet divorsum est, tamen uti ex libris punicis, qui Regis Hiempsalis dicebantur , interpretatum nobis est , utique rem sese habere culture eius terrae putant, quam paucissumis dicam.(*The War With Jugurtha, XVII*)在对这句话的理解上有分歧, 有的人认为应该翻译成the book have been written by King Hiempsal, 而有的人则认为这句话应翻译为the book have belonging to King Hiempsal, 这两种不同的翻译意思大相径庭。前者可以理解为这本书是希延普撒尔自己写作的有关非洲民族和地理知识的书籍, 而后者只可以解释为国王曾收藏过的书籍。 (参见Victor J.Matthews, The Libri Punici of King Hiempsal, *The American Journal of Philology*, vol, 93, No. 2. (Apr., 1972) pp. 330−335)
③ Sallust, *The War With Jugurtha*, XVII.
④ Sallust, *The War With Jugurtha*, LI.
⑤ Michael Grant, *The Ancient Historians*, London:Duckworth, 1970, p.210.
⑥ 是否存在第一次喀提林阴谋, 在史学界一直有不同的看法。Terrell认为第一次阴谋是一个虚构出来的事情, 但多数学者还是持肯定意见的。Drumann、 Mommsen、 John等人不仅认为第一次阴谋是真实存在的事件, 而且还试图根据保留下来的史料复原这个事情的经过。

情被延长到超过一年的时间；阴谋者秘密的商议也被想当然地设想出来。[①] 有学者认为撒路斯特这样做的原因是想为恺撒辩护，因为皮索被派往西班牙是由于克拉苏的支持，撒路斯特的书中也提到这一点，[②] 西塞罗也控诉是克拉苏和恺撒正"用无耻的西班牙匕首切割罗马公民的肌肉"，而且西塞罗还提到，克拉苏曾宣称"对于一个渴望成为国家第一号人物的人来说，除非他的收入能够养得起一支军队，否则他无论有多少财富也不会满足"[③]。种种迹象综合在一起表明，克拉苏、恺撒是否卷入第一次阴谋虽然还无法确定，但至少是知道第一次喀提林阴谋的，而撒路斯特在书中回避了这件事情。[④]

《朱古达战争》中朱古达结束努曼提亚战役后返回努米底亚，努曼提亚的陷落是在公元前133年，朱古达返回努米底亚到米奇普撒接受他为自己的养子之间还是间隔了一段时间的，而撒路斯特在文本中的叙述是"他马上接受了他，并按照自己的意愿让他成为自己的儿子……"[⑤] 但据史家考证，收养朱古达大概是在公元前121—公元前118年之间的事情，撒路斯特在第11章也提到，"朱古达本人被过继和分享王国，这也正是前三年当中的事情"。米奇普撒是在公元前118年去世的，那么去世前三年也正好就是公元前121年，由此可见撒路斯特也知道国王收养朱古达并不是他返回努米底亚后立即进行的。从撒路斯特前后矛盾的叙

---

① Sallust, *The War With Catiline*, XX.

② Sallust, *The War With Jugurtha*, XIX.

③ 西塞罗：《西塞罗三论》，徐奕春译，商务印书馆1998年版，第100页。

④ 参见Francis L.Jones, The First Conspiracy of Catiline, *The Classical Journal*, vol. 34. No.7.(Apr., 1939),pp.410－422.

⑤ Sallust, *The War With Jugurtha*, IX.

述中，我们可以看到他在时间上的大意和疏忽。结束努曼提亚战役是在公元前133年，到朱古达被收养之间至少还有12年甚至更长时间的间隔；努曼提亚战争和米奇普撒国王去世之间的时间间隔有15年之久，但是在撒路斯特的笔下，"几年之后，国王由于年龄的原因而更加虚弱、多病，意识到自己生命即将走向完结，按照自己的意愿……"① 这一句话就让15年的时间转瞬即逝。如果读者没有从其他的史料中得到有关事件非常准确的纪年，而只阅读这本书的话，就会得出这样一个结论：朱古达在努曼提亚的作战、米奇普撒去世和随后出现的朱古达同阿多儿巴尔、希延普撒尔的矛盾中间的时间间隔不会超过三年，而不是事实上的15年多的时间。

学者们很早就注意到撒路斯特在时间上的疏忽，因为他注重的是整个事件的叙述是否与道德的主题相一致，至于时间、地点上的准确性，他并没有花费太多的气力去考证。正如梅勒所说，罗马的史家当然希望避免说假话，但是他们缺乏适当的批评技巧来评判他们的证据，他们也没有严格地区分第一手和第二手资料。对他们来说逼真比真实更重要，因为他们在修辞学教师那里已牢固地接受了这样的训导：可能性在构筑一个有说服力的叙述时是很重要的。②

撒路斯特的文学才能非常出色。从古至今，在历史编撰工作中同时在准确性和文体上达到一致的话，是很困难的一件事，撒

---

① Sallust, *The War With Jugurtha*, IX.
② Ronald Mellor, *The Historians of Ancient Rome*, New York：Routledge, 2004, Introduction, p.10.

路斯特也声称这两种品质要很好地结合在一起是史家面临的重要困难。而且他在《喀提林阴谋》的开始就提到要客观而准确地描述罗马历史上的重要事件，但他的努力在很多人看来还是有缺憾的。尤其有学者认为他在《喀提林阴谋》和《朱古达战争》中对准确和生动的处理是欠缺的，他笔下的历史是不可靠的。①

---

① Michael Grant, *The Ancient Historians, London*：Duckworth, 1970, p.211.

第四章

道德与客观
——撒路斯特的史学思想
和史学地位

第一节

撒路斯特的史学思想

虽然撒路斯特在作品中也表达了对史学的看法，但很不系统也较为零散，他的史学思想更多的是通过作品直接表达出来的，譬如他在《喀提林阴谋》《朱古达战争》中多次提到对历史的看法、对道德和人性的看法、对精神与肉体关系的看法等等。另外，在他的叙述中还谈到自己如何选择史料、史家应具备的写作态度、史家的基本素质等问题。把这些比较分散的论述综合到一起，可以帮助我们大致了解撒路斯特的史学思想。

一 撒路斯特的历史观

（一）对待神灵和命运的态度

人本思想是希腊文化的重要特征。修昔底德史学中的一个重要特点就是他的人本思想，他关注人的行为、人的思想和人在历史中的作用。譬如修昔底德在《伯罗奔尼撒战争史》中明确地借伯里克利的口说出了这样的话："我们所应当悲伤的不是房屋或土地的丧失，而是人民生命的丧失，人是第一重要的；其他一切都是人的劳动成果。"① 很多史家都认为撒路斯特在很多方面都受到了修昔底德的影响，撒路斯特也非常重视人在社会中的作用，他把叙述对象集中在人本身而非神灵或是命运上。譬如，在《喀提林阴谋》和《朱古达战争》两部著作中，撒路斯特都强调人的作用，他认为农业、航海、建筑方面的成就是取决于人们非凡的才智而非其他因素的。撒路斯特在《喀提林阴谋》第一章中还特别提到精神是人神共有的东西，用智慧得到的荣誉才是不朽的。他将要记录罗马人的实际行动而不是空谈。② 由此可见，催促他开始写作的最初缘由是罗马人的行为对罗马国家发展所产生的影响。

撒路斯特的人本史观首先表现在他是不相信神谕和神灵作用的。他在两书中分别提到过一次神谕，在《喀提林阴谋》中，朗图路斯因参与阴谋被抓后，在元老院会议上被人揭发说他平常说过在西比拉预言书中曾预言有三个科尔涅利乌斯要统治罗马，前面已有了秦纳和苏拉，而他将是第三个要成为罗马主人的科尔涅利乌斯。③ 但是事实证明神谕不仅没有成为现实，反而成为朗图路斯心怀不轨的最好证明，朗图路斯没有获得成功，证明这个预言是不准确的，撒路斯特特意提到这个神谕表明他是不相信这个神谕的，在某种意义上说，这个神谕对朗图路斯来说更是一种

---

① 修昔底德：《伯罗奔尼撒战争史》，商务印书馆2004年版，第115—116页。
② Sallust, *The War With Catiline*, I；Sallust, *The War With Jugurtha*, I.
③ Sallust, *The War With Catiline*, XLVII.

讽刺。《朱古达战争》中提到的神谕是马略在乌提卡向诸神献祭后，一名预言者说他将会成就惊天动地的事业，预言者还劝他相信诸神的意旨，去成就他心里想做的事情。[①] 从表面上看这个预言在后来成为了事实，但是我们也要注意到正是在这个预言的驱使下，马略内心的想法发生了很大的转变，他从一个受人爱戴的军事领袖转而成为热衷于派别斗争的政客。为了能使自己当选执政官，他向商人许诺可以比梅特路斯更快地结束北非的战争；挑拨玛西尼撒的孙子伽乌达同梅特路斯的关系以便获得他们对自己的支持。神谕的作用只是使马略逐渐丧失了新人所具备的美德——勇敢、正直，离撒路斯特期待的道德理想越来越远，而这个道德理想在撒路斯特看来就是保证罗马强大的最重要力量。

撒路斯特的人本史观还表现在他对待神灵的态度上。他并不排斥提到神灵，而是体现出对宗教的尊重。[②] 但他认为神灵的作用只有通过人的作用才能体现出来，没有了人的理性和智慧，即便有神灵的帮助也是无济于事的。撒路斯特对神灵的看法通过加图的演说淋漓尽致地得以说明：

> 但是，你们非常害怕它，尽管由于精神上的懒惰和软弱，你们犹豫观望，相互等待，毫无疑问相信这不朽的神灵，它以前也常常把我们的国家从极度的危险中拯救出来。但是发誓和像女人一样乞求是得不到诸神的帮助的；还是要通过警觉、有力的行动和智慧的意见才能获得成功。[③]

---

① Sallust, *The War With Jugurtha*, LXIII.
② 同上书，LXXV.
③ Sallust, *The War With Catiline*, LII.

加图在演说中承认，当紧急情况出现时，向神祈祷是没有什么作用的，只有忠告、决定和行动才是有用的。

撒路斯特对待神灵和命运的态度体现出他作为一个史家所具备的较高史识。他很少提到神灵，甚至在他仅有的两次对神谕的描述中，神谕的作用只是让人放弃勇气和智慧，靠不正当的手段来获得成功。他不相信神灵的作用。在他的书中，所有重要的事情都是人努力的结果而并没有依靠神灵的帮助，只凭神灵是没有希望的。他的这种思想在今天的人们看来仍然是值得赞赏的。

但他对待命运（fortunam,fortuna）的态度就比较微妙了。在他的书中，命运有这样几个含义：机会、幸运、天数、侥幸和神佑等。在谈到该如何处置喀提林等人时，恺撒和加图分别阐明了自己的观点，恺撒在他的演说中提到了命运，他是这样说的：

> 但是，也许你会说，谁会抱怨通过一个反对叛国者的法令呢？我要回答，时间，流逝的岁月还有命运，它反复无常，支配着这个国家。[1]

表面上看来恺撒眼中的命运是不可捉摸的，但是最后他反对严厉惩处喀提林等人的建议没有得到元老们的同意，还是加图的主张获得了更多人的支持，在罗马被抓住的反叛者被判处了死刑。在这个过程中是人而不是命运控制着罗马。

在《朱古达战争》中，苏拉与波库斯谈话时也说到了命运：

---

[1]　Sallust, *The War With Catiline*, LI.

　　但是既然人的际遇主要还是由命运来控制的，而且它看来既乐于让您体验我们的力量又乐于让您感受我们的善意，那么现在就赶忙在它给您这样一个机会的情况下把您已开始的做法继续下去吧。①

马略也重视命运的作用：

　　马略在几天的辛苦后，他在焦急地考虑是放弃这没有结果的进攻，还是等待他以前经常享受到的好运的眷顾。②

　　在第一个例子中，苏拉提到的命运实际上是指机会，罗马通过战争为自己争取到军事上的优势，波库斯害怕罗马，担心自己的国家受到威胁，所谓"命运的控制"归根到底还是人的作用。没有罗马军事上的胜利，波库斯就不会担心一旦朱古达失败，自己的处境将会非常危险；而且如果没有罗马在军事上的优势，苏拉也不可能获得同波库斯谈话的机会。与其说是命运带来的好运，不如说是人事努力的结果。第二个例子是描写马略攻打放置国王财宝的要塞时，由于要塞地理位置的优势，马略久攻不下，上面提到的那句话就出现了，但随后发生的事情很快证明了这里所指的命运还是机会，因为后来马略手下的士兵在攀爬岩石收集蜗牛时，无意间发现了上山的路径，马略下令让士兵从这个地方偷袭上去，攻下了这个要塞，马略终于了摆脱困境。

---

① Sallust, *The War With Jugurtha*, CII.
② 同上书, CIII.

还有一个例子，撒路斯特在介绍苏拉时是这样说的：

> 在他取得内战胜利之前，他是所有人中命运最好的，但是他的幸运从来没有超过他所应得的，很多人无法说清，他到底是更勇敢些还是更幸运些。[①]

这里的幸运是指机遇。苏拉并没有在一开始就参加到朱古达战争中来，但在战争最关键的时刻苏拉的作用是不可低估的。他冒着危险同波库斯谈判，恩威并施，劝说波库斯同罗马合作，最后帮助罗马抓住朱古达。在撒路斯特看来，他非常幸运，因为他抓住了机遇，但这个机遇的获得是有条件的：一方面罗马对努米底亚的压力已足够大，波库斯不得不为自己考虑后路了；另一方面苏拉非常勇敢而且富有智慧，尤其是他在会见波库斯时对国王所做的劝说，他提醒国王罗马的勇敢是他可以看到的，而罗马以后给予他的好处将会超过他所遇到的不幸。

在《喀提林阴谋》中撒路斯特也提到了命运：

> 当罗马统治的对手迦太基被彻底毁灭，所有的海洋和陆地都畅行无阻的时候，命运却开始变得残酷起来，把我们的全部事务弄得毫无秩序。[②]

撒路斯特一直认为，迦太基的陷落使得罗马失去了可以使它保持警惕的外部力量，这导致罗马的衰落，所以这里提到的命运也不是什么神的力量，归根到底还是人在起作用，尤其是罗马人

---

① Sallust, *The War With Jugurtha*, XCV.
② Sallust, *The War With Catiline*, X.

自己的所作所为。

从这些事例中分析"命运"一词的含义时，可以看到它更多的意思是机会或机遇，而不是神灵的作用。撒路斯特承认命运并不意味着拒绝勇气和智慧，成功与否在于人是否抓住了这些机会，谋事在人。撒路斯特较多地提及命运是他矛盾心理的表现。他经历过战争也经历过政坛上的钩心斗角，他何尝不明白人才是主宰国家事务的最重要力量，但现实却是残酷的，贵族和平民道德的沦丧使他心灰意冷。当他不得不为种种社会现象的出现作出合理的解释时，他找不到更好的理由于是只好用到了"命运"。这既是问题的答案，更是他的疑惑。他没有能力找到更有说服力的原因来解释事件出现的原因，道德不可能解决所有的疑问。准确地说，命运只是一个借口，它让撒路斯特暂时躲避了一个个疑问。可以看到，在宣扬道德时他是那么的理直气壮，用命运解释原因时又是那么的无奈。撒路斯特没有看到超越人类理智和激情的动力，在他看来命运更像是机会，而不是天注定。①

（二）关于人性

撒路斯特的人本史观还体现在他对人性的重视上，他在书中多次提到人性（natura）②并探讨了人性善恶的问题，这和他著

① Ronald Syme, *Sallust*, 1964, p.246.
② 易宁、李永明的《修昔底德的人性说及其历史观》一文中，从词源学角度分析了"人性"一词的含义及演变。他们认为在修昔底德的《伯罗奔尼撒战争史》中"人性"一词有较为广泛的含义，包括天生的、自然而来的个体的人、群体的人以及人类所共有的品性、能力、生理特征等等。修氏特别关注的是与重大历史事件有关的人类所共有的本性，即人追求权力、财富和荣誉的欲望、好斗性以及人的情绪等等。欲望、好斗性和情绪等人类非理性的本质是永恒不变的，然而它们又通过具体变化着的人的行为表现出来，以不同的方式表现出结合或冲突，从而形成人类的活动。

史的初衷有很大的关系。撒路斯特写作的动机就是要记录下罗马历史上值得追忆的事件，他不仅叙述历史而且还致力于分析历史事件产生的原因。他分析喀提林阴谋出现的原因时，先说喀提林的性格与事件的发生有很大的关系。①喀提林有超出常人的强壮身体，他胆大妄为，不讲信义，翻云覆雨，他的品性毫无可取之处，贪婪和野心汇集在他身上，使他做出许多难以置信的事情。也就是说，喀提林的人性是导致阴谋出现的必然原因。在《朱古达战争》中，论及元老院一直拒绝帮助阿多儿巴尔出兵努米底亚时，撒路斯特认为元老院中某些人的贪婪本性把人性中善的一面掩盖了，这使他们无法公正地处理与朱古达的关系，这种现象在斯考茹斯身上表现得尤为突出。斯考茹斯渴望权力、荣誉和财富并且善于掩盖自己的缺点，这都是很正常的事情。②按照撒路斯特的看法，野心——尤其在追求权力和荣誉时，还不算太违背道德。③在罗马，因为看到许多人不顾及脸面，明目张胆地进行贿赂，斯考茹斯还担心严重的腐化行为会引起公愤，因此克制了自己的私欲。④后来他同卡尔普尔尼乌斯来到了努米底亚，在朱古达巨额贿赂的引诱下，他所有的美德都被贪婪抵消了，他放弃了对荣誉和德行的追求，走上了背叛国家的道路。在刻画喀提林、显普洛妮娅、朱古达、梅特路斯、马略和苏拉时，撒路斯特也都从他们的人性出发来分析罪恶产生的原因。我们从中可以看到，撒路斯特认为人性，譬如野心、贪欲、对权力的追求既是普遍的

① Sallust, *The War With Catiline*, IV.
② Sallust, *The War With Jugurtha*, XV.
③ Sallust, *The War With Catiline*, XI.
④ Sallust, *The War With Jugurtha*, XV.

也是永恒存在的，许多历史事件的发生都可以上溯到人性并在人性中找到较为合理的解释。

撒路斯特人本史观的另一特点就是以人为中心，关心的是人事，他把人事与人性紧密结合在一起，人性的善恶决定了人们处事的方法。撒路斯特认为，人性本来是伟大的、崇高的，它不缺乏力量或是耐力，它缺少的只是勤奋。[①] 当人们通过德行来争取光荣时，人性也得以提升；当人们陷入懒惰和肉体的享乐时，人性中恶的一面就战胜了善。[②] 他认为保持人性中善的一面是一件非常困难的事情，而人性中的恶战胜善是容易和普遍的事情。《朱古达战争》一书中，除了努米底亚一方的朱古达、米奇普撒、希延普撒尔之外，罗马方面也不缺乏人性堕落的人物。譬如奥路斯、梅特路斯、马略和苏拉。奥路斯为了自己的荣誉或者是由于朱古达对他的贿赂，在他兄弟离开时盲目进攻苏图尔，结果致使罗马军队被包围，他也被迫接受了朱古达提出的屈辱性投降条件。[③] 梅特路斯、马略为了个人之间的利益争执而置国家的利益于不顾。当梅特路斯得知马略竞选为执政官后，他有意地改变战争进程，因为他不希望自己努力的成果给马略带来什么好处，于是战争人为地停顿下来。[④] 在撒路斯特的叙述中，马略本来是一个优秀的军事将领，他勤劳、正直、作战时具有百折不挠的精神、和平时期的作风谦逊朴实。但当梅特路斯干涉他的竞选时，人性中恶的一面很快表现出来，为了达到个人目的，他不惜诋毁

---

① Sallust, *The War With Jugurtha*, I.
② 同上书，I.
③ 同上书，XXXVIII.
④ 同上书，LXXXIII.

梅特路斯的名声，"他使自己受到了最坏的顾问、野心和愤怒的摆布了"。① 苏拉一出场，撒路斯特就毫不掩饰自己对他的厌恶："至于他后来的所作所为，我不知道人们在提到它时，是应当感到羞耻还是应当感到悲痛。"②

由此可见，撒路斯特认为人性可以在外界的影响下发生改变，人性的善恶转变只在转瞬之间，保持美德是困难的事情，人性中恶的一面总是很容易地暴露出来。朱古达年轻的时候身体强壮，智力超群，他长大以后也没有让自己沾染上奢侈和懒惰的恶习，他遵循本民族的习惯，骑马、投枪、击剑……他的名声超过了所有的人，但是他仍然赢得了所有人的爱戴。③ 被派往努曼提亚时，他的勇敢得到了普布利乌斯·斯奇比奥的赞赏。④ 但后来由于受到罗马同伴恶劣品质的影响和教唆，朱古达逐渐堕落了，他堕落的原因除了他本身对权力的渴望外，还有周边环境的影响。后来他把屠刀举向自己的兄弟时，谁能够说这一切事情的发生只是朱古达品质的改变而没有其他人的原因呢？首先是米奇普撒对朱古达的嫉妒。对米奇普撒来说，把朱古达派往努曼提亚就是为了让他牺牲在战场上，他不希望看到朱古达在能力和威望上超过自己的亲生儿子，这是他人性中自私的一面。如果说这是由于父亲对儿子的关爱还能够让人理解的话，那么在米奇普撒去世后，希延普撒尔对朱古达的公开歧视以及对他父亲收养朱古达的反悔就证明他的人性中也缺乏善良和宽容。撒路斯特在描写朱古

---

① Sallust, *The War With Jugurtha*, LXIV.
② 同上书，XCV.
③ 同上书，VI.
④ 同上。

达的转变时，并没有只是简单地在朱古达身上寻找原因，他同时也在关注所有人的人性，人性的善恶是可以相互影响并转变的。

从上面的描述我们可以得出这样的结论，首先，撒路斯特认为人性中同时拥有善和恶的东西，向善和向恶还要看人们在追求目标时采取什么样的手段。因为所有的人都有对光荣、荣誉和权力的期待，通过正当的手段争取它们是完全合理的。[①] 其次，由善向恶的转变是一个普遍的问题，无论在罗马还是在远离罗马的努米底亚都存在这样的现象。最后，人性中恶的因素能够战胜善的原因是多样的。奥路斯、梅特路斯和马略是由于个人的私欲得不到满足，人性中恶的一面就占据了上风，这种私欲包括对权力的野心、对荣誉的追求、对别人的嫉妒等等。朱古达人性的转变还有其他的原因，他的转变在撒路斯特看来更多的是受到外在因素的影响，譬如罗马同伴对他的劝告、米奇普撒和希延普撒尔对他的戒心等。这些因素又同这个社会道德的堕落有关。一个不好的环境会使许多本来性善的人成为恶人，这既是朱古达的悲剧，更是罗马的悲剧。

当撒路斯特对罗马现状感到失望，对罗马的未来丧失信心时，他眼中的罗马也不再有从前的和谐了，贵族滥用他们的地位，人民则滥用他们的自由，他们每个人都在为自己打劫、抢夺和抄掠。[②] 在这样的环境中即便是高尚的人保持自己的德行都是一件困难的事情，更何况那些心中不乏贪婪、私心、欲望的人。外在和内在的条件结合在一起，趋善成为困难的事情，人性向恶

---

① Sallust, *The War With Catiline*, XI.

② Sallust, *The War With Jugurtha*, XLI.

却成为社会发展的必然趋势。这就是撒路斯特对人性的看法，这也是他不愿接受的现实。

在评价撒路斯特在罗马史学史上的地位时，更多的人看重他的文学才能，认为撒路斯特在对语言的驾驭上有着非凡的能力，他的文字古朴、典雅，这是他的史书能够在漫长的历史中得以保留的主要原因。但通过对其文本的分析，我们看到撒路斯特的人本史观更显示出他作为一个优秀史家所具有的过人之处。他不看重神谕、神灵，也不会把成功的希望寄托在空泛的命运或是机会上，在他的眼中，神谕和神灵不能对人有什么真正的帮助，所谓的命运实际上也是人事努力的结果。他重视的是人的作用。他的史书是对人事的叙述，它描写了人的才智、人的努力和人性的善恶。世事纷纭，影响社会进程的只能是人而不会是其他任何东西，这是撒路斯特史书中一贯坚持的准则。

二　如何写作历史

与撒路斯特同时代的西塞罗曾给卢西乌斯写过一封信。在信中，西塞罗向卢西乌斯提出了写作历史的请求并阐述自己对历史写作的一些基本看法。通常说来，历史学家一般都宣称自己的写作是不带任何派别偏见的，也不会因为自己的私心而影响到作品的公正，这是史家可靠性的表现，也是史家必备的基本条件之一。但西塞罗劝说卢西乌斯把这些顾忌放在一边，要"详细叙述"他在阴谋中的作用，这在常人看来是一个非常过分的要求，正如他自己承认的：

> 所以我坦白地重复我的请求——投入比你觉得更多
> 的热情来精心写作我的活动，在这个过程中不要考虑历
> 史的原则：不要避免你在序言中高兴地讨论过的这个偏
> 见，如果这让你对我更有感情的话……让我们相互的感
> 情超越事实吧。①

卢西乌斯拒绝了西塞罗的请求，西塞罗最终没有找到一个史家愿意写作他所认可的喀提林阴谋，这并不让人吃惊。让人惊讶的是西塞罗缺乏对写作历史所需的原始资料的重视，过分强调历史的实用性，② 在他看来为了现实需要历史可以被改编。那么西塞罗是否清楚历史求真求实的基本原则呢？这个问题可以在他的书中找到答案。在西塞罗给卢西乌斯寄去这封信后的七个月，他出版了《论演说家》一书，书中详细地论述了历史写作的基本原则：

> 历史的第一个原则就是不能说虚假的事情，第二
> 个原则是不可有任何的不真实：当你写作的时候不要有
> 偏见或是反对的怀疑。当然这些基本的东西对任何人都
> 是一样的，但是，真正的上层建筑是由内容和风格组成
> 的。在本质上，内容就是要求事件的编年顺序和地理上
> 的描述。但是在对待重要的和值得纪念的事件时，读者

---

① Cicero, *Letters to His Friends*, V.XII.
② 历史的实用性同实用主义的历史是有区别的。在汤普森的《历史著作史》中，他对实用主义历史的定义是：把注意力集中在事件所表现的动机、宗旨和目标上，把事件看作是特定意图产生的结果，把这些事件大部分可以追溯到人的意愿和情欲，追溯到纯粹的心理状态。在他看来修昔底德是实用主义史学的典型代表人物。（参见汤普森《历史著作史》上卷，第一分册，商务印书馆1996年版，第41页）

首先想知道的是它们的目的，其次是事件本身，最后才是他们的结果。所以在内容上你有必要显示出你是否赞同这个目的。你还要弄清楚不仅要怎样说还要如何说。当你说出结果时，你要解释所有的原因，是运气、智慧还是轻率。你不仅写出人物的实际成就而且要写出这些有名声、有声望的杰出人物的生活和特性。另一方面还要注意风格和演说的类型。①

这一段话给人留下很深的印象，因为这些话同许多现代学者所阐述的历史写作原则非常一致：史家必须在叙事和分析中、在纪年方法和主题之间达到一种平衡，而且纯粹的叙述是必要的。②

历史这个建筑物是由内容和风格组成的。要注意编年顺序，在内容上要关注叙述的准确性，在介绍事件时要包括目的、过程和最后的结果。③写作风格体现在史家对史料的处理方式上。首先，我们可以肯定历史学家的可靠性在于他没有偏见这一推论。但也要看到的是现在的客观性标准不能用来要求古代希腊、罗马的史家。这些史家在某些方面同演说家一样，擅长利用枯燥的原始资料作详细的叙述以便写作出一篇让人满意的文章，文章中包括对地点和地形的描述、对结果和发生原因的分析、对参与者及他们行为的道德判断。④在演说术中，这种"虚构的叙述"和"重建"用拉丁术语来说就是"inventio"（发现）。历史同演

---

① Cicero, *De Oratore*, II.LXII－LXV, London：Harvard University Press, 1988.

② A.D.Woodman, *Rhetoric in Classical Historiography: Four studies*, Portland, Oregon：Areopagitica Press, 1988, pp.80－81.

③ 同上书, II.LVI.

④ 同上书, II.LXIII.

说术毕竟不是一回事，虚构、重筑的标准归根到底是不一样的。我们看到像撒路斯特这样的历史学家是如何把推断的细节看成是理所当然，① 在他的书中许多设想的东西被当作事实看待：例如将军在战斗前所发表的演说，或是描写战争的喧闹与恐怖，或是密室中的谈话，它们也许会很正当地被加入到作品当中成成事实。这样推断出来的细节当然不可能是真实的，但当时许多历史学家们并不认为这样做是不诚实、不可靠的表现，而更愿意相信这就是正当的写作。昆体良在1世纪末写下了下面这段话，建议公开演说者如何详述一个城市被袭击的主题，他的话对当时的历史学家同样适用：

> 毫无疑问完整地叙述"城市被袭击"包含的所有事情都意味着处于一场灾难之中，但是简单的公报是没有感情效果的。如果你详述的所有事情都暗含着这个词"被袭击"，房屋和神殿将被卷入火焰，可以听得见掉下来的屋顶的碰撞声，喧闹中有各种各样的声音，有些人盲目地逃离，其他的人则紧紧地拥抱在一起……所有这些事情都包含在"毁灭"这个词的含义里面，这是真实的，但是更多的是对局部的叙述而不是对整体的叙述。我们将通过似是而非的生动事实来达到我们的目的。虚构一些通常都会发生的事件是合理的。②

---

① 所谓的第一次喀提林阴谋，在撒路斯特的书中和苏维托尼乌斯的书中对这次事件的方式过程都有记录，但是两书的记载是截然不同的。在撒路斯特的描述中，喀提林理所当然是第一次喀提林阴谋的主谋，但是在苏维托尼乌斯的记录中，主谋却变成了恺撒和克拉苏，喀提林的名字甚至都没有出现在他的笔下。直到现在，对所谓的第一次喀提林阴谋和阴谋的参与者到底有谁还是史学界争论的问题之一。

② Quintilian, *Training in Oratory*, VIII.III.67-70, London: Harvard University Press, 1996.

　　卢西乌斯拒绝了西塞罗的请求，没有写作有关西塞罗在喀提林阴谋中作用的文章，后来撒路斯特却完成了自己的《喀提林阴谋》。在政治上，撒路斯特是不赞同西塞罗的，但他并没有刻意地贬低西塞罗在处置这场阴谋时所起的关键作用。最早觉察到阴谋的人就是西塞罗，屡次在元老院会议上提醒元老们要及早防备喀提林的也是西塞罗，最后在恺撒和加图的辩论后，又是西塞罗提出要尽快处决这些阴谋参与者。撒路斯特没有像描写恺撒或是加图那样对西塞罗的性格和美德做一个全面的描述，但是他注意到这样一件事情，其他的史家也意识到这一点：由于西塞罗的作用而夸大了喀提林阴谋的危险。① 所以塞姆在评价《喀提林阴谋》时说到："当他决定要成为一个史家时，他低估了这个任务显而易见的、基本的困难。他是一个笨拙的写作者，却是一个仔细的创作者——尽管有些草率和不那么准确。"② 撒路斯特没有忽视西塞罗在处理危机时的重要作用，但是也没有过分强调所谓第一次喀提林阴谋对罗马的威胁。但是有一个细节却是值得注意的，那就是在作品的七个直接演说中，没有给西塞罗四篇著名的反喀提林演说留出位置。③

① Dio Cassius, *Roman History*，XXXVII.42，London：Harvard University Press，1984.
② Rinald Syme, *Sallust*，Berkeley．Los Angeles．London：University of California Press，1964，p.136.
③ 有学者认为撒路斯特写作这部书时，西塞罗的演说已经发表了（在撒路斯特的书中就提到这件事情，见The War With Catiline，XXXI），所以他没有必要重复这些演说，因为《喀提林阴谋》的篇幅本来就不长；但也有人认为撒路斯特不插入西塞罗的演说是出于对西塞罗的不满，这种不满包括两个方面：一是写作风格上两人是不同的，西塞罗的演说一旦加入会破坏作品的协调。二是由于政治上的原因而不愿过多的提到西塞罗。但是从撒路斯特的作品来看，缺少西塞罗的演说并没有影响到对喀提林事件的叙述。

　总的看来，撒路斯特在写作中还是保持着客观性的。首先撒路斯特挑选的主题都是他非常熟悉的。事件发生的时间与他写作的时间相隔不长，这样他可以选择的史料更加丰富，这是保证史书准确无误的一个基本前提。罗马历史编撰学所依靠的原始史料主要包括立法、行政命令、行省总督和将军的报告、人们之间往来的信件、演说等。此外还有些人会写作回忆录，这可以作为他们正式报告的补充，这种方式在罗马共和国末期是比较流行的。[①]在撒路斯特的书中，可以看到他利用了多种形式的史料。其中最多的就是元老院的命令，例如，曼利乌斯在费祖来发动战争后，元老院所做的军事部署；[②] 喀提林离开罗马同曼利乌斯会合后，元老院发布的宣布喀提林等人为国家敌人的命令；[③] 就如何处置阴谋者而召集的元老院会议上，元老们的讨论和发言；[④] 罗马元老院让朱古达来到罗马接受元老们的质询；等等。[⑤] 其次是信件。它包括路奇乌斯·赛尼乌斯在元老院会议上宣读的来自费祖来的信件，报告说曼利乌斯已经在那里发动了战争；[⑥] 喀提林给克温图斯·卡图路斯的信件；[⑦] 朗图路斯让沃尔图尔奇乌斯带给喀提林的信件，如果把这封信和西塞罗第三次反喀提林演说中引用的这封信的内容进行比较的话，除了个别单词不同外，在意思

---

① A.H.McDonald, Theme and Style in Roman Historiography, *The Journal of Roman Studies*, vol.65.(1975), p.3.

② Sallust, *The War With Catiline*, XXX.

③ 同上书, XXXVI.

④ 同上书, L.

⑤ Sallust, *The War With Jugurtha*, XXXIII.

⑥ Sallust, *The War With Catiline*, XXX.

⑦ 同上书, XXXV.

上是没有什么差别的；① 斯奇比奥给米奇普撒的信件；② 阿多儿巴尔给元老院的信件等。③ 另外，还有学者考证出撒路斯特在书中还使用了更早的编年史；他利用了阿米利乌斯·斯考茹斯、茹弗斯和苏拉的自传作为补充材料。④ 在《朱古达战争》中，有关朱古达最后被活捉的描述就来自苏拉的叙述，撒路斯特把它作为自己作品的高潮性结尾。当然还有演说，这是撒路斯特作品的一个特色。可见，他所使用的史料范围是非常宽泛的，凡是能够帮助他复原事件的史料他都会采用。

　　但是史料的丰富并不能够证明撒路斯特就一定能在写作中像他所说的一样保证客观的态度。学者们对他争论最多的也是这个问题。在他隐退之前，他的政治倾向性是明显的。他在恺撒的庇护之下总能够在罗马政坛上站稳脚跟：被驱逐出元老院又重新恢复元老的身份，因为受贿被起诉后又免予起诉，种种情形使人不得不怀疑他写作史书的动机。但有些问题还需要具体分析。第一，在处置喀提林阴谋过程中，起决定作用的是西塞罗而不是恺撒，如果要为恺撒树碑立传的话，他完全可以挑选一个更合适的话题而不是喀提林阴谋。第二，撒路斯特在书中提到的写作动机是值得信赖的。他说自己在退出政坛后，不再有任何的私心和欲望，所以能够客观地叙述罗马的历史，而且在他看来写作历史是为罗马服务的另外一种方式。一直有人认为撒路斯特的隐退是不

① Sallust, *The War With Catiline*, XLIV.
② 同上书, VIII.
③ Sallust, *The War With Jugurtha*, XXIV.
④ Ronald Mellor, *The Roman Historians*, London and New York：Routledge, 1999, p.39.

情愿的。他的这种选择是否出自内心我们不得而知，但是在恺撒去世后，他也很快就失去了元老资格，可见他个人的政治命运同罗马社会的发展、变化是联系在一起的。在这样的境况下，他的写作与其说是为了发泄自己的不满，不如说是对社会发生如此巨大变革的一个思考。第三，撒路斯特的写作风格也给他带来许多的争议。戏剧性的叙述手法、雄辩的演说在现代人看来似乎过于看重艺术上的修饰，但也必须注意到古代史书的写作同现在是不一样的。利用推断出来的情节、作者创作的演说、凭空想象出来的细节以达到叙述更加生动、更加具体、更加吸引人的目的不仅是演说家的渴望，也是某些历史学家的期待。[①] 在西塞罗《论演说家》中的谈话者看来，罗马早期历史学家不重视对著作的润饰，他们写作的只是简单的年代纪，但是在希罗多德、修昔底德、菲利斯托斯、色诺芬、提迈奥斯的影响下，罗马后来的史家才开始注重语言风格，尽可能地修饰自己的作品。[②] 撒路斯特当然也不能避免这种文风的影响。譬如我们前面屡次提到的喀提林在密室中同阴谋者的谈话、朱古达在离开罗马时对罗马的议论，这些东西很明显不会是真实的事情，至少不是撒路斯特亲耳听到的东西，最多只是一些市井传说，撒路斯特把这些传闻进行文学再创作后，放入自己的著作中。现在看来这些情节的加入不仅不会让人怀疑其作品的客观性，反而能让我们更好地了解当时史家的写作特点：他们看重自己肩负的史学使命，尊重事实，同时相

① 在撒路斯特的书中这样的夸张是存在的，在后来罗马其他的史家著作中也可以看到为了生动而不惜牺牲事实的做法。比较明显的就是苏维托尼乌斯的《罗马十二帝王传》，他在书中记载了大量的神谕和传言。
② Cicero, *De Oratore*, II.LIV – LXIV.

信文学写作技巧在史书著录中也是不可或缺的。

　　无论是叙述喀提林阴谋或是介绍朱古达战争，撒路斯特都非常重视事件的完整性。对背景资料、阴谋或是战争的过程直至最后的结局都有详细的描写。尤其是在《喀提林阴谋》中，除了介绍了阴谋产生的社会原因外，还插入了所谓的第一次喀提林阴谋；叙述了喀提林再次密谋夺取罗马政权到最后使用武力公开同罗马军队对抗；在文本的最后，还用较多的篇幅描述了喀提林的战前演说以及喀提林战死的场景。

　　客观性、准确性、可读性、完整性对撒路斯特来说都是重要的事情，在现代人看来言与行的统一是必需的。无论是古代还是现代的史家就如何看待二者之间的关系问题上并没有实质性的差别，有的只是做法上的不同。撒路斯特和他同时代的作家，譬如西塞罗，都认为史书写作中包含一定的艺术加工，这是再正常不过的事情。从现代史家的观点来看，事实与艺术加工虽然不是天敌，但是无论怎样，事实总是第一位的。他们认为史家不是浪漫主义者，也不是诗人，它记述过去真实发生的事情，不能虚构想象，不可任意夸大无关紧要的情况，也不能视若不见。① 古代和现代史家对这两者关系的看法是社会发展的产物，是随着时代的变化而变化的，都有其合理性和可行性，什么样的时代有什么样的史家，什么样的史家有什么样的风格，这都是自然的事情。当然在西方史学史上有修昔底德和波利比乌斯这样在史识上远远超过同时代其他史家的人，尤其是后者，他是古代罕见的对史学进

---

① 转引自郭小凌编著《西方史学史》，北京师范大学出版社1995年版，第363页。

行深入理论思考的思想家。[①]

　　撒路斯特所理解的客观性、准确性和我们所理解的客观性、准确性肯定是不同的。我们不能用我们所理解的客观性、准确性和科学的写作方法的框框来限制和要求两千多年前的人们。在撒路斯特时代，他们那样的写作方法是可以让人接受并受到欢迎的。如果现在的人们用我们所理解的客观性和准确性来要求他的话，对撒路斯特未免也太苛刻了。何况即便现在的史家在探讨问题时也不能完全避免主观因素对观点的影响。

　　总之，撒路斯特没有把历史看成是简单的书面记录。当他通过道德这个视角来观察罗马社会的发展和变化时，他也许更能体会到历史对社会风气所具有的教化作用。因为他是罗马贵族品格经历历史性巨变的目击者和亲身实践者，他深知贵族腐败的症结所在。从政坛退出使他有了冷静观察他人尽兴表演的机会，[②] 所以他在书中屡次强调自己正是由于上述原因从而具备了客观写作史书的条件。当然后来的学者们在研究他的作品时提出这样一个问题：撒路斯特同恺撒、西塞罗、加图等人之间的微妙关系在多大程度上影响了他史书的准确性、客观性？迄今为止对这一问题的研究还在继续，争论也在继续。但是在他的作品中，尤其是在《喀提林阴谋》中，加图和恺撒的著名辩论可以为我们提供这样一个例证：撒路斯特并没有公开美化恺撒，他也没有肆意贬低恺撒的政敌——加图。相反，在书中，他的叙述充满了对加图的敬

----

① 　郭小凌：《克里奥的童年——古典西方史学》，辽宁大学出版社1994年版，第119页。
② 　同上书，第141页。

意和尊重。如果非要把这样的描写看成是撒路斯特故意掩饰他同恺撒的亲密关系，或者像有的学者所说是要为恺撒辩护的话，未免也太牵强了。① 他同恺撒的友谊不是秘密的事情，掩饰这样的关系也是徒劳的。撒路斯特经历过罗马共和末期残酷而激烈的政治斗争，他不是一个纯粹的文学家，而是一个圆滑的政客，然后才是一个史家。他如果只是出于派别的原因而写作这两部史书的话，也许我们今天看到的《喀提林阴谋》《朱古达战争》就该是另外一种样子的了。

西塞罗认为历史写作必须遵循三个原则：不能有谎言、不能有不真实、写作时不可有偏见。② 撒路斯特在实践领域内同样也表达了对历史编撰学的看法。他首先强调自己已退出政治生活，心情也归于平静，而且更重要的是这时他已经不再有所希求，不再有恐惧，不再有派系的偏见，他要做的只是尽可能忠实地叙述事件。③ 这是他写作的指导思想和根本原则。正如唐纳德·R. 凯利所说：撒路斯特在《喀提林阴谋》第三章中有关历史使命的宣言预示了兰克及其学派所自封的科学历史学的前提。④

三　历史价值观

在古代罗马，一个人要获得好的名声是同具备美德联系在一起的。撒路斯特非常重视道德对人们行为的教化作用，因而他不

---

① M.L.W.Laistner, *The Greater Roman Historians*, Barkeley and Los Angeles: University of California Press, 1963, p.47.
② Cicero, *De Oratore*, II.LXII, London: Harvard University Press, 1988.
③ Sallust, *The War With Catiline*, IV.
④ 唐纳德·R. 凯利：《多面的历史》，陈恒、宋立宏译，生活·读书·新知三联书店2003年版，第96页。

厌其烦地把古代罗马和他那个时代的罗马做比较，所以总有人说撒路斯特的作品里最不缺少的就是强烈的说教。希腊和罗马史家对道德的关注在撒路斯特的著作中达到了极限。①

其实不仅是撒路斯特，很多罗马史家都关心政治问题中的道德尺度，他们都关心逝去的黄金时代，并不断地探究罗马共和国衰落的原因。在他们看来，罗马国家比之前的任何帝国都要强大，但是它的道德观和政治机构已经从内部开始腐烂了。征服、财富以及文明本身逐渐腐蚀了自由、勇敢的罗马人民，带给他们的是新的君主政体。在撒路斯特、李维、塔西陀和阿庇安的书中我们都可以发现他们在讨论罗马存在着自由与专制、政治和社会机构的冲突。可以说在很长的一段时间内，道德的问题都是历史学家关心的重要问题。

撒路斯特从政治中隐退，回到他奢华的"撒路斯特花园"，若仅为消磨余生的话，他本来可以有很多的选择，即使他不愿意"把宝贵的余暇用来过那种饱食终日无所用心的生活，也不想把农活和狩猎这种奴隶的活计用来派遣时日"②，他也可以做其他许多有意义的事情。但是他最终选择写作历史，而且他还提到历史写作是他过去向往的志愿，只是不祥的野心使他偏离了这一志愿，现在他决心撰述罗马人民的历史，把值得后人追忆的事件挑选出来，笔之于书。③ 所以他很看重自己肩负的历史使命，他提到"为国家建功立业是光荣的，用语言为国家服务当然也不应该

---

① Michael Grant, *The ancient historians*, p.207.
② Sallust, *The War With Catiline*, IV.
③ 同上。

受到轻视。无论在和平时期还是在战争时期人们都可以使自己成名。不仅仅是那些有所作为的人，还有记录这些行为的人也值得我们称赞"[①]。通过这些话，我们知道撒路斯特认为历史对社会是有价值的，他不会把时间浪费在对国家和人民没有用处的事情上。在撒路斯特看来，当时的罗马充斥了太多受制于口腹之欲、贪图安逸、没有文化、没有教养的人，他们只有肉体，只知道肉欲，精神这种人神共有的东西反而被人们忽视了。[②]越来越多的罗马人面对自己祖先的面具时不是在想祖先是靠什么获得了这样的荣誉，他们关注的不再是先人的丰功伟绩，而是要同他们的祖先比财富和豪奢，公正、勤劳和团结的美德被越来越多的人忘记了。[③]以前的罗马人在外建功立业，他们能够忍受任何的劳苦，手持任何武器的敌人他们都不畏惧，他们为罗马攻城掠地，但是后人却逐渐忘记了他们的勇敢和诚实。[④]这是撒路斯特最担心的事情，迦太基的陷落使罗马丧失了对外敌的恐惧和警惕，长时间的和平给人们带来的是精神上的懈怠。他希望自己的写作能够为罗马保留下值得记忆的事件，希望能够提醒人们，罗马的辉煌正在消逝。所以他特别强调："在智力的追求中，记述过去的事情是特别有用的。"[⑤]他不害怕自己被别人看成是懒散的人，相反，他认为自己的"无所事事"较之别人的积极活动对国家会有更大的利益。[⑥]雅典人的功业由于他们作家的非凡才能被夸大

---

① Sallust, *The War With Catiline*, III.
② 同上书, II.
③ Sallust, *The War With Jugurtha*, IV.
④ 同上书, VII.
⑤ 同上书, IV.
⑥ 同上。

了，他们取得的丰功伟绩并没有盛传中的那样出色。在罗马，从来没有这样的人来记录自己的事业，他们中间有才能的人总是从事实际的事务。[①] 在道德堕落之前，罗马没有人来记述自己的英勇行为是可以的，但现在的社会环境下，追忆历史是必需而紧迫的工作。在他看来，罗马缺少的不是所谓的政治家而是对过去的反思。这也正印证了这样一句话，在罗马，历史编撰学不仅是对过去的记录，不仅是怀旧，他们相信历史的作用会影响未来，历史是政治生活的延伸。[②] 撒路斯特正是在这样思想的引导下，开始了他的写作。在对历史的看法上，与他政见不同的西塞罗倒是做了很好的总结：

　　　历史见证了过去，照亮了真理，是记忆的保留，是生活的老师，带来了远古的信息。[③]

　　西塞罗《论演说家》中的这句话应该也是撒路斯特历史价值观的较好写照。

---

① Sallust, *The War With Catiline*, VIII.

② Ronakd Mellor, *The Historians of Ancient Rome*, New York：Routledge, 2004, Introduction 12.

③ Cicero, *De Oratore*, II. XXXVI.

第二节

撒路斯特在西方史学史上的影响和地位

一 撒路斯特对前人的继承和对后人的影响

（一）撒路斯特——罗马的修昔底德

撒路斯特的著作中没有提到一位希腊史家的名字，但是说他没有受到希腊史家的影响却是不客观的。他的书中多次论及希腊的史学和希腊的史家，[①] 而且他还特别提到雅典和拉西戴梦人的征服战争，[②] 这表明他对希腊的历史和史学是关注的。

修昔底德是古代希腊最伟大的现实主义史家之一。撒路斯特在几个方面同修昔底德有相似之处：首先在语言上他们都有共同的特点——简洁；其次，在写作风格上，他们都擅长利用演说来刻画人物，表达自己的观点；第三，他们作品的主题都围绕着政治和战争，他们选择使用的史料同主题紧密相关；第四，他们都

① Sallust, *The War With Catiline*, VIII.
② 同上书, II.

擅长使用插叙作为对主题的补充或是升华；第五，最重要的是修昔底德放弃用超自然的神秘力量来解释事件发生的原因，撒路斯特也没有看到超越人类智慧和能力的动力；第六，他们都从人性出发来解释因果关系，注重心理分析。

修昔底德和撒路斯特分别记录了希腊和罗马逐步由盛而衰的过程。在撒路斯特看来，罗马最大的威胁来自内部而不是外部。虽然撒路斯特在书中提到了迦太基的陷落使罗马失去了外在的对手，也使罗马人失去了以往的团结、勇敢，对物质生活的追求逐渐成为罗马人的目标，但他还是认为罗马政治上的腐败是罗马最大的威胁。而修昔底德在这一点上是不同的，他也认为道德的堕落源于自私的欲望，它腐蚀着雅典的政治体制，可是雅典的衰败不仅有派系之间的争论、竞争，还有城邦间的冲突。修昔底德意识到在伯里克利及其追随者中的争论、弥漫在科西拉人中的仇恨、西西里的远征都成为希腊衰亡的原因，他比撒路斯特更关注来自雅典国外的事件。罗马内部的派系争斗是撒路斯特写作的中心。在修昔底德那里，雅典、斯巴达、科西拉之间的争论都被他引用以说明城邦内部的派系分裂是受到国际环境影响的。所以修昔底德在描述了科西拉人的革命后，这样评论道："这些革命的结果，在整个希腊世界中，品性普遍地堕落了。"[1] 他把雅典、斯巴达和科西拉看成是有机的整体，科西拉的失败也会影响到雅典，对雅典人来说，"这场革命很明显是雅典失败的原因"[2]。

① 修昔底德：《伯罗奔尼撒战争史》，谢德风译，商务印书馆2004年版，第270页。
② Tomas Francis Scanlon, *The influence of Thucydides on Sallust*, Heidelberg：winter，1980，p.25.

　　修昔底德和撒路斯特在描述自己的政治理想时也是不一样的。修昔底德把城邦看做是他政治理想的体现，他对道德的看法同撒路斯特是不一样的。在雅典人同弥罗斯的辩论中，雅典人认为"正义的标准是以同等的强迫力量为基础的；同时也知道，强者能够做他们有权力做的一切，弱者只能接受他们必须接受的一切"①。修昔底德认为政治斗争起源于野心和恐惧，他没有从道德这个角度来解释，相反，他也同意"强权政治"是人类政治的基本原则，承认那些正当运用权力的人是值得赞扬的，"强权政治"并没有违背道德传统，因为伯里克利在阵亡将士葬礼上的演说就表明雅典的政治制度是全希腊的典范。而撒路斯特的政治思想是集中在道德概念上的，撒路斯特倾向于在罗马人身上找寻他所谓的理想道德。在《朱古达战争》中，罗马与努米底亚的冲突是为了帮助他说明罗马对外战争的成败与否是由罗马内部的派系斗争所决定的，是斯考茹斯、贝斯提亚、梅特路斯、马略和苏拉之间的争执导致朱古达战争的久拖不决。当撒路斯特把道德作为解释罗马衰亡的主要原因时，修昔底德却在书中很明确地指出，"使战争不可避免的真正原因是雅典势力的增长和因而引起的斯巴达的恐惧"②。可能正是这一点使后来的许多学者认为，撒路斯特不仅在史料选择的科学性上不如修昔底德，甚至在写作的客观性上和对事件分析的深度上，撒路斯特也稍逊一筹。首先他没有修昔底德那样冷静的客观性，虽然我们也看到撒路斯特在书中一直强调他的写作是在他脱离了政治生涯之后的选择，他不再有任

①　修昔底德：《伯罗奔尼撒战争史》，第466页。
②　同上书，第21页。

何的政治派系的偏见，但是在罗马写作历史同在希腊写作历史还
是有很大的不同的。罗马的历史写作更多地受到道德和政治的约
束，这不是撒路斯特说说就不存在的事情。虽然不可能像某些学
者认为的"拉丁历史写作是肆无忌惮的主观的"①，但是无论是他
挑选的写作题材还是写作时间都已提醒我们，撒路斯特是不能够
忽视当时政治势力对他的影响的，他要更多地考虑政治上的因果
关系。

　　一直有人认为，撒路斯特被修昔底德的政治和心理主题同
时吸引了，并把它们置于罗马背景之中。这种影响连同撒路斯特
拉丁化的修昔底德的特殊风格，使得以后的人们像昆体良、塞内
卡都认为在阅读撒路斯特的书籍时，修昔底德的影像总是出现在
他们的面前。② 修昔底德和撒路斯特同时把不断重复的、痛苦的
派系斗争同人类本性联系在一起。他们都关注人的因素，比较起
来撒路斯特更愿意把人放在舞台的中央，他的写作比起修昔底德
更多的受到感情的影响，③ 但是这个感情不是针对某个个人的好
恶，而是出于他对罗马国家的热爱。比如修昔底德对科西拉事件
的评论和撒路斯特在《朱古达战争》中有关罗马贵族与平民斗争
原因的分析就是很突出的例子。科西拉内战的血腥残酷一定给修
昔底德留下了深刻的印象，他认为整个希腊世界都因此受到了震
撼。在分析事件产生的原因时，修昔底德提到了人性，这里的人
性指的是贪欲、野心，这两者引发的统治欲是所有罪恶产生的原

---

① Ronald Mellor, *The Roman Historians*, London and New York：Routledge, 1999, p.44.
② 同上书，pp.43－44.
③ Ronald Syme, *Sallust*, 1964, p.269.

因。^① 只要人性不变，这种灾殃不仅现在发生了，将来也还将继续发生，尽管残酷的程度或许不同；依照不同的情况，而有大同小异之分。^② 各个派别的人们为了彼此的私利或是阴谋报复、或是违背誓约、或是公开进攻。他们把恶事称之为聪明，而不愿把头脑单纯称为正直。更加可怕的是，在他们从事这样的罪恶时，却打着为公众利益服务的旗号，在这个旗号的掩护下，他们的行为可以不受正义的限制，也不受国家利益的限制。^③ 革命的结果是在整个希腊世界中，古代的淳朴风气逐渐消失了，社会分化为若干阵营，所有的人们在经历了这样的一场革命之后，对其他人都抱着猜疑的态度，社会的和谐一去不复返。《朱古达战争》第41—42章论述了罗马国内派别斗争的起源。在迦太基被摧毁之前，贵族和平民和平而稳健地治理着共和国。但是当人们摆脱了对迦太基的恐惧后，由繁荣幸福而造成的恶果，即放荡和横傲自然而然地产生出来了。苦尽之后人们得到的是加倍的残酷和辛酸。^④ 而且贵族和平民之间的矛盾也显现出来，贵族内部的派系斗争也愈加激化，一派不择手段地想把另一派压倒，并极为残酷地向被征服的另一派进行报复。^⑤

从上面的论述中可以看到，修昔底德和撒路斯特在探究国内党派纷争的原因时，都从人性出发。人性恶的一面，譬如贪欲、野心在得不到满足时，罪恶随之出现。他们从心理角度出

---

① Thucydides, *History of the Peloponnesian War*, III.82.
② 同上。
③ 同上。
④ Sallust, *The War With Jugurtha*, XLI.
⑤ 同上书, XLII.

发，对事件的发生做更深入的调查。修昔底德笔下，战争是人们欲望的结果，同时战争这个严厉的教师也改变着大多数人的心态，[①] 该引以为自豪的品质成为了耻辱，背信弃义会使人赢得智谋超群的美名。[②] 个人的心理发生了极大的扭曲，这是非正常的现象，希腊也是非正常的社会。撒路斯特也从这一角度出发，试图找出罗马社会今不如昔的原因。他认为迦太基这个外在威胁消失后，人们的心理没有了任何约束，人们不再尊重任何事物，心中也没有任何神圣的东西。[③] 不受限制的贪欲最终促成了自己的毁灭。历史学家的任务除了要复原事实真相外，更为重要也更加困难的是解释原因。就像自然科学宣称，它们要让大自然说话一样；历史学也要说，历史研究是直接跨过现实生活，到它的背后去分析它；当然这种分析不同于自然史的工作。[④] 分析的手段是多种多样的，从心理角度阐述事件发生的原因是这两位史家的共同之处，他们在政治、经济、宗教和道德因素之外还看到了心理作用，这是他们的过人之处。正如威廉姆斯所解释的，这些史家"依靠的是系统的对人类本性和特点的探索。所以它是对人类本性的研究，它同修辞教育和实践有关，同时也帮助使用这些观点的史家"[⑤]。

很久以来就有人试图比较修昔底德和撒路斯特之间的异同，正如前面提到的，他们两人在许多方面的确有可比性。但是这样

---

① Thucydides, *History of the Peloponnesian War*, III.82.
② 同上。
③ Sallust, *The War With Jugurtha*, XLI.
④ 德罗伊森：《历史知识理论》，胡昌智译，北京大学出版社2006年版，第4页。
⑤ Thomas Francis Scanlon, *The Influene of Thucydides on Sallust*, Heidelberg：Winter, 1980, pp.27-28.

的比较有时也是事倍功半的。撒路斯特借鉴前人的长处来完成自己的作品是很自然的事情，而且他们的作品直到今天仍然吸引了这么多学者研究的兴趣，其中的原因肯定不仅是源于他们的共性，更重要的是他们的个性。他们的著作分别是当时希腊和罗马的较好写照。撒路斯特受到了希腊史家的影响是不需讨论的，他在多大的程度上受到修昔底德的影响也还是一个悬念，但至少撒路斯特本人是给了我们一个可靠的答案的，在《喀提林阴谋》中他提到了希腊的雅典人和拉西戴梦人所发动的战争。[1] 作为一位有修养的政治家和作家，如果没有看到修昔底德所写的有关这场战争的最伟大的历史，他怎么会在自己的书中去评论希腊的战争，而且他在书中甚至还对战争的爆发提出了自己的看法：对统治的渴望成为战争的借口。[2] 这与修昔底德关于科西拉内战的评论如出一辙，"由于贪欲和野心所引起的统治欲是所有这些罪恶产生的原因"[3]。

　　当然，他们的不同也是显而易见的，修昔底德是伯罗奔尼撒战争中的失败将军，他在流放中写出了《伯罗奔尼撒战争史》，他了解战争和统治，作品的主题是雅典帝国以及它如何走向毁灭，他的语言是尖锐和揭露性的，他叙述自己的流放时也是冷静而客观的，他认为自己任务的价值就是不朽的客观。撒路斯特是罗马的元老，在恺撒被刺后开始写作历史，他充分利用了自己的政治经历和经验，他关注的是罗马的命运，他的写作中充满了衰

---

① 　Sallust, *The War With Catiline*, II.
② 　同上。
③ 　Thucydides, *History of the Peloponnesian War*, III.82.

亡和堕落；他对自己的隐退做了辩解，而且他的作品充满了对现实的抨击。[①]

在写作风格上，如果说修昔底德的历史是在个人经历的基础上对伯罗奔尼撒战争的一个全景式的描述，那么撒路斯特则挑选了一个更加接近传记的写作方法，他作品中的人物，比如喀提林、加图、恺撒、朱古达、马略等人都刻画得非常生动，这是当时希腊、罗马作家们惯用的手法，因为他们记录的东西是要兼顾准确性和可读性的。而且他在一部专著中只把目光局限在一个事件上，所有的材料都围绕这一个问题来组织。他从小处着眼，深入分析，所以后来的学者把这类史书称之为"当代专史"[②]。但是修昔底德突破了这一点，他在书中首先声明"我的这部历史著作很可能读起来不引人入胜，因为书中缺少虚构的故事"。他写作的目的是"如果那些想要清楚地了解过去所发生的事件和将来也会发生的类似的事件，那么我就心满意足了。我的著作不是只想迎合群众一时的嗜好，而是想垂诸永远的"[③]。

（二）撒路斯特——老加图道德观念的继承者

罗马的历史编撰学产生于政治生活之中。在撒路斯特的著作中，他把自己的兴趣牢牢地放在了罗马人民的政治生活上。无论在广场、元老院或是在军事战场上，他关心的只是罗马，爱国主义和美德是他作品的特征。在这一点上，罗马对撒路斯特影响最大的应该是老加图。他对老加图的崇拜比对他孙子小加图的抨击

① Ronald Syme, *Sallust*, 1964, p.248.
② 郭小凌：《克里奥的童年——古典西方史学》，第140页。
③ 修昔底德：《伯罗奔尼撒战争史》，第20页。

来得更容易些。撒路斯特认为老加图是罗马最有口才的人，他欣
赏老加图简洁、古朴的语言和他作为元老阶层的一员而对这一阶
层的游手好闲、懒惰和堕落的道德抨击。①

　　在道德的看法上，对撒路斯特有重要影响的就是老加图，也
可以这样说，撒路斯特是加图传统道德观念的坚定继承者。加图
生活简朴，对公共财产没有任何要求；在处理事务时对下属表现
得温和宽容，在别的场合则显示出与他身份相称的庄重和严峻。②
撒路斯特在书中也描述过古代罗马的美德：

　　　　无论在家中还是在战场上都培养着美德；这里有最
　　大的和谐，很少或是几乎没有贪婪、他们中间普遍存在
　　着公正和正直，与其说是由于法律的原因不如说是出于
　　本性……他们在对神的奉献上非常的大方，在家却非常
　　简朴，对他们的朋友非常忠诚。③

　　撒路斯特所看重的道德同加图严肃的道德观如出一辙。加图
在《起源》中攻击贵族政治，赞扬平民的伟大行为；他从来不提
个人的名字；他插入自己的演说以谴责贵族的压迫；他反对个人
和公共道德的低标准；而且他的目的不是要排挤贵族而是要净化
贵族。④

　　公元前195年加图担任执政官之前，罗马就赢得了对汉尼拔
和马其顿国王腓力五世的胜利，国外几乎没有什么危险，国内也

---

① Michael Grant, *The Ancient Historians*, Duckworth, 1994, p.212.
② Plutarch, Lives, *Marcus Cato*, VI, London: Harvard University Press, 1997.
③ Sallust, *The War With Catiline*, IX.
④ 转引自D.C.Earl的*The Political Thought of Sallust*, p.120.

没有什么政治危机，但加图看到了征服对罗马造成的道德危险。他反对取消对奢侈品的限制，这些奢侈品在战争期间是要征税的，他还害怕罗马的贵族尤其是他们的妻子会开始模仿她们在希腊和非洲看到的放荡的生活方式。[①]但是在加图死后的一个世纪，他的担心成为了现实。罗马贵族实际上已接受了东方的奢华，在撒路斯特生活的时代这样的奢侈已不是什么稀奇的事情，即使是撒路斯特本人也热衷聚敛财富。

撒路斯特还把加图对道德的批评引申到对政治的抨击上，他关心的是道德的堕落会摧毁这个国家。他不认为在本质上罗马贵族比其他人更优秀，而且作为新人，撒路斯特对贵族是有敌意的，这使得撒路斯特像加图一样，认为真正的美德是一个人争取来的而不是继承的。[②]撒路斯特和其他的古代作家一样给我们留下这样一种观点，即认为罗马共和国后期存在着两种派别：平民和贵族，而且他也认为无论是平民也好，贵族也好，谁都不比谁更好些。[③]

（三）撒路斯特对塔西陀的影响

撒路斯特在写作中注重主题的选择、使用古朴的语言来描述事件、利用演说和插叙来描述人物、作品中弥漫着悲观气氛等对后世的史家都有一定的影响。尤其是塔西陀，许多学者在分析其

---

① Plutarch, *Lives, Marcus Cato*, XVIII.
② Sallust, *The War With Catiline*, XVII；Sallust, *The War With Jugurtha*, XLI；LXXXV.
③ Sallust, *The War With Jugurtha*, XLI.

作品时大多认为他在写作时借鉴了撒路斯特的一些东西。①

首先是语言，塔西陀不喜欢用西塞罗式的华丽修辞，在语言上他更倾向于撒路斯特式的风格，从《历史》到《编年史》都可以看到塔西陀坚持使用古朴、典雅的语言。其次两人都选择衰落作为写作的主题。一个描述了共和国后期公民内部的争斗和战争；另一个则描述了在恺撒们的统治下，和平时代里自由和尊严的丧失。两人都倾向于揭露社会的黑暗面，他们对人、对社会都抱着怀疑的态度。他们两人都关注罪恶、暴力和虚伪。撒路斯特的作品是他对现实不满的一种抨击，他反对专制，而塔西陀对此的谴责更加猛烈，因为他的史书是他在皇帝们统治下经历的总结。他们都不盲目地使用宗教来为自己服务，他们对神灵的态度是客观的。但是塔西陀还有撒路斯特所不具备的优点：幽默、宽容和乐观。

就像要讨论修昔底德对撒路斯特的影响具体体现在哪个方面一样，要想分析撒路斯特对塔西陀的影响也是困难的。因为任何一个成熟的史家都不可能盲目地跟从某个既定的模式，他选用或是不选用某种写作方式更多的是要考虑到它与主题是否和谐统一。每一个史家都有自己的写作风格和特点，撒路斯特的作品之所以能够在漫长的岁月中始终得到人们的喜爱，自然有他的原因。后来的史家借鉴他的经验也是必然的事情，正如学者们所分析的，撒路斯特的名声是持久的，他的文学技巧、他用道德来解释罗马社会转变的原因等都对后世产生了影响。所以有人甚至

---

① Ronald Syme, *Sallust*, 1964, p.292；Michael Grant, Roman Literture, p.103.

说，在罗马只有西塞罗和维吉尔在成就上超过了撒路斯特。①

二 撒路斯特在西方史学史上的地位

从撒路斯特保留下来的作品来看，他的文学和史学才能是突出的。在公元前38年，他还被要求为一位将军写演说词。②1世纪后期的作家们认为撒路斯特是伟大的历史大师；诗人马提雅尔称他为罗马历史上最杰出的人物，是伟大的演说术教师。③作为风格上的创新者，他对塔西陀有很大的影响，塔西陀称他为罗马历史上著名的历史学家。④在2世纪，对古代拉丁语的重新尝试使得撒路斯特的作品在作家中再次流行开来，这些作家包括奥路斯·盖利乌斯和弗隆托，后者是皇帝玛尔库斯·奥里利乌斯的老师。

撒路斯特的两部作品分别描述了罗马共和时期内部斗争和罗马同努米底亚之间的矛盾冲突。由于他杰出的文学写作才能、材料的选择和组织得当、较高的史识，他的作品受到人们的喜爱，而且比较完整地保留了下来。在阿庇安、李维、苏维托尼乌斯等人的史书中，都不可能找到比撒路斯特叙述地更加详细的喀提林阴谋和朱古达战争。尤其是《喀提林阴谋》，作为当代人写作当代事，他具有其他史家不能比拟的优势：他是恺撒、西塞罗的同事，他了解他们的性格；他可以获得别人不容易得到的史料；他挑选了合适的写作时间，在所有的当事人都去世后他才动笔，这

---

① Ronald Syme, *Sallust*, 1964, p.301.
② Ronald Mellor, *The Roman Historians*, p.46.
③ Martial, *Epigrams*, London：Harvard University Press, 1993.
④ Tacitus, *Annals*, III.XXX. London：Harvard University Press, 1992.

可以让他保持清醒的客观，尽量不受或是少受外界因素的影响。《朱古达战争》写作的时间虽然同这个战争发生有一定的间隔（大约相隔了65年的时间，战争结束是在公元前105年，撒路斯特写作此书的时间约在公元前40年），但是由于他曾是新阿非利加行省的长官，与他人相比，对北非战场他有更多的感性认识；他还掌握了努米底亚国王希延普撒尔所写的布匿语史料。所以不难明白，为什么当阿庇安等人史书中有关喀提林阴谋、朱古达战争的记录不能完整地保留下来时，后人至少还可以通过撒路斯特的作品了解事件经过的原因。他的史书为我们保留了极为珍贵的史料，如果没有撒路斯特的作品，我们可能再也不能如此清楚地了解喀提林阴谋和朱古达战争了。

　　撒路斯特在罗马开创了一种新的写作方式，这种方式使主题更加集中；他对一些问题的看法也影响着罗马人重新审视自己的历史。例如，西方世界仍然有许多人甚至包括圣·奥古斯丁都接受了撒路斯特的观点：罗马共和国的衰落原因要归于迦太基的陷落，从而把公元前146年迦太基的陷落作为罗马共和国历史的转折点。虽然这样的看法在波里比乌斯的书中已经提到过。当斯奇比奥攻陷了迦太基后，他曾痛哭流涕，公然为敌人的不幸而悲伤。他沉思了很久，回顾城市、国家和帝国也和个人一样，都不可避免地会遭到灭亡的，他引用了荷马的名句：总有一天，我们神圣的特洛伊，普赖阿姆和持矛的普赖阿姆所统治的人民，都会灭亡。波利比乌斯问他引用这几行诗句的意义。斯奇比奥毫不迟疑，坦白地说出他自己祖国的名字来，因为当他想到人事变化无常的时候，他就担心他祖国的命运。① 撒路斯特再次强调了这个观点，并把它变为自己思想的一部分。② 在《喀提林阴谋》中他说到，当罗马统治的对手迦太基被彻底毁灭，所有的海洋和陆地都畅行无阻的时候，命运却开始变得残酷起来，把我们的全部事务弄得毫无秩序。③ 在《朱古达战争》中他又提到，在迦太基被摧毁之前，罗马人民和元老院一道和平而稳健地治理着共和国，在公民中间没有任何争荣誉或是争权力的纷争；对敌人的恐惧保存了国家的美好的道德风尚。但是当人民的内心摆脱了那种恐惧的时候，由繁荣幸福而造成的恶果，放荡和横傲自然而然地便产生出来了。④ 在两书中他所表达的观点是一致的，他认为迦太基的存在不仅没有威胁到罗马的发展，相反，这个外部的敌人对罗马人来说是一种制约，它使罗马时刻处于一种防备状态中，它的存在保证了罗马的清醒。

在对待迦太基的态度上他同老加图的观点是大不一样的。据说老加图在元老院表决任何问题时总要说上一句："依我之见迦太基必须毁灭。"与此相反，普布利乌斯·斯奇比奥常以这样的声明结束他的发言："依我之见迦太基必须予以宽容。"⑤ 也许斯奇比奥不同于老加图之处就在于他对迦太基有更深刻的亲身感受，他从迦太基的毁灭中看到了罗马的未来。他们两人都有同样的目的：延续罗马的繁荣，但是他们采取的方法不同。撒路斯特

① Appain, *Roman History*, VIII, Part I, Chap.XIX.
② D.C.Earl, *The Political Thought of Sallust*, London：The Cambridge University Press, 1961, p.116.
③ Sallust, *The War With Catiline*, X.
④ Sallust, *The War With Jugurtha*, XLI.
⑤ Plutarch, *Lives, Marcus Cato*, XXVII.

在道德观上毫无保留地倾向于老加图，但在迦太基问题上，他的看法与斯奇比奥不谋而合。只不过斯奇比奥在灭亡迦太基时就已经预见到了这个后果，而撒路斯特则是在罗马政治腐败出现之后才有这样的思考的。总之，在探讨罗马共和国的衰败原因时，撒路斯特并没有把眼光只局限在道德因素上，外在威胁的消失和人性恶的泛起同样会使人们更加堕落，只不过他使用了更多的篇幅来强调道德作用。

撒路斯特是杰出的罗马史家。他擅长刻画人物，他描写的朱古达、马略和喀提林可能不那么细致，但都非常有特点；他还善于使用演说、插叙这些文学形式来突出其作品的主题；他关心的是历史的道德教化作用而不仅仅是娱乐作用。[①] 撒路斯特不是作为超然的哲学家也不是作为政治小册子作家出现。[②] 更确切地说，他是一个没有崇高个人美德和没有伟大能力的政治家，撒路斯特不过是看到了共和国的衰落并试图说明其中的原因。为了解释共和国的衰落，史家们可以借助各种各样的理由：政治的、社会的、经济的，但撒路斯特还看到了人性的作用。[③]

同时关于撒路斯特清醒而公正的批评也是存在的。昆体良认为撒路斯特是罗马最伟大的历史学家，昆体良还进一步把他同修

---

① Ronald Mellor, *The Roman Historians*, London and New York：Routledge, 1999, p.45.

② D.C.Earl, *The Political Thought of Sallust*, London：The Cambridge University Press, 1961, p.2. 在书中，厄尔提到蒙森等人认为撒路斯特的作品只不过是在为恺撒辩护，其政治功利性是很强的，持这种观点的人还有施瓦兹。在德国，史家们大多把撒路斯特看成是恺撒的辩护者。通常他们更加关注撒路斯特在纪年和地理上的疏忽。

③ 同上书，p.120.

昔底德相比较。甚至还有人把他同希腊的修昔底德、荷马、德摩斯提尼、米南德相提并论。[①] 但更多的人认为昆体良对撒路斯特的评价过高了，[②] 我们可以理解昆体良这样的称赞是出于对撒路斯特的喜爱。

　　或是真的厌倦了政治生活，或是迫于形势没有办法的隐退，撒路斯特脱下了镶着紫边的托加袍，回到了自己在罗马的豪华住所，但对罗马未来的忧虑却始终萦绕在他的心中，他决心用笔记录下罗马的历史。他或许没有想到，当人们再次想起他的时候，不是因为他曾是罗马的政治家、将军，而是因为他的著作——《喀提林阴谋》《朱古达战争》和《历史》。不知他是得意还是失意，自己做元老、做将军时没有获得的荣誉却无意间在写作中找到了：他的名字被人们记住，他的作品在人们中间流传，两千年来一直如此。罗马既有自己的伟大也不乏光荣。不知道当撒路斯特展望罗马的未来时，是否也会像我们现在回溯罗马的光荣与衰亡时一样生出这样的感慨：逝者如斯，不舍昼夜。

① Ronald Mellor, *The Roman Historians*, London and New York：Routledge, 1999, p.46.

② M.L.W.Laistner, *The Greater Roman Historians*, London：Cambridge University Press, 1947, p.63.他在书中认为撒路斯特只能算得上罗马二流史家中最好的一个。把他同李维或是塔西陀相比，只是那些没有真正理解他们作品的学生的看法。

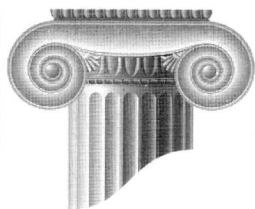

结语

欣赏电影《肖申克的救赎》时，主人公安迪在监狱的生活让人感到压抑和窒息，对社会和司法体制的不满使他的心情更加沉重，但他还是抱着一线希望想要拯救它，肖申克的救赎不仅是对监狱的救赎更是对这个社会的救赎。安迪同他的朋友看到了梦想变为现实的那一刻，恶人受到了应有的惩罚，他们获得了自由和幸福的生活。很久之后，当我再回忆起这部影片时，印象最深的不是他们在监狱中遭受的苦难，而是安迪的狱友按照他的指引与他会合的那一幕，不断地前行、前行，希望和幸福就在前方。

然而撒路斯特却没有这样的幸运。他承受了许多的压力，他意识到罗马的道德在不断地堕落，他也清楚地知道这种堕落将会把罗马带入怎样的境地。他想通过写作来拯救罗马，但是他的救赎没有希望，他不知道该怎样做才能够使罗马摆脱这样的处境，透过他的书我们感到的只有世人皆醉我独醒的无奈与沉重。

一直以来，对撒路斯特本人和他的作品的研究就争论不断，话题从他的写作是否客观到其史识的高下，甚至还有人怀疑他的史家身份。但毋庸置疑的是，许多古代史家的作品没有保留下来，而撒路斯特的三部主要著作中有两部完整地保留下来并一直受到人们的喜爱，这就表明他的作品是有生命力的。正是有了他的史书，我们才可以更加清楚地了解罗马共和末期的两个重要事件，透视罗马内战时期的阴谋、暴力与人性的乖张。他提供的许多资料现在看来是非常珍贵的，他提供的一些历史解释仍然是有参考价值的。

罗马史学的发展较晚，并在许多方面模仿了它的前辈——

希腊史学，譬如重视修辞，而且他们都把目光集中在政治和战争上。元老、将军、行省长官多种身份集于一身，撒路斯特当然也不能脱离这个模式。他的《喀提林阴谋》《朱古达战争》就是以政治和军事为主题，只不过他在解释这些历史现象时有时会从心理角度出发，而且他关心道德甚于其他方面。

罗马共和末期，社会处于大变动时期。无论道德、政权都发生了巨大的变化，撒路斯特生活在这样的一个环境中，对往昔美德的追忆使他越发不满现实。选择喀提林阴谋、朱古达战争作为写作的主题一定经过了他的深思熟虑，他认为这两个事件最能够说明罗马社会发生巨变的原因，也能够证明罗马社会已经堕落到何种程度。在这个层面上可以这样说，是社会环境帮助撒路斯特选择写作这两部作品。

《喀提林阴谋》是撒路斯特的第一部作品，他选取了当代事件作为写作内容。在书中，撒路斯特按照时间顺序叙述了整个阴谋发生、发展的过程，由于他出色的文学修养，他只用了10724个单词就把一个复杂的政治阴谋详细地介绍给了读者。在人物描写上，他没有把喀提林看成是十恶不赦的人物，相反在作品的结尾，喀提林的战死让人更多地对他产生了同情，毕竟在某种意义上是社会而不是个人导致了悲剧的发生。

《朱古达战争》是撒路斯特继《喀提林阴谋》后的第二部作品。在写作风格上他延续了行文简洁、古朴的特点，但是在结构上这部作品比第一部更加复杂，这表明在史料的使用、选择上，撒路斯特更加成熟了。他对人物的描写，譬如米奇普撒、朱古达、梅特路斯、马略、苏拉等都比较客观而生动。

两部作品有许多共同的特点。首先，撒路斯特擅长运用演说、插叙、书信等艺术表现手法，在保证作品结构紧凑的前提下，尽量把更多的背景知识介绍给读者，使读者对事件的来龙去脉有更深刻的了解。其次，作者在分析罗马社会的堕落时，认为迦太基陷落后，罗马失去了外在的威胁，这对罗马人来说未必是件值得庆贺的事情。恰恰相反，没有了对外敌的警惕，人们开始追求轻松、享乐的生活，维系罗马人团结的纽带松弛了。罗马人人性中恶的一面开始表现出来。贪欲、野心导致的对权力的争夺使罗马逐渐失去了往日的团结，党派斗争成为平常的事情，背信弃义、公开的进攻、相互的猜疑代替了从前淳朴、融洽的社会风气。最后，作者注重史书的客观性、准确性和完整性。对那些在政治上同他观点相左的人物他并未存有恶意，譬如对西塞罗、加图的描述中，可以很清楚地看到这样的态度。正如在《喀提林阴谋》中强调的一样，撒路斯特尽量做到用平静的心态来重构所有事情发生的经过，他不再有党派偏见，也不再抱任何个人的恩怨，客观、准确是他期待的最终结果。但是由于种种原因的制约，他在写作中还是出现了许多错误，譬如时间上的误差、地理位置上的错误，但这些错误的出现并不能证明撒路斯特在有意歪曲事实。确切地说，这从另外一个侧面表现出撒路斯特对道德的重视，在道德问题上他不厌其烦，其他的问题对他而言都是小事。

撒路斯特史书描述的是特定历史时期的特殊事件，喀提林阴谋和朱古达战争都不是罗马历史上具有决定意义的转折性事件，但是他善于以小见大，他关注的不单是事件本身，而是希望进一步追问罗马为什么会出现这样的局面；在什么时候罗马开始走上这条不归路的。他把迦太基的陷落看成是罗马国家发展的转折点，他认为道德因素是影响国家发展的最重要元素，他在作品中提出的这些观点在某种意义上说比他叙述的史实更加重要。正是在这一点上，彰显出撒路斯特不同凡响的史识，所以有人甚至说，在罗马只有西塞罗和维吉尔在成就上超过了撒路斯特。

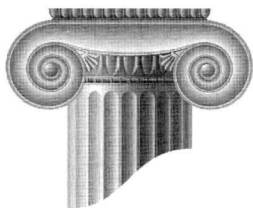

附 录

附录一　撒路斯特年谱

时　间	事　件
公元前 8 6 年（一说公元前87年）	撒路斯特出生在阿米特尔努姆，没有去希腊接受教育，但在罗马也受到了良好的教育
公元前60年代	撒路斯特在军队中服役
公元前55年	撒路斯特当选为财政官（quaestorship）。但还有其他的说法，如公元前59年和前54年说
公元前5 5或前54年	撒路斯特写了反西塞罗的文章
公元前52年	撒路斯特当选为保民官。克劳狄乌斯被暗杀，撒路斯特反对西塞罗和暗杀克劳狄乌斯的米洛
公元前50年	撒路斯特因为监察官的行动而被逐出元老院。原因是由于追随被米洛暗杀的克劳狄乌斯，还因为他同米洛妻子的通奸
公元前49年	撒路斯特在恺撒的帮助下再次进入元老院
公元前48年	撒路斯特再次当选为财政官撒路斯特在伊利乌姆同屋大维和利波作战，结果失败
公元前47年	撒路斯特当选为行政长官（也有人认为是在公元前46年），并被派到坎佩尼亚去调解军团士兵的矛盾，但没有成功。
公元前46年	撒路斯特在阿非利加战争中帮助恺撒把敌人的粮食运到恺撒的营地从而对恺撒的最终胜利起了很大作用，因此恺撒任命撒路斯特为新阿非利加省的长官
公元前45年	撒路斯特返回罗马，并带回大量的钱财。但他因勒索罪受到指控，后由于恺撒的帮助而免于追究

时 间	事 件
公元前44年	恺撒被刺身亡
公元前44—前35年	撒路斯特在政治生涯中没有什么进展并引退。在此期间完成了他的三部历史著作
公元前42年	撒路斯特完成了《喀提林阴谋》。喀提林阴谋发生在公元前65—前62年
公元前40年	撒路斯特完成了《朱古达战争》。朱古达战争发生的时间是公元前111—前105年
公元前40至前35年	撒路斯特完成了《历史》，它记录了罗马公元前78—公元前67年的事情。也有人认为此书的写作是在公元前36年
公元前35年（一说公元前36年）	撒路斯特去世

附录二　喀提林年谱

时 间		事 件
公元前108年		喀提林出生
公元前68年		担任行政长官
公元前67年		出任阿非利加行省长官
公元前66年		喀提林返回罗马，因勒索罪而受到指控，没有资格参加公元前65年执政官的选举
公元前65年至前64年	12月5日至元旦	准备在卡皮托利乌姆山上的朱比特神庙杀死执政官，但阴谋败露

续表

时 间		事 件
公元前64年	2月5日	推迟发动的阴谋再次失败
		皮索在西班牙遇害
	6月1日	喀提林密谋，准备再次组织叛乱
公元前63年	1月1日	西塞罗任执政官
	9月	西塞罗主持执政官的选举，喀提林再次失败。西塞罗为当选为公元前62年执政官的穆列纳辩护，有《为穆列纳辩护》传世
	9月23日	西塞罗在元老院指出喀提林企图发动叛乱；库里乌斯和富尔维亚向西塞罗告密；喀提林派盖乌斯·曼利乌斯到费祖来，赛普提米乌斯到皮凯努姆地区、盖乌斯·优利乌斯到阿普利亚去配合其在罗马的阴谋
	10月27日	曼利乌斯在费祖来发动了战争
	10月	按照元老院的命令，罗马派出将领到费祖来、阿普利亚、卡普亚、皮凯努姆等地去。元老院还规定悬赏揭发危害共和国的阴谋。罗马城内加强了戒备
	11月6—7日	喀提林召集阴谋集团头目到玛尔库斯·波尔奇乌斯·莱卡的家里密谋暗杀西塞罗
	11月8日	喀提林来到元老院接受传讯，执政官玛尔库斯·图利乌斯发表了一篇演讲。喀提林发言为自己辩护
		西塞罗发表了第一篇"反喀提林演说"

续表

时　间		事　件
公元前63年	11月8—9日深夜	喀提林带领党羽离开罗马去曼利乌斯的营地。喀提林指示凯提古斯、朗图路斯等人加强自己的力量，力求实现暗杀执政官的阴谋
	11月9日	西塞罗发表了第二篇"反喀提林演说"
	11月	盖乌斯·曼利乌斯写信给元老院。喀提林在去曼利乌斯的营地途中也给贵族写信为自己辩解
	12月	普布里乌斯·翁布列努斯和阿洛布罗吉斯人会晤，诱使他们和阴谋者联合起来进行战争； 阿洛布罗吉斯在罗马的保护人桑伽向西塞罗报告阴谋的计划； 山南高卢、山北高卢、皮凯努姆、布路提乌姆、阿普利亚发生了骚动。罗马的行政长官凯列尔、穆列纳等开始审讯阴谋者，并把他们投入监狱
	12月2日夜	阿洛布罗吉斯人在沃尔图尔奇乌斯陪伴下离开罗马，当经过穆尔维乌斯桥时被西塞罗布置的伏兵抓获
	12月3日	西塞罗派人把朗图路斯、凯提古斯等人召到元老院，阿洛布罗吉斯人提供的证据证实了阴谋者反对当局的活动。 元老院以西塞罗的名义举行了感恩活动；西塞罗发表了第三篇"反喀提林演说"
	12月5日	在元老院召开会议讨论如何处置阴谋者时，元老院发生意见分歧，西塞罗发表了他的第四篇"反喀提林演说"； 在西塞罗的安排下，元老院对喀提林在罗马的同谋者处以死刑
公元前62年		喀提林的军队和安托尼乌斯的军队决战，喀提林失败并战死

附录三　西塞罗年谱[①]

时　间		事　件
公元前106年	1月3日	西塞罗出生于罗马东南阿尔庇诺姆
公元前104年		西塞罗弟弟昆图斯出生
公元前99年		西塞罗与弟弟昆图斯随父亲到罗马学习
公元前90年		西塞罗跟随Q. 穆西乌斯·斯凯沃拉（Q Mucius Scaevola）学习法律
公元前90年或公元前89年		同盟战争爆发，西塞罗先在执政官庞培·斯特拉波（Pompeius Strabo），后在苏拉的军队中短暂服役
公元前87年		西塞罗翻译色诺芬的《家政学》
公元前85年		西塞罗师从斯多葛学派哲学家狄奥多图斯学习
公元前81年		为P.昆克提乌斯辩护
公元前80年		西塞罗为遭苏拉及其被释放的奴隶克利索果努斯指控犯有弑亲罪的演员昆图斯·罗斯西乌斯·伽路斯（Quintus Roscius Gallus）辩护，获得胜利，赢得了声望
公元前79年		西塞罗去雅典和罗德斯学习、养病
公元前77年（一说公元前79年）		西塞罗回到罗马，并与特伦提娅结婚
公元前76年		西塞罗担任西西里行省利利拜乌姆财政官；女儿图丽娅出生
公元前70年	1月	西塞罗起诉在公元前73至前71年间担任西西里总督的瓦勒斯
	8月5日	西塞罗在法庭控诉瓦勒斯
	8月中旬	瓦勒斯自动流放，西塞罗大获成功

---

① 　此表格参照张献军提供的资料完成。

时　间		事　件
公元前69年		西塞罗担任牙座市政官
公元前66年		西塞罗当选大法官，主持通过授予庞培非常军事统帅权的曼尼利乌斯提案
公元前65年		儿子马尔库斯·西塞罗出生
公元前64年	7月	西塞罗竞选执政官获胜
	年底	女儿图丽娅与C. 福卢奇结婚
公元前63年	1月1日	西塞罗就任执政官，在元老院发表第一篇《论土地法》的演说，反对保民官塞维里乌斯·儒路斯提出的土地法案
	1月2日	发表第二篇和第三篇《论土地法》的演说
	9月	主持执政官选举，喀提林竞选再次失败
		西塞罗为当选公元前62年执政官的穆列纳辩护，有《为穆列纳辩护》传世
	9月23日	西塞罗在元老院指出喀提林企图发动暴动
	10月21日	西塞罗召开元老院会议，通报喀提林的叛乱计划
	10月22日	元老院授予西塞罗处理紧急局势的权力
	11月8日	西塞罗在元老院发表第一篇《反喀提林演说》
	11月9日	西塞罗向人民发表第二篇《反喀提林演说》
	12月初	西塞罗破获喀提林阴谋集团勾结山北高卢阿洛布罗吉斯人的计划
	12月3日	元老院以西塞罗的名义举行感恩活动；西塞罗在广场上向人民发表第三篇《反喀提林演说》
	12月5日	西塞罗在元老院发表第四篇《反喀提林演说》，主张处死阴谋集团主犯，并亲自监督执行。西塞罗获得"祖国之父"的称号
公元前62年		为阿基亚（Pro Archia）辩护 为苏拉（Pro Sulla）辩护

续 表

时 间		事 件
公元前61年	5月	西塞罗指证P. 克劳狄乌斯亵渎神灵，与之结怨
公元前60年	秋季	前三头同盟形成，西塞罗拒绝与之合作
公元前58年	2月	平民保民官P. 克劳狄乌斯提出放逐那些处死未经审判的罗马公民的官员；西塞罗求援无效
	3月20日	西塞罗被迫逃离罗马
	4月13日	平民保民官P. 克劳狄乌斯提出"关于公民生命"法案；西塞罗的财产被洗劫
	5月下旬	西塞罗到达马其顿东部的特萨洛尼科
	11月末	西塞罗从特萨洛尼科回到狄拉基昂
公元前57年	8月5日	西塞罗从狄拉基昂回到意大利
	9月4日	西塞罗进入罗马
	9月5日	西塞罗在元老院发表演说
	9月7日	西塞罗在公民大会发表演说。国家出资为他修复住宅和别墅
公元前56年	5月	西塞罗被迫服从前三头同盟
	6月	西塞罗发表《论执政官行省》（De Provinciis consularibus）。他公开宣布自己与恺撒和解，说自己是恺撒的朋友，称赞恺撒是伟大的将军和伟大的人物
		写长诗《我的时代》三卷（失传），记述自己被流放和返回之事
公元前55年		西塞罗当选占卜官
		写成演说理论作品《论演说家》三卷
公元前54年		写作《论共和国》
公元前53年		西塞罗的奴隶提洛（Tiro）获得自由
公元前52年	4月	为弥洛杀死P. 克劳狄乌斯的行动辩护，结果失败
		写作《论法律》

时　间		事　件
公元前51年	4月底	出任奇里奇亚行省总督
	7月底	到达奇里奇亚的拉奥迪克亚
	10－12月间	战胜当地部落
公元前50年	7月末	离开奇里奇亚行省回罗马
	8月	女儿图丽娅改嫁多拉贝拉
	11月末	在布隆迪西乌姆登陆，并在罗马城外等待
公元前49年	1月4日	西塞罗回到罗马城，希望调解恺撒与庞培的冲突，无果
	1月中旬	西塞罗追随庞培离开罗马
	3月19日	西塞罗回复恺撒，愿意调解恺撒与庞培的冲突
	6月	西塞罗离开意大利，前往希腊与庞培会合
公元前48年	10月	获得恺撒的许可，回到布隆迪西乌姆
公元前47年	9月25日	西塞罗在布隆迪西乌姆会见恺撒
公元前46年		写作演说理论著作《布鲁图斯》和《演说家》；开始写作《霍滕西乌斯》
		西塞罗与特伦提娅离婚
		西塞罗与普布利莉娅结婚又离婚
公元前45年	2月中旬	西塞罗的女儿图丽娅难产而死
	3月	写作《论安慰》
	6－7月	写成《图斯库卢姆谈话录》《论老年》《论友谊》
	11月	为自己的同盟者、小亚细亚加拉特人的国王狄奥塔鲁斯辩护并获得成功

续表

时 间		事 件
公元前44年	1—2月	西塞罗写作《论神性》
	3月15日	恺撒遇刺，西塞罗于当晚在卡庇托林会见了阴谋集团首领，建议他们召开元老院会议，但没有被采纳
	3月17日	西塞罗在由执政官安托尼乌斯召集的元老院会议上提出折衷方案，获得通过
	4月初	西塞罗离开罗马，在自己的各处别墅居住写作
	4月18日	西塞罗在普泰俄利会见屋大维
	5月	西塞罗发表《论老年》
	6月4日	多拉贝拉任命西塞罗为自己的荣誉副将
	7月16日	西塞罗从庞培伊出发，沿意大利海岸航行抵达勒吉乌姆附近的路考帕特拉海角
	8月1日	西塞罗到达锡拉库斯。
	8月17日	西塞罗在维利亚会见布鲁图斯，决定返回罗马
	8月31日	西塞罗回到罗马
	9月2日	西塞罗在元老院发表第一篇《反腓力辞》
	10月	西塞罗避居那不勒斯附近的乡间别墅，构思著名的第二篇《反腓力辞》
	秋季	西塞罗写成《论责任》，献给自己的儿子西塞罗
	11月	西塞罗写成第二篇《反腓力辞》，没有公开发表，只是在朋友中流传
	12月20日	西塞罗在元老院发表第三篇《反腓力辞》，同日在公民大会上发表第四篇《反腓力辞》

时 间		事 件
公元前43年	1月1日	西塞罗在元老院发表第五篇《反腓力辞》
	1月4日	西塞罗在市场发表了第六篇《反腓力辞》
	1月上旬	西塞罗在元老院发表第七篇《反腓力辞》
	1月底	西塞罗在元老院发表第八篇《反腓力辞》
	1月底	西塞罗在元老院发表第九篇《反腓力辞》
	3月初	西塞罗发表了第十篇《反腓力辞》
	3月中旬	西塞罗发表第十一篇《反腓力辞》，提议授予布鲁图斯和卡西乌斯指挥权
	3月底	西塞罗发表第十二篇《反腓力辞》，反对派使者去见安托尼乌斯
	4月9日左右	西塞罗提议给普兰库斯一次感谢，但是被保民官提提乌斯否决
	4月10日左右	西塞罗发表第十三篇《反腓力辞》
	4月20日	安托尼乌斯战败的消息传到罗马，西塞罗前往卡庇托林感恩
	4月21日	西塞罗在元老院发表第十四篇《反腓力辞》
	8月19日	屋大维率军进入罗马，宣布自己为执政官。西塞罗被迫屈服
	10月底—11月初	后三头同盟结成，西塞罗被列入"公敌宣告"名单
	12月7日	西塞罗在卡伊塔被凯乌斯·波庇利乌斯·利那斯杀死，头颅和右臂被送往罗马，钉在讲坛上示众

附录四　《喀提林阴谋》中的演说

数目	章节	内容	拉丁字数	种类
1	18	皮索、喀提林等酝酿刺杀执政官的计划		间接演说
2	20	喀提林与同谋的密谋	371	直接演说
3	21	喀提林对同谋的许诺		间接演说
4	22	喀提林介绍阴谋的计划		间接演说
5	26	喀提林竞选执政官及以后的打算		间接演说
6	27	喀提林在莱卡家对阴谋头目的斥责		间接演说
7	28	库里乌斯通过富尔维亚向西塞罗告密		间接演说
8	29	西塞罗要求元老院关注喀提林阴谋		间接演说
9	30	赛尼乌斯给元老院的信		间接演说
10	30	元老院为对付各地的叛乱而下达的命令		间接演说
11	31	喀提林针对西塞罗演说作出的回击	12	间接和直接演说
12	32	喀提林对凯提库斯和朗图路斯所作的指示		间接演说
13	33	曼利乌斯给马尔奇乌斯的信	155	直接演说
14	34	马尔奇乌斯的回信		间接演说
15	34	喀提林给显要贵族的信件		间接演说
16	35	喀提林给卡图路斯的信	138	直接演说
17	36	元老院宣布喀提林等人为国家公敌		间接演说
18	40	朗图路斯对翁布列努斯的指示		间接演说
19	40	翁布列努斯对阿洛布罗吉斯人的劝说	15	直接和间接演说
20	40	阿洛布罗吉斯人对翁布列努斯的许诺		间接演说
21	40	翁布列努斯向阿洛布罗吉斯人介绍阴谋情况		间接演说

数目	章节	内容	拉丁字数	种类
22	41	阿洛布罗吉斯人向桑伽泄密		间接演说
23	41	西塞罗对阿洛布罗吉斯人的指示		间接演说
24	43	凯提古斯抱怨同谋者的冷淡态度		间接演说
25	44	阿洛布罗吉斯人对阴谋者提出的要求		间接演说
26	44	朗图路斯对阿洛布罗吉斯人的安排		间接演说
27	44	朗图路斯给喀提林的信件	32	直接演说
28	44	朗图路斯给喀提林的口信		间接演说
29	45	西塞罗派行政长官设伏抓住沃尔图尔奇乌斯		间接演说
30	45	沃尔图尔奇乌斯命令自己的士兵反抗罗马军队		间接演说
31	45	沃尔图尔奇乌斯向彭菩提努斯求救		间接演说
32	45	使者向西塞罗汇报设伏的结果		间接演说
33	47	在元老院对沃尔图尔奇乌斯等人的讯问		间接演说
34	47	朗图路斯在元老院的辩解		间接演说
35	48	塔尔克维尼乌斯向元老院提供的证词		间接演说
36	48	西塞罗认为塔尔克维尼乌斯提供的证词是虚假的		间接演说
37	49	克温图斯等人对恺撒的指控没有得逞		间接演说
38	50	西塞罗布置必要的岗哨以应付叛乱者		间接演说
39	50	元老院会议上西拉努斯的建议		间接演说
40	50	元老院会议上尼禄提出的意见		间接演说
41	51	恺撒在元老院发表的演说	1021	直接演说
42	52	加图在元老院发表的演说	859	直接演说
43	55	西塞罗提出的对阴谋者的处置办法		间接演说

续 表

数目	章节	内容	拉丁字数	种类
44	58	喀提林决战前对士兵的演说	342	直接演说
45	59	佩特列乌斯在战争中对士兵的鼓动		间接演说

附录五　《朱古达战争》中的演说

数目	章节	内容	拉丁字数	种类
1	8	斯奇比奥对朱古达的劝告		间接演说
2	9	斯奇比奥给米奇普撒的信件	46	直接演说
3	10	米奇普撒临终对朱古达和他自己儿子所做的遗言	220	直接演说
4	14	阿多儿巴尔在罗马元老院发表的演说	927	直接演说
5	15	朱古达的使者在元老院对阿多儿巴尔的指控所做的回答		间接演说
6	21	罗马元老院派出的使节带给朱古达的命令		间接演说
7	22	朱古达对罗马使节的回答		间接演说
8	23	朱古达对其士兵的鼓励		间接演说
9	24	阿多儿巴尔给元老院的信件	225	直接演说
10	25	元老院命令朱古达去往罗马	241	间接演说
11	26	奇尔塔的意大利人对阿多尔儿尔的劝说		间接演说
12	28	朱古达对自己派到罗马的使节的指示：用金钱贿赂罗马的元老		间接演说

数目	章节	内容	拉丁字数	种类
13	28	贝斯提亚向元老院的提议		间接演说
14	29	朱古达假投降时为自己所作的辩解		间接演说
15	31	美米乌斯对罗马人民发表的演说	758	直接演说
16	32	卡西乌斯劝说朱古达到罗马		间接演说
17	33	美米乌斯在人民大会上对罗马公民的演说		间接演说
18	35	朱古达在离开罗马时的感叹	8	直接演说
19	38	朱古达同奥路斯的一次谈判，朱古达的命令		间接演说
20	39	元老院拒绝奥路斯同朱古达所签的协议		间接演说
21	46	朱古达向梅特路斯要求投降		间接演说
22	46	梅特路斯同朱古达使节的谈话，引诱他们背叛朱古达		间接演说
23	47	朱古达再次派出使者向梅特路斯要求投降		间接演说
24	49	梅特路斯对士兵们的动员		间接演说
25	51	梅特路斯在战争中鼓励自己的士兵		间接演说
26	58	梅特路斯对马略的请求		间接演说
27	62	波米尔卡劝说朱古达投降		间接演说
28	62	朱古达投降的条件		间接演说
29	64	梅特路斯对马略要求竞选执政官的回答	11	直接和间接演说
30	64	马略对商人的谈话	24	间接演说
31	65	马略对伽乌达的谈话		间接演说
32	68	梅特路斯对士兵的动员		间接演说
33	70	波米尔卡给纳布达尔撒的信件		间接演说
34	71	纳布达尔撒对朱古达的忏悔		间接演说

续 表

数目	章节	内容	拉丁字数	种类
35	81	朱古达对波库斯的劝说		间接演说
36	83	梅特路斯对波库斯的劝降		间接演说
37	83	波库斯对梅特路斯的回答		间接演说
38	85	马略当选为执政官后所做的演说	1143	直接演说
39	97	朱古达对波库斯的引诱		间接演说
40	102	苏拉对波库斯的劝降	167	直接演说
41	102	波库斯对苏拉的回答		间接演说
42	104	波库斯使者对罗马元老院的请求		间接演说
43	104	元老院对波库斯使者的答复	23	直接演说
44	106	苏拉遇到朱古达军队后对士兵的讲话		间接演说
45	107	苏拉对士兵的劝告		间接演说
46	107	沃路克斯对苏拉的回答		间接演说
47	108	波库斯的使者达巴尔给苏拉的报告		间接演说
48	109	苏拉对国王的回答		间接演说
49	110	国王波库斯同苏拉的谈话	164	直接演说

附录六 公元前44年恺撒去世前的罗马共和国

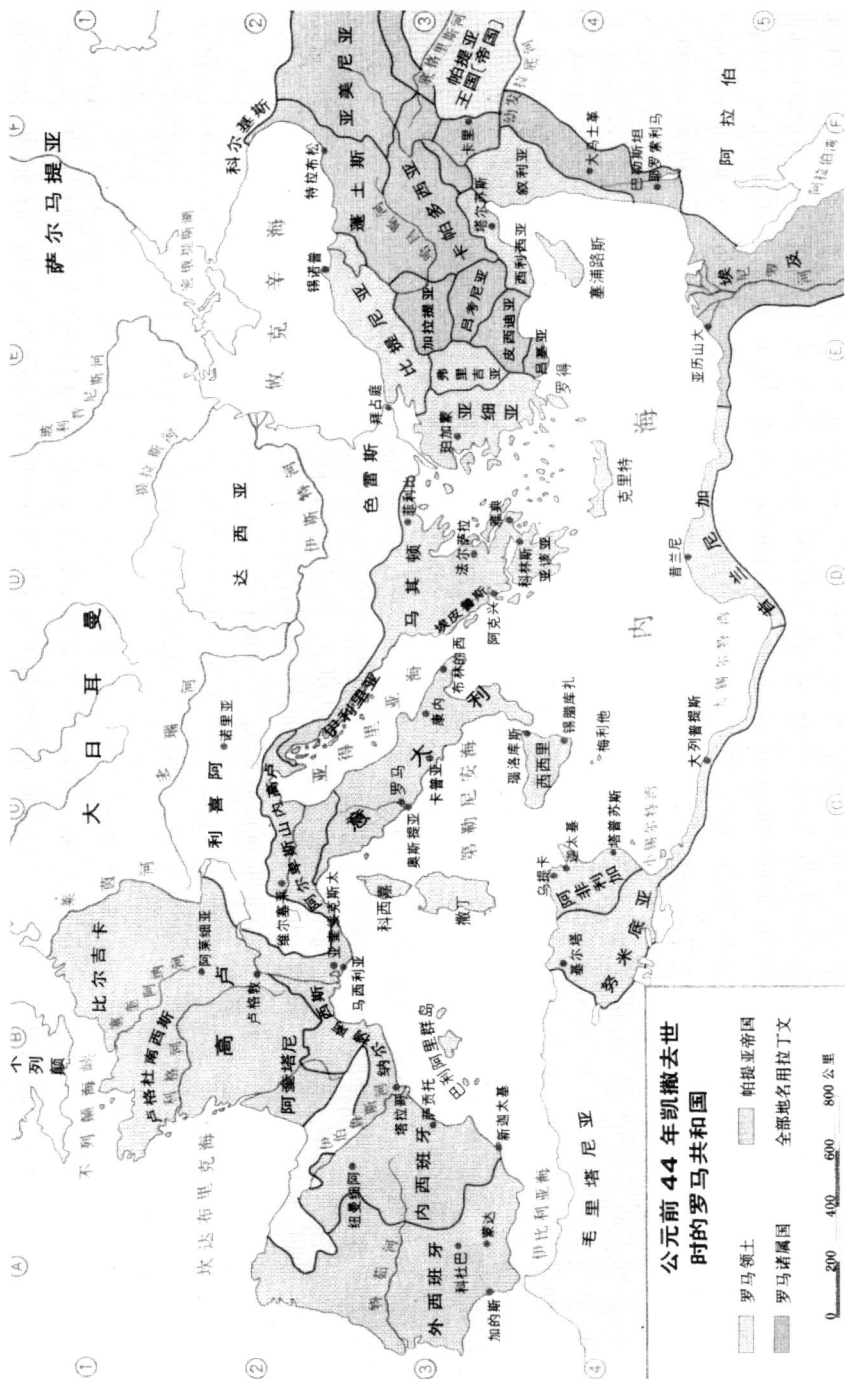

公元前44年凯撒去世时的罗马共和国

罗马领土
罗马诸属国
帕提亚帝国
全部地名用拉丁文

0 200 400 600 800公里

参考书目

西方古典著作

Appian, *Roman History*, Harvard University Press, London, 1913.

Appian, *The Civil Wars*, Harvard University Press, London, 1914.

Cicero, *Brutus Orator*, Harvard University Press, London, 1997.

Cicero, *Letters to His Friends*, Harvard University Press, London, 1990.

Cicero, *De Oratore*, Harvard University Press, London, 1997.

Dio Cassius, *Roman History*, Harvard University Press, London, 1990.

Diodorus Siculus, *Library of History*, Harvard University Press, London, 1989.

Herodotus, *The Persian Wars*, Harvard University Press, London, 1995.

Livy, *History of Rome*, Harvard University Press, London, 1959.

Martial, *Epigrams*, Harvard University Press, London, 1993.

Plutarch, *Lives*, II; IV; V; VII; VIII; IX; X, Harvard University Press, London, 1997.

Quintilian, *Institutio Oratoria*, Harvard University Press, London, 1996.

Suetonius, *Suetonius I*, Harvard University Press, London, 1998.

Suetonius, *Suetonius II*, Harvard University Press, London, 1997.

Sallust, *The War With Catiline*, Harvard University Press, London, 1995.

Sallust, *The War With Jugurtha*, Harvard University Press, London, 1995.

Tacitus, *Histories*, Harvard University Press, London, 1992.

Tacitus, *Annals*, Harvard University Press, London, 1992.

Thucydides, *History of the Peloponnesian War*, Harvard University Press, London, 1988.

现代西方作家著作

Crook,J.A. Andrew Lintott, *The Cambridge Ancient History IX*, Cambridg: Cambridg University Press, 1994.

Duff, T. E. *The Greek and Roman Historians*, London: Bristol Classical Press, 2003.

Earl,D.C. *The Political Thought of Sallust*, London: Cambridge University Press, 1961.

Grant, M.*The Ancient Historians*, London: Duckworth, 1994.

Grant,M.*Roman Literature*, London: Penguin Books, 1958.

Hornblower,S.and Spawforth,A.*TheOxford Classical Dictionary*, Oxford: Oxford University Press, 2003.

Laistner, M.L.W. *The Greater Roman Historians*, Berkeley and Los Angeles: University of California Press, 1963.

Leeman, A.D. *A Systematical Bibliography of Sallust(1879—*

1964), Netherlands: E.J.Brill, 1965.

Luce, T.J.*Ancient Writers II*, New York: Charles Scribner's Sons, 1982.

Mellor, R.*The Roman Historians*, London and New York: Routledge, 1999.

Mellor, R.*The Historians of Ancient Rome*, New York and London: Routledge, 1998.

Paul, G..M.A *Historical Commentary on Sallust's Bellum Jugurthinum*, Liverpool: Francis Cairns, 1984.

Scanlon, T.F.*The Influence of Thucydides on Sallust*, Heidelberg: Winter, 1980.

Sculard, H.H. *From the Gracchi to Nero*, London and New York: Methuen,1982.

Syme, R.*Sallust*, Berkeley Los Angeles London: University of California Press, 1964.

Syme, R. *Roman Papers*, Oxford New York: Oxford University Press, 1979 – 1991.

Syme,R. *The Roman Revolution*, Oxford New York: Oxford University Press, 1939.

Wardman,A.*Rome's Debt To Greece*, London: Bristo Classical Press, 2002.

Woodman,A.J.*Rhetoric in Classical Historiography: Four Studies*, Portland: Areopagitica Press, 1988.

Woodman,T.and Powell,J.*Author and andience in Lantin Literature*, Cambridge: Cambridge Unversity Press, 1992.

Usher,S.Greek Oratory: *Tradition and Originality*, New York: Oxford University Press, 1999.

英文参考论文

Alexander,J.A. The Historians of Greece and Rome, *The American Journal of Philology*, vol.94, No.1. (Spring, 1973), pp.110 – 112.

Allen,W.Jr.The Acting Governor of Cisalpine Gaul in 63 b.c. (Sallust Cat. 42. 3), *Classical Philology*, vol.48, No.3. (Jul, 1953), pp.176 – 177.

A.M.C, In Sallust Jug. 53, *The Classical Review*, vol.2, No.1/2. (Feb.1888), pp.39.

Arnheim, M.T.W. The Ancient Historians,*The Classical Review*, New Ser, vol.25, No.2. (Nov, 1975).

Bòyd, B. W.Virtus Effeminata and Sallust's Sempronia, *Transactions of the American Philological Association (1974—)*, vol.117.(1987), pp.183 – 201.

Broughton,T.R.S. Was Sallust Fair to Cicero? *Transactions and Proceedings of the American Philological Association*, vol. 67. (1936), pp.34 – 46.

Brunt,P.A. The Historians of Greece and Rome, *The Classical Review*, New Ser, vol. 20, No.3. (Dec, 1970).

Canter, H.V. The Chronology of Sallust's Jugurtha, *The Classical Journal*, vol. 6. No.7. (Apr, 1911),pp.290 – 295.

Chambers,M. Sallust,*Classical Philology*, vol.61, No.4. (Oct,1966), pp.273 – 275.

Conley,D.F. The Interpretation of Sallust Catiline 10.1 – 11.3, *Classical Philology*, vol.76, No.2. (Apr, 1981), pp.121 – 125.

Cornell,T.J. The Ancient Historians,*The Journal of Roman Studies*, vol.66. (1976).

Earl,D.C. Sallust,(K. Buchner), *The Journal of Roman Studies*, vol. 52，Parts 1 and 2. (1962), pp.276 – 277.

Due,C.Tragic History and Barbarian Speech in Sallust's "Jugurtha", *Harvard Studies in Classical Philology*, vol.100.(2000),pp.311 – 325.

Frank,T.Roman Historiography before Caesar, *The American Historical Review*, vol.32, No.2. (Jan, 1927), pp.232 – 240.

Frier,B.W. Rhetoric in Classical Historiography:Four Studies,*The American Historical Review*, vol.95, No.2. (Apr, 1990).

Fritz,K.von.Sallust and the Attitude of the Roman Nobility at the Time of the Wars agginst Jugurtha(112 – 105BC), *Transactions and Proceedings of the American Philological Association*, vol, 74.(1943),pp.134 – 168.

Gruen, E.S. Notes on the"First Catilinarian Conspiracy", *Classical Philoligy*, vol.64. No.1.(Jan, 1969),pp.20 – 24.

G.Ussher,R. Ancient Historians,*The Classical Review*, New Ser, vol.46, No.2. (1996).

Hammond, M.The Greater Roman Historians, *Speculum*, vol.23,No.4.(Oct,1948).

Jones,F.L. The First Conspiracy of Catiline, *The Classical Journal*, vol.34, No.7 (Apr,1939), pp.410 – 422.

Hands, A.R. Sallust and Dissimulatio, *The Journal of Roman Studies*, vol. 49, Parts 1 and 2. (1959), pp.56 – 60.

Hardy, E.G. The Catilinarian Conspiracy in Its Context: A Re-Study of the Evidence, *The Journal of Roman Studies*, vol.7.(1917),pp.153 – 228.

Hulton,A.O. Inimice Lamnae Crispe Sallusti, *Classical Philology*, vol.56, No.3.(Jul., 1961), pp.173 – 175.

Jones, T.B. The Greater Roman Historians, *The American Historical Review*, vol. 54, No.2. (Jan, 1949).

Keitel,E.The Influence of Thucydides 7.61－71 on Sallust Cat. 20－21, *The Classical Journal*, vol.82,No.4.(Apr,－May, 1987), pp.293－300.

Larsen,J.A.O. The Greater Roman Historians,*Classical Philology*, vol.45, No.1.(Jan, 1950).

Levene,D.S. Sallust's Jugurtha: An'Historical Fragment', *The Journal of Roman Studies*, vol.82.(1992), pp.53－70.

Luce, T.J. Rhetoric in Classical Historiography: Four Studies,*Phoenix*, vol.43, No.2. (Summer, 1989).

MacKay, L.A. Sallust's "Catiline": Date and Purpose, *Phoenix*, vol.16, No.3. (Autumn, 1962), pp.181－194.

Matthews, V.J. The Libri Punici of King Hiempsal, *The Amercian Journal of Philology*, vol.93,No.2.(Apr, 1972), pp.330－335.

McDonald, A.H. Theme and Style in Roman Historiography, *The Journal of Roman Studies*, vol.65.(1975),pp.1－10.

McGushin, P.A Historical Commentary on Sallust's Bellum Jugurthinum, *Phoenix*, vol.40, No.4. (Winter, 1986).

Morality, *Transactions of the American Philological Association (1974－)*, vol.128. (1998), pp. 205－220.

Ogilvie, R.M. The Historians of Greece and Rome, *The Journal of Roman Studies*, vol.61. (1971), pp.298.

Oost, S.I.The Fetial Law and the Outbreak of the Jugurthe War, *The Amercan Journal of Philology*, vol.75,No.2.(1954).pp.147－159.

P. A. Brunt, The Historians of Greece and Rome, *The Classical Review*, New Ser, vol. 20, No.3. (Dec, 1970).

Paul,G..M. Sallust, "Catiline" 14. 2, *Phoenix*, vol.39, No.2.(Summer,1985), pp.158－161.

Wiedemann,T. Sallust's 'Jugurtha': Concord, Discord, and the Digressions, *Greece & Rome*, 2nd Ser, vol.40, No.1. (Apr, 1993), pp.48 – 57.

Renehan, R. A Traditional Pattern of Imitation in Sallust and His Sources,*Classical Philology*,vol.71, No.1. (Jan, 1976), pp. 97 – 105.

Salmon, E.T. he Greater Roman Historians,*Phoenix*, vol.4, No.2. (Autumn, 1950).

Salmon,E.T. The Political Thought of Sallust, （D. C. Earl） *Classical Philology*, vol. 58, No.2.(Apr,1963), pp.124 – 125.

Schlicher,J.J. Non-Assertive Elements in the Language of the Roman Historians, *Classical Philoligy*, vol.28. No.4.(Oct, 1933),pp.289 – 300.

Seaver, J.E. Sallust,*The American Historical Review*, vol.70, No.4. (Jul,1965), pp.1082 – 1083.

Sklenar,R. La Republique des Signes: Caesar, Cato, and the Language of Sallustian Morality, *Transactions of the American Philological Association* (1974 –), vol.128.(1998), pp.205 – 220.

Smith,R.E. The Political Thought of Sallust, *Phoenix*, vol.17, No.1. (Spring, 1963), pp. 69 – 70.

Stanier, R.S. Latin or Greek? *Greece &Rome*, vol.10, No.30. (May, 1941), pp.97 – 104.

Ste.Croix,G..E.M.de.The Historians of Greece and Rome, *The English Historical Review*, vol.86, No.339. (Apr, 1971).

Stewart, D. J. Sallust and Fortuna, *History and Theory*, vol. 7, No. 3. (1968), pp.298 – 317.

Sumner, G..V. Sallust, *Phoenix*, vol.19, No.3. (Autumn,1965), pp. 240 – 244.

Walcot, P. Ancient Writers, *Greece & Rome*,2nd Ser, vol.31, No.1. (Apr,1984), p.80.

Whittick,G..C. Indirect Speech in Livy, *The Classical Review*,vol.62, no.3/4.(Dec,1948), pp.141 – 142.

Wiedemann,T.Sallust's 'Jugurtha':Corncord, Discord, and the Digressions, *Greece & Rome*, 2nd Ser, vol.4., No.1.(Apr, 1993), pp.48 – 58. Wiseman,T.P. Historiography and Rhetoric, *The Classical Review*, New Ser, vol. 38, No. (1988).

Winterbottom, M.The Prose Rhythm of Sallust and Livy（Hans Aili）, *The Classical Review*, New Ser, vol. 30, No. 1. (1980), pp. 27 – 28.

Woodman,A.J. The Preface to Tacitus' Annals: More Sallust?, *The Classical Quarterly*, New Series, vol. 42, No. 2. (1992), pp.567 – 568.

Woodman, A.J. A Note on Sallust, Catilina 1.1, *The Classical Quarterly*, New Series, vol 23, No.2. (Nov, 1973), p.310.

Yavetz,Z.Caesar, Caesarism, and the Historians, *Journal of Contemporary History*, vol.6, No.2. (1971).

中文论著和译著

［古罗马］撒路斯特：《喀提林阴谋 朱古达战争》，王以铸、崔妙因译，北京：商务印书馆1995年版。

［古罗马］阿庇安：《罗马史》，谢德风译，北京：商务印书馆1985年版。

巴洛：《罗马人》，黄韬译，上海：上海人民出版社2000年版。

陈同燮：《希腊罗马简史》，济南：山东教育出版社1982年版。

陈勇、罗通秀：《西方史学思想导论》，武汉：武汉大学出版社1995年版。

［苏］狄雅可夫：《世界古代史 古罗马史部分》，北京：高等教育出版社1954年版。

［德］德罗伊森：《历史知识理论》，胡昌智译，北京：北京大学出版社2006年版。

郭圣铭：《西方史学史概要》，上海：上海人民出版社1983年版。

郭圣铭、王少如：《西方史学名著介绍》，上海：华东师范大学出版社1996年版。

郭小凌：《西方史学史》，北京：北京师范大学出版社1995年版。

郭小凌：《克里奥的童年——古典西方史学》，沈阳：辽宁大学出版社1994年版。

［英］汉默顿：《西方名著提要 历史学部分》，何宁译，北京：中国青年出版社1959年版。

［美］汉密尔顿：《希腊精神》，葛海滨译，沈阳：辽宁教育出版社2005年版。

［古希腊］希罗多德：《历史》，王以铸译，北京：商务印书馆2005年版。

［德］基弗：《古罗马风化史》，姜瑞璋译，沈阳：辽宁教育出版社2000年版。

凯瑞、斯卡拉德：《罗马史》，熊兆宽译，曲阜：曲阜师范学院历史系世界古代史教研室1983年版。

［意］克罗齐：《历史学的理论和实际》，傅任敢译，北京：商务印书馆1982年版。

［英］柯林武德：《历史的观念》，何兆武、张文杰译，北京：商务印书馆1997年版。

［俄］科瓦略夫：《古代罗马史》，王以铸译，北京：三联书店1957年版。

［法］拉迪里：《历史学家的思想和方法》，杨豫等译，上

海：上海人民出版社2002年版。

李雅书、杨共乐：《古代罗马史》，北京：北京师范大学出版社1994年版。

刘明翰：《外国史学名著评介》，济南：山东教育出版社1993年版。

［法］马塞尔·佩鲁东：《马格里布通史》，上海师范大学《马格里布通史》翻译组译，上海人民出版社1974年版。

［法］孟德斯鸠：《罗马盛衰原因论》，婉玲译，北京：商务印书馆2005年版。

［法］皮埃尔·格里马尔：《西塞罗》，董茂永译，北京：商务印书馆1998年版。

［古希腊］普路塔克：《希腊罗马名人传》，陆永庭、吴寿鹏译，北京：商务印书馆1990年版。

宋瑞芝等：《西方史学史纲》，开封：河南大学出版社1989年版。

［古罗马］苏维托尼乌斯：《罗马十二帝王传》，张竹明等译，北京：商务印书馆2004年版。

［美］汤普森：《历史著作史》，谢德风译，北京：商务印书馆1992年版。

［美］唐纳德·R.凯利：《多面的历史》，陈恒、宋立宏译，北京：三联书店2003年版。

［古罗马］塔西陀：《历史》，王以铸、崔妙因译，北京：商务印书馆2002年版。

［古罗马］塔西陀：《编年史》，王以铸、崔妙因译，北京：商务印书馆2002年版。

王焕生：《古罗马文学史》，北京：人民文学出版社2006年版。

王力：《希腊文学罗马文学》，北京：中国人民大学出版社2005年版。

王晓朝：《罗马帝国文化转型论》，北京：社会科学文献出版社2002年版。

王晴佳：《西方的历史观念》，上海：华东师范大学出版社2002年版。

［古希腊］修昔底德：《伯罗奔尼撒战争史》，谢德风译，北京：商务印书馆2004年版。

［古希腊］西塞罗：《国家篇 法律篇》，沈叔平、苏力译，北京：商务印书馆1999年版。

［古罗马］西塞罗：《论演说家》，王焕生译，北京：中国政法大学出版社2003年版。

［古罗马］西塞罗：《西塞罗三论》，徐奕春译，北京：商务印书馆1998年版。

杨共乐选译：《罗马共和国时期》，北京：商务印书馆1997年版。

杨共乐：《罗马史纲要》，北京：东方出版社1994年版。

晏绍祥：《古典历史研究发展史》，武汉：华中师范大学出版社1999年版。

于贵信：《古代罗马史》，长春：吉林大学出版社1988年版。

叶民：《最后的古典——阿米安和他笔下的晚期罗马帝国》，天津：天津人民出版社2004年版。

杨豫：《西方史学史》，南昌：江西人民出版社1993年版。

杨豫：《西洋史学史》，台北：云龙出版社1998年版。

张广智：《克里奥之路：历史长河中的西方史学》，上海：复旦大学出版社1989年版。

张广智：《西方史学史》，上海：复旦大学出版社2000年版。

［英］詹金斯：《罗马的遗产》，晏绍祥、吴舒屏译，上海：上海人民出版社2002年版。

朱龙华：《罗马文化》，上海：上海社会科学出版社2003年版。

中文参考论文

蔡丽娟：《论李维对罗马历史的道德重构》，《湖北大学学报》2005年第1期。

蔡连增：《试论罗马共和国时期的雄辩术》，《佳木斯师专学报》1997年第2期。

曹英：《马略军事改革：罗马城邦共和国饮鸩止渴的革新》，《益阳师专学报》1999年第3期。

陈超：《修昔底德人本史观刍议》，《福建教育学院学报》2003年第1期。

陈超：《罗马共和国世风蜕变及其历史教训》，《福建教育学院学报》2001年第1期。

褚新国：《论塔西陀的史学目的——兼论其史学实践的生成背景》，《史学集刊》2005年第4期。

段德敏：《道德共和国：在希腊与罗马之间——试析西塞罗政治思想的原创性》，《长沙大学学报》2005年第3期。

郭海良：《关于希罗多德与修昔底德作品中对神谕的描述》，《史林》2003年第6期。

郭小凌：《古典西方史学中的客观主义原则与史家个人的实践》，《史学理论研究》1996年第1期。

郭小凌：《关于历史价值的理论思考》，《史学月刊》1996年第2期。

郭小凌：《论普路塔克〈名人传〉的史学意义》，《史学集刊》1995年第3期。

郭小凌：《关于波里比乌的史学贡献》，《史学史研究》1995年第1期。

郝际陶：《罗马与希腊文化的变迁》，《东北师大学报》

1999年第5期。

　　胡长林、江华：《简论早期罗马文化的务实精神》，《西南师范大学学报》1997年第3期。

　　林中泽：《罗马全盛期的道德危机》，《华南师范大学学报》1998年第2期。

　　刘自成：《论朱古达战争的性质》，《贵州大学学报》2001年第4期。

　　刘自成：《论罗马共和晚期的内战》，《贵州大学学报》2000年第1期。

　　刘自成、兰方群：《论古罗马文化的特征》，《贵州大学学报》1999年第1期。

　　娄琳：《修昔底德斯的"客观主义"辨》，《新疆教育学院学报》2000年第4期。

　　吕波：《罗马共和国时期的宗教观念与政治观念》，《延安大学学报》2003年第3期。

　　孟昭臣：《共和时期的罗马元老院及其作用》，《北方论丛》2001年第4期。

　　隋竹丽：《从公民道德的沉沦看古罗马共和国覆亡的历史必然性》，《佳木斯师专学报》1996年第4期。

　　温勤喜：《阿庇安的命运观探析》，《株洲师范高等专科学校学报》2005年第2期。

　　文彬：《评古罗马政治家西塞罗》，《华南师范大学学报》1991年第3期。

　　徐孝明《论撒路斯特公正的治史观》，《湛江师范学院学报》2001年第1期。

　　徐松岩：《修昔底德史学思想的时代特征》，《聊城大学学报》2004年第2期。

　　徐杰令：《大征服前后罗马社会道德风尚的演变》，《佳木斯大学社会科学学报》1998年第3期。

杨共乐：《罗马征服地中海世界的原因》，《历史教学》1998年第2期。

杨共乐：《试论恺撒〈内战记〉的创作思想与方法》，《史学理论研究》1999年第1期。

易宁：《修昔底德的人性说及其历史观》，《北京师范大学学报》2005年第6期。

易宁：《〈伯罗奔尼撒战争史〉"人性"词义释》，《史学史研究》2004年第4期。

易宁：《论波利比乌的"命运"说》，《史学理论研究》1993年第3期。

詹成养：《浅谈塔西陀的著史态度》，《韩山师范学院学报》1998年第1期。

张树卿：《罗马征服地中海世界前后的社会精神文明》，《松辽学刊》1998年第2期。

学位论文

蔡丽娟：《李维史学探微》，复旦大学博士论文，2005年。

陈可风：《罗马共和国时期的国家制度》，东北师范大学博士论文，2004年。

杜冰：《恺撒与〈高卢战记〉——试论恺撒在罗马史学上的地位》，东北师范大学硕士论文，2004年。

王丽英：《萨鲁斯特的〈卡特林那战争〉》，东北师范大学博士论文，1995年。

张晶：《喀提林阴谋与罗马共和末期的派系斗争》，湖南师范大学硕士论文，2004年。

后 记

这本小书是我在博士论文基础上稍作修改而成的。

2004年我在工作十多年之后再次成为学生，进入北京师范大学攻读博士学位，所面临的学习压力可想而知，但也比别人更珍惜这来之不易的机会。现在回头看看，三年的时间转瞬即逝，入学时的激动、好奇和上学时的艰难却还历历在目。

论文完成之时，并没有想象中的轻松，而是唯恐自己的论文无法报答老师和同学们的关心和帮助，因为在论文写作的过程中老师和同学的支持、帮助使我受益匪浅。首先要感谢我的导师郭小凌先生，当初论文的选题就是课堂上同老师讨论的结果，随后搜集资料、开题、论文的写作、修改到最后定稿无不倾注了老师的心血。导师温和而严厉的教诲总是提醒我们要老实做人、做学问。我还要感谢师母李红老师，她开朗而开通的性格帮助我们摆脱了许多学习和生活上的困难。

在三年的学习期间，廖学盛先生、刘家和先生、杨共乐教授、易宁教授和侯树栋教授都给予了无私而热情的帮助，尤其是杨共乐教授在开题时就对论文的写作提出了中肯的建议；易宁教授、侯树栋教授也通过不同的方式对我论文的结构、观点提出了自己的看法。在此真诚地感谢各位老师的帮助和关心。

还要感谢陈德正老师，没有他的鼓励我不会来到北师大，当初是他劝说我要有勇气和决心攻读博士学位。直到现在每当我有问题找到陈老师时，他仍是一如既往地、耐心地帮助我，提出中肯的意见。

很庆幸在北师大能够再次遇到刘林海老师。在我开题、写作论文的过程中，遇到困难时，总是能够得到他无私的帮助。

　　感谢张晔、周洪祥、张继华、高洪清、张献军、张春梅、孙艳萍、郭子林、王雅、杜庭广、邵欣欣、章衍等同学，在校期间与他们的交往使我们从陌生到熟悉，在紧张的学习中让我感受到了真挚的友谊。

　　特别感谢本书的编辑门小薇老师，她的耐心和细心让我望尘莫及，只是希望我的马虎和拖拉没有给她添太多的麻烦。

　　最后，要感谢我的爱人，没有他的支持和鼓励我不会坚持到今天。我所得到的一切也都包含着他的付出。

梁　洁

2009年5月20日